法華經講義

第八輯

平實導師 述

ISBN 978-986-5655-89-1

執著離念靈知心爲實相心而不肯捨棄者，即是畏懼解脫境界者，即是畏懼無我境界者，即是凡夫之人。謂離念靈知心正是意識心故，若離**俱有依**（意根、法塵、五色根），即不能現起故；若離**因緣**（如來藏所執持之覺知心種子），即不能現起故；復於眠熟位、滅盡定位、無想定位（含無想天中）、正死位、悶絕位等五位中，必定斷滅故。夜夜眠熟斷滅已，必須依於**因緣**、**俱有依**緣等法，方能再於次晨重新現起故；夜夜斷滅後，已無離念靈知心存在，成爲無法，無法則不能再自己現起故；由是故言**離念靈知心是緣起法**、**是生滅法**。不能現觀離念靈知心是緣起法者，即是未斷我見之凡夫；不願斷除**離念靈知心常住不壞之見解**者，即是恐懼解脫無我境界者，當知即是凡夫。

——平實導師——

一切誤計**意識心為常**者，皆是佛門中之常見外道，皆是凡夫之屬。意識心境界，依層次高低，可略分爲十：一、處於欲界中，常與五欲相觸之離念靈知；二、未到初禪地之未到地定中，暗無覺知而不與欲界五塵相觸之離念靈知，常處於不明白一切境界之暗昧狀態中之離念靈知；三、住於初禪等至定境中，不與香塵、味塵相觸之離念靈知；四、住於二禪等至定境中，不與五塵相觸之離念靈知；五、住於三禪等至定境中，不與五塵相觸之離念靈知；六、住於四禪等至定境中，不與五塵相觸之離念靈知；七、住於空無邊處等至定境中，不與五塵相觸之離念靈知；八、住於識無邊處等至定境中，不與五塵相觸之離念靈知；九、住於無所有處等至定境中，不與五塵相觸之離念靈知；十、住於非想非非想處等至定境中，不與五塵相觸之離念靈知。如是十種境界相中之覺知心，皆是意識心，計此爲常者，皆屬常見外道所知所見，名爲佛門中之常見外道，不因出家、在家而有不同。

——**平實導師**——

如《解深密經》、《楞伽經》等聖教所言，成佛之道以親證阿賴耶識心體（如來藏）爲因，《華嚴經》亦說**證得阿賴耶識者獲得本覺智**，則可證實：證得阿賴耶識者方是大乘宗門之開悟者，方是大乘佛菩提之眞見道者。經中、論中又說：證得阿賴耶識而轉依**識上所顯真實性、如如性**，能安忍而不退失者即是**證真如**、即是大乘賢聖，在二乘法解脫道中至少爲初果聖人。由此聖教，當知親證阿賴耶識而確認不疑時即是開悟眞見道也；除此以外，別無大乘宗門之眞見道。若別以他法作爲大乘見道者，或堅執**離念靈知**亦是實相心者（堅持意識覺知心離念時亦可作爲明心見道者），則成爲實相般若之見道內涵有多種，則成爲實相有多種，則違實相絕待之聖教也！故知宗門之悟唯有一種：親證第八識如來藏而轉依如來藏所顯眞如性，除此別無悟處。此理正眞，放諸往世、後世亦皆準，無人能否定之，則堅持離念靈知意識心是眞心者，其言誠屬妄語也。

——**平實導師**——

目次

第九輯：

第十輯：

第十一輯：

第十二輯：

第二十二輯：

第二十三輯：

第二十四輯：

第二十五輯：

自序

大乘佛法勝妙極勝妙，深奧極深奧，廣大極廣大，富麗極富麗，謂此唯一佛乘妙法，意識思惟研究之所不解，非意識境界故，佛說爲不可思議之大乘解脫境界，名爲大乘菩提一切種智，函蓋大圓鏡智、成所作智、妙觀察智、平等性智；然而此等極勝妙乃至極富麗之佛果境界，要從因地之大乘眞見道始證，次第進修方得。然大乘見道依序有三個層次：眞見道、相見道、通達位。眞見道者位在第七住；相見道位始從第七住位之住心開始，終於第十迴向位滿心；通達位則是圓滿相見道位智慧與福德後，進修大乘慧解脫果，再依十無盡願的增上意樂而圓滿，名爲初地入地心菩薩。眾生對佛、法、僧等三寶修習信心，十信位滿心後進入初住位中，始修菩薩六度萬行，皆屬外門六度之行；逮至開悟明心證眞如時，方入眞見道位中；次第進修相見道位諸法以後，直到通達而得入地時，歷時一大阿僧祇劫，故說大乘見道之難，難可思議。

大乘眞見道之實證，即是證得第八識如來藏，能現觀其眞實而如如之自性，名爲證眞如；此際始生根本無分別智，同時證得本來自性清淨涅槃。乃至證悟般若不退而繼續進修之第七住位始住菩薩，轉入相見道位中，歷經第一大阿僧祇劫中三十分之二十有四的長劫修行，同時觀行三界萬法悉由此如來藏之妙眞如性所生所顯，證實《華嚴經》所說「三界唯心、萬法唯識」正理；如是進修眞如後得無分別智，終能具足現觀非安立諦三品心而至十迴向位滿心，方始具足眞如後得無分別智，相見道位功德至此圓滿，然猶未入地。

此時思求入地而欲進階於大乘見道之通達位中，仍必須進修大乘四聖諦，現觀四諦十六品心及九品心後，要有本已修得之初禪或二禪定力作支持，方得相應於慧解脫果；或於此安立諦具足觀行之後發起初禪爲驗，證實已經成就慧解脫果；此時已能取證有餘、無餘涅槃，方得與初地心相應，而猶未名初地。而後再依十大願起惑潤生，發起繼續受生於人間自度度他之無盡願，不畏後世長劫生死眾苦，於此十大無盡願生起增上意樂而得入地，方得名爲大乘見道之通達位，眞入初地之入地心中，完成大乘見道位所應有之一切修證。此時已通達大乘見道位應證之眞如全部內涵，圓滿大乘見道通達位應有之無生法忍智慧，及慧解脫果與增上意樂，方證通達位之無生法忍果，方得名爲始入初地心之菩薩。

然而觀乎如是大乘見道之初證眞如，發起眞如根本無分別智，得入第七住位，成爲眞見道菩薩摩訶薩；隨後轉入相見道位中繼續現觀眞如，實證非安立諦三品心而歷經十住、十行、十迴向位之長劫修行，具足眞如後得無分別智，生起初地無生法忍之初分，配合解脫果、廣大福德、增上意樂，名爲通達見道位眞如而得入地。如是諸多位階所證眞如，莫非第八識如來藏之眞實與如如二種自性，同屬證眞如者。依如是正理，故說未證眞如者，皆非大乘見道之人；證眞如者謂現觀如來藏運行中所顯示之眞實與如如自性故，實相般若智慧依如來藏之眞如法性建立故，萬法悉依如來藏之妙眞如性而生而顯故，本來自性清淨涅槃亦依如來藏之眞如法性建立故。

如是證眞如事，於眞藏傳佛教覺囊巴被達賴五世藉政治勢力消滅以後，由於時局紛亂不宜弘法故，善知識不得出世弘法，三百年間已經不行於人世。及至時局昇平人民安樂之現代，方又重新出現人間，得以繼續利樂有緣學人。然而，縱使末法時世受學此法而有實證之人，欲求入地實亦匪易，蓋因眞見道之證眞如已經極難親證，後再論及相見道位非安立諦三品心之久劫修行，而能一一教授弟子四眾者，更無其類；何況入地前所作加行之教授，而得具足實證大乘四聖諦等安立諦十六品心、九品心者？眞可謂：「善知識者出興世難，至其所難，得值遇難，得見知難，得親近難，得共住難，得其意難，得隨順難。」如是八難，具載於《華嚴經》中；徵之於末法時世之現代佛教，可謂誠言，眞實不虛。

縱使親值如是善知識已，長時一心受學之後，是否即得圓滿非安立諦三品心及安立諦十六品心、九品心而得入地？觀乎平實二十餘年度人所見，誠屬難事；殆因大乘見道實相智慧極難實證，何況通達？復因大乘慧解脫果並非隱居深山自修而可得者，如是證明初始見道證眞如已屬極難，更何況入地進修之後所應親證之初地滿心猶如鏡像現觀，解脫於三界六塵之繫縛；二地滿心猶如光影之現觀，能依己意自定時程及範圍而轉變自己之內相分，令習氣種子隨於自己施設之進程而分分斷除；三地滿心前之無生法忍智慧，能轉變他人之內相分；以及滿心位之猶如谷響現觀，能觀見自己之意生身分處他方世界廣度眾生，而使無生法忍及福德更快速增長。至於四地心後之諸種現觀境界，更難令三賢位菩薩了知，何況未證謂證、未悟言悟之假名善知識，連第七住菩薩眞見道所證眞如都只能想像者？

雖然如此，縱使已得入地，而欲了知佛地究竟解脫、究竟智慧境界，亦仍無法望其項背，實因初地菩薩於諸如來不可思議解脫及智慧仍無能力臆測故。縱使已至第三大阿僧祇劫之修行——已得八地初心者，亦無法全部了知諸佛的境界，則無法了知佛法之全貌，如是而欲了知十方三世諸佛世界之關聯者，即無其分。以是緣故，世尊欲令佛子四眾如實了知三世佛教之亙古久遠、未來無盡，以及十方虛空諸佛世界等佛教之廣袤無垠；亦欲令弟子眾了知世間萬法、出世間法及實相般若、一切種智無生法忍等智慧，悉皆歸於第八識如來藏妙眞如性者，則必於最後演述《妙法蓮華經》而圓滿一代時教；是故 世尊最後演述《法華經》時，一仍舊貫而如《金剛經》稱此第八識心爲「**此經**」，冀諸佛子醒悟此理而捨世間心、聲聞心，願意求證眞如之理，久後終能確實進入絕妙難思之大乘法中。斯則 世尊顧念吾人之大慈大悲所行，非諸凡愚之所能知。

然而法末之世，竟有身披大乘法衣之凡夫亦兼愚人，隨諸日本歐美專作學問之學者謬言，提倡六識論之邪見，以雷同常見、斷見外道之邪見主張，公開否定大乘諸經，謂非佛說，公然反佛聖教而宣稱「**大乘非佛說**」。甚且公然否定最原始結集之四大部阿含諸經中之聖教，妄判爲六識論之解脫道經典，公然貶抑四阿含諸經中之八識論正教，令同於常見外道之六識論邪見；全違 世尊依八識論而解說聲聞解脫道之本意，亦令聲聞解脫道同於斷見、常見外道所說之解脫，則無餘涅槃之境界即成爲斷滅空而無人能知、無人能證。如是住如來家，著如來衣，食如來食，藉其弘揚如來法之表相，極力推廣相似像法而取代聲聞解脫道正法，最後終究不免推翻如來正法；如斯之輩至今依然寄身佛門破壞佛法，而佛教界諸方大師仍多心存鄉愿，不願面對如是破壞佛教正法之嚴重事實，仍多託詞高唱和諧，而欲繼續與諸多破壞佛教正法者**和平共存**，以互相標榜而**維護名聞利養**。吾人若繼續坐令如是現象存在，則中國佛教復興，以及中國佛教文化之推廣，勢必阻力重重，難以達成；眼見如是怪象，平實不得不詳解《法華經》之眞實義，冀能藉此而挽狂瀾於萬一。

如今承蒙會中多位同修共同努力整理，已得成書，總有二十五輯，詳述《法華經》中 世尊宣示之眞實義，因名《法華經講義》，梓行於世，冀求廣大佛門四眾捐棄邪見，回歸大乘絕妙而廣大無垠之正法妙理，努力求證，共爲復興中國佛教文化、抵禦外國宗教文化之侵略而努力，則佛門四眾今世、後世幸甚，中國夢在文化層面即得實現。乃至繼續推廣弘傳數十年後，終能使中國成為全球最高階層文化人士的歸依聖地、精神祖國；流風所及，百年之後遍於歐美社會各層面中廣為弘傳，則中國不唯民富國強，更是全球唯一的文化大國。如是復興中國佛教文化之舉，盼能獲得廣大佛弟子四眾之普遍認同，乃至廣有眾人付諸實證終得廣為弘傳，廣利人天，其樂何如。今以分輯梓行流通在即，因述如斯感慨及眞實義如上，即以為序。

佛子　**平實**　謹序

公元二〇一五年初春　謹誌於竹桂山居

第八輯：

《妙法蓮華經》

〈化城喻品〉第七（上承第七輯〈化城喻品〉未完部分）

經文：【「爾時上方五百萬億國土諸大梵王，皆悉自睹所止宮殿光明威曜，昔所未有。歡喜踊躍，生希有心，即各相詣共議此事：『以何因緣，我等宮殿，有斯光明？』時彼眾中有一大梵天王，名曰尸棄，爲諸梵眾而說偈言：

今以何因緣，我等諸宮殿，威德光明曜，嚴飾未曾有？

如是之妙相，昔所未聞見，爲大德天生？爲佛出世間？」】

語譯：【「當時上方五百萬億佛土的所有大梵天王們，他們如同其他九方各五百萬億佛土的諸大梵天王一樣，全部都親自看見自己所居住的宮殿光明威曜，以前不曾看見這樣的光明。因此歡喜踊躍，生起了希有心，於是同樣也是各自互相尋覓別的大梵天王共同來商議這個事情：『是以什麼樣的因緣，我們的宮殿有這樣特殊的光明？』這時上方五百萬億世界的大梵天王之中，有一位大梵天王名爲尸棄，就爲諸梵眾而説這樣的偈：

如今是以什麼樣的因緣，我們的這些宮殿，威德光明照曜，如此的嚴飾前所未有？

像這樣的妙相，我們大眾以前所未曾見，是不是又有大威德天出生了呢？或者是有佛陀出現於世間呢？」】

講義：這一段經文的道理是如前面幾段的意思相同的，我們就不必再作詳細的解釋了。世尊接著又開示說：

經文：【「爾時五百萬億諸梵天王與宮殿俱，各以衣裓盛諸天華，共詣下方推尋是相。見大通智勝如來，處于道場菩提樹下，坐師子座，諸天、龍王、乾闥婆、緊那羅、摩睺羅伽、人非人等，恭敬圍繞，及見十六王子請佛轉法輪。時諸梵天王頭面禮佛，繞百千匝；即以天華而散佛上，所散之花如須彌山，并以供養佛菩提樹。花供養已，各以宮殿奉上彼佛，而作是言：『惟見哀愍，饒益我等。所獻宮殿，願垂納受。』時諸梵天王，即於佛前，一心同聲以偈頌曰：

善哉見諸佛，救世之聖尊；能於三界獄，勉出諸眾生。
普智天人尊，哀愍群萌類；能開甘露門，廣度於一切。
於昔無量劫，空過無有佛。世尊未出時，十方常暗冥；
三惡道增長，阿修羅亦盛；諸天眾轉減，死多墮惡道。
不從佛聞法，常行不善事；色力及智慧，斯等皆減少。
罪業因緣故，失樂及樂想；住於邪見法，不識善儀則；
不蒙佛所化，常墮於惡道。
佛爲世間眼，久遠時乃出；哀愍諸眾生，故現於世間。
超出成正覺，我等甚欣慶；及餘一切眾，喜歎未曾有。
我等諸宮殿，蒙光故嚴飾；今以奉世尊，惟垂哀納受。
願以此功德，普及於一切；我等與眾生，皆共成佛道。

語譯：這一段經文比較長。釋迦如來接著說：

【「當時上方五百萬億佛土的諸梵天王，大家都乘坐著他們的宮殿，各自以他們的衣襟裝滿了各種天華，一起往下方來推尋這個特殊光明的來處。

最後看見大通智勝如來，處於道場的菩提樹下，坐在師子座上，諸天、龍王、乾闥婆、緊那羅、摩睺羅伽、人非人等，大眾恭敬圍繞著；他們也與其他九方來的各五百萬億佛土的大梵天王們一樣，同時看見了十六位王子正在禮請大通智勝佛轉法輪。這時從上方來的五百萬億佛土所有大梵天王們一起頭面禮佛，右繞百千匝以示恭敬；然後以天華從上方布散於大通智勝佛的上方虛空，所散之花猶如須彌山那麼高廣，並且用這些花同時來供養佛所住的那棵菩提樹。以這些天華供養之後，他們同樣也各以宮殿奉上大通智勝佛，並且這樣子說：『惟願如來見憐哀愍，來饒益我們。我們所奉獻的宮殿，願如來垂下慈愍全部納受。』這時諸梵天王就在佛前，一心同聲而以偈來讚頌大通智勝如來說：

實在非常好啊！我們終於看見有諸佛，救護世間的聖人尊者；能夠在三界牢獄中，勉慰眾生、救護眾生出離三界牢獄。具有普遍周知一切智慧的天人至尊，哀愍一切各類有情；能夠廣開甘露法門，廣度於一切眾生。

我們上方世界於過去無量劫來，空過而沒有佛陀出現於人間。

世尊還沒有出現的時候，十方眾生常處於暗冥無智的境界之中；因此三惡道的眾生大量地增長，阿修羅道的有情也是非常興盛；然而諸天的天眾卻展轉減少，眾生死後大多墮於惡道之中。

因此不能隨從諸佛聞法，常常行於各種不善事中；關於色身的氣力以及智慧，這一些眾生們全都是不斷地在減少。

由於罪業因緣的緣故，所以失去了快樂，乃至什麼叫作快樂都已經無法了知了；這些有情們都住於邪見之法中，不能認識善法的威儀和法則；也不曾承蒙諸佛所化度，所以常常墮於惡道之中。

佛陀是世間的眼目，歷經非常久遠的時劫才能夠出現於世間；也是因爲哀愍各類眾生的緣故，才會出現於世間。

如今佛陀已經超出一切人天而成就無上正等正覺，我們這些大梵天王們非常地歡欣、非常地喜慶；以及一切已經知道如來出現於人間的眾生們，都非常地歡喜讚歎，認爲這是過去所未曾有的。

而我們這些大梵天王們的宮殿，正是承蒙您大通智勝如來的威光照曜，才顯示出這樣的嚴飾；如今我們大家都同樣以各自的宮殿奉獻給世尊，惟願世尊垂下哀愍之心來納受。
我們願以這件供養世尊的功德，迴向能夠普及於一切的有情；使我們以及所有被迴向的眾生們，都可以共同在將來成就佛道。」】

講義：這段經文比較長，這是從十方各五百萬億佛土前來的大梵天王之中，最後被講到的部分。當然他們推尋 大通智勝如來所放射出去的威光而尋覓到這裡來的時候，同樣是看見 大通智勝如來處於道場菩提樹下，坐在師子座上，同樣看見有天龍八部以及眾人的恭敬圍繞，也都看見了十六位王子正在請 佛轉法輪。他們當然也懂得規矩，所以一樣是頭面禮佛，右繞百千匝示敬，然後以天華散布於 大通智勝如來的上方。這段經文裡面，他們說了這些偈，在告訴我們什麼道理？這是最後一方的上方五百萬億佛土來的諸大梵天王們，他們在告訴我們說：如來是三界至尊，所以叫作「救世之聖尊」。諸位有沒有聽過，有一種宗教說他們的教主叫作救世主？耳熟能詳呵！請問救世主能救護什麼樣的世間？諸位有沒有想過？答案是「沒想過」。他能救護什麼樣的世間呢？但你想要瞭解他能救護什麼樣的世間之前，得要先瞭解這個救世主他自己的層次是什麼；如果你已瞭解他的層次，你就知道他能救護什麼樣的世間。

依我們來說，世間有三界：欲界、色界、無色界。欲界之中有人間，有餓鬼道，有欲界天，也有畜生道，還有地獄道，這些統統是欲界世間。我們接著來看看那位救世主在《聖經》裡面所說的境界，以及那位救世主的心行、口行和他的身行，就可以判斷這位救世主是什麼樣的層次。這位救世主看見異教徒在禮拜崇奉其他的神，他就受不了，於是降下天火把異教徒燒死。他的瞋心重不重？重！這是因爲眷屬之貪而起瞋殺人，表示他的心境到達不了色界天，一定還在欲界中，所以他的層次就在欲界中。當他看見異教徒不肯好好供奉他，要繼續信奉他所謂的魔（其實就是別的神，他就稱之爲魔；所有神祇，只要不是他自己，就是魔），然後他就降下大水淹死好多眾生，只有他的信徒造了諾亞方舟才能免得一死，請問他的瞋心重不重？重！

他也不懂得教導信徒們離開欲界愛，求生色界，請問他的層次是欲界還是色界？是欲界。然後他認爲自己是唯一的眞神，別的神都不算數，都不該被眾生信奉，那他的慢心重不重？很重！這也是欲界愛的標準型態。他又要求信徒們應以眾生肉供養他。眾生肉呵！請記住哦！請問：上帝愛不愛血食？愛！那麼，在欲界中瞋、慢、貪很重，又愛血食，那我要請問諸位：天神吃不吃血食？不吃！鬼神才愛吃血食。那他是不是欲界天的有情？顯然不是。請問他這位神的屬性是什麼？（有人答：鬼神。）是鬼神嘛！因爲他愛血食。請問諸位，他說他能救世間，那他當救世主時，能救什麼樣的眾生？就算他能救世間，他能救什麼眾生？只能救鬼道眾生。那麼人類追隨他，要怎麼樣呢？要依他所說去殺害異教徒，所以他的《聖經》裡面說，對於異教徒要加以剪除。他是用剪除兩個字教導信徒們，翻譯作中文時還是用剪除二字，排他性極強，都不能尊重別的宗教。

所以，那種宗教剛傳到台灣來的時候，他們的信徒常常組合一堆人，好大的一票人，到處去唱詩歌遊行；路途中若是遇見了道教的廟，他們就在道教廟前挑戰，就在那邊高聲唱自己的詩歌，唱了很久都不肯離去。有一次我親眼看見，在哪裡看見？在士林夜市的慈諴宮。那晚我剛好去那裡買東西，去時正好就看見了！他們在那裡幹什麼呢？在廟前大聲唱詩歌示威。我把東西買完了，準備要回家時，他們還在那邊大聲高唱。然後慈諴宮裡面的人大概覺得受不了，乾脆拿出擴大機、大喇叭，就播放誦經時的錄音；我就在那邊看著，不久以後由於人聲比不過大喇叭，他們只好走人。這就是他們的屬性，他們在《聖經》的教導下，都很想對異教徒加以制伏，不跟你講道理。請問，這樣的救世主，被他救的人跟著去剪除異教徒，是造什麼業？殺人之業。爲了供奉他，需要殺生而用眾生的血肉來供奉，又是殺害眾生之業。而他說的天國是什麼境界？連他自己也不知道，因爲他從來沒有講過他的天國境界給人們聽。欲界六天每一天的層次，我們都講得出來。但他並不知道啊！這位救世主自己都不知道他的天國的境界相，顯然那個天國是用畫的，不是實有。如果他眞的能夠救世間，最多就是救人類，可是顯然連人類也救不了，才會跟另一個一神教不斷地發生戰爭，《國家地理雜誌》才會說這兩個一神教千年來的戰爭，是「兄弟鬩牆一千年」。可是，那些研究比較宗教學的人，對《聖經》中記載的救世主屬性，有研究到這裡嗎？都沒有！他們只能從表相上面去研究，所以那些研究宗教者所謂的「比較宗教學」，我都覺得他們講得太皮毛。

所以，眞正要成爲「救世之聖尊」，是要能夠教導眾生不造惡業，即使殺害旁生有情也算是造惡業。那麼，除了如此以外，還要教導眾生受持五戒可以保住人身，這樣就能夠救人類。如果能夠教眾生進而修持十善業道，那就可以得生欲界天，才能叫作救人。至於欲界天的天人要怎麼救呢？要教導他們離欲，才能往生到色界天中。可是那救世主從來不離欲，他們的《聖經》裡面也不叫人離欲；他們有一點點像西藏密宗一樣，小叔已經有妻子了，還是可以把亡夫的妻子（嫂嫂）娶來作妻子的；所以你們三不五時會看見電視新聞報導，或者有報紙刊載出來，說牧師、神父指導人家夫妻在性生活的技巧上，怎麼樣可以快樂圓滿。有沒有？常常報導出來嘛！因爲他們的境界就只是欲界人間的境界。

但是佛法不然，菩薩不但要度人類，而且要度欲界天有情可以超脫欲界，到達色界天。能夠到達色界天，這就表示能夠度欲界天的天人、天主了。可是這樣就算了嗎？不然！還要再度這些色界天人怎樣能夠超越色界，也就是如何取證四空定，捨壽可以往生無色界天；然後再告訴大眾：捨壽時不要生去無色界天，因爲去無色界天的人都叫作愚癡人，而且那裡被菩薩們叫作愚癡的長壽天。生到長壽天，是學佛時的八難之一，眞的不可取；所以接著要教導他們怎麼樣斷我見、怎麼樣斷我執，可以出離三界、超越三界。

有智慧教導眾生能夠出離三界，這才能夠稱爲最基本的救世主，因爲三界世間所有層次的有情都能被他救護了。但是這樣還不足以成佛，因爲這樣最多只是阿羅漢的境界而已，連菩薩們明心的智慧都還沒有呢！所以還得要教導阿羅漢們可以打破無始無明，可以斷盡塵沙惑，可以斷盡煩惱障所攝的一切習氣種子，最後可以成佛；能夠教導眾生具足實證這樣境界的人，才能夠叫作「救世之聖尊」，那就是如來的境界，這樣才是眞正的救世主。諸位看看，那些外道們所說的救世主，一天到晚在跟撒旦打仗。當他跟撒旦打仗時，我都還不知道那撒旦是不是眞的撒旦。撒旦意思懂嗎？叫作魔鬼。到底誰才是魔？搞不好他所罵的撒旦不是魔，正好就是菩薩們。

有很多事情，大眾只能夠看表相，看不到骨子裡的眞相。可是我們在三乘菩提中實證的人，不可以只看表相，我們必須表相也看得清清楚楚，骨子裡一樣看得清清楚楚，然後決定我們的行止，決定我們這一世及未來世應該怎麼走、應該如何作，這才是眞正修菩薩道的人所應該思考的方向。就如古時的三武滅佛，其實往往只是滅掉破壞佛教的密宗，只是滅掉仿冒佛教的假佛教，讓眞佛教有機會可以重新再起，但是學術界都只看表相而不知道護法神等菩薩們所作的豐功偉業，還責難說：「護法菩薩們當時哪裡去了？」所以「救世之聖尊」不是普通人能當的，那麼有的人動不動就說他成佛了，最近不是也有人開宗立派嗎？在這二年。然後她自稱是宇宙大覺者，當然諸位都知道是誰。

這個女人膽子特大，宇宙大覺者是表示什麼呢？是宣稱她已經成佛了。然而佛法中有不斷我見的佛嗎？連聲聞初果的見地都沒有的佛，未之有也！佛法中有不明心的佛嗎？有不證如來藏的佛嗎？未之有也！有尚未眼見佛性的佛嗎？未之有也！至於大乘佛法中的九種現觀以及十地的道種智，那就更別提了。所以說，證量愈高的時候，對佛愈恭敬，愈不敢想像自己可以短時間成佛，因爲知道距離佛地還那麼遙遠。可是愈不懂的人就愈敢自稱成佛，所以現在活佛滿街走，其數多如狗，到處都看得見啊！不過這二年，活佛們在路上摟著女人的景況就比較少見了，因爲怕人家非議。

這意思就是說，「救世之聖尊」不是什麼人都可以隨便自稱的；即使已被授記當來成佛的 彌勒菩薩，都還不敢自稱是「救世之聖尊」。可是那些凡夫們各個膽大包天，因爲天王們都不敢這樣自稱，而他們都敢自稱成佛，好厲害！可是這些佛，爲什麼讀我的書都讀不懂？我的書寫得不是很深，因爲我非常老婆，一句又一句、一字又一字很詳細地說明，然而活佛們爲什麼讀不懂？所以那都是假佛。但是，他們不知道自己大妄語騙人的惡業有多大，而我們現在應該作的就是讓他們瞭解：他們大妄語的惡業有多大，將來的果報會如何，應該如何補救。這就是我們要作的事。我們不要像那些大山頭，老是要當好人。當好人，我也會當，可是我將來臨走的時候 世尊前來接引，我會覺得耳朵燙，加上臉紅；因爲我該作的事沒有作好，眼睜睜看著那一些人將來會下墮惡道，而我沒有努力去救。如果我們現在有努力去作，但是救不回，我們也已仁至義盡無愧於心了，將來 佛陀來接引，吩咐說：「**你下輩子到哪裡去。**」我們就快快樂樂地去，不會覺得愧疚。

所以瞭解「**救世之聖尊**」的本質是非常重要的，一旦有了如實的瞭解，就不會產生大妄語的惡業出來，因此也能夠懂得怎樣去次第進修，也能夠懂得怎麼樣去救護眾生。可是救護眾生的時候，不能老是慈眉善目；因爲永遠慈眉善目時，人家會當你是老嘮叨——一個很會嘮叨的老人家。但是我們不必管他，縱使沒有人要聽你的，你就奮發圖強來救他們。所以千手千眼 觀音有十一面，正面都只看到十面，最後那一面是什麼相？是憤怒相。因爲要像獅子一樣大吼，大家才會驚嚇到、才會警覺到：「喔！我們錯了，應該要改正。」如果你老是溫言軟語一直講下去，人家才不拿你當回事。

所以我們弘法的最前面五、六年，都是溫言軟語一直講，有沒有效果呢？完全沒有。然後我們就開始法義辨正，誰批評正覺的法不對，我們就針對他作法義辨正。辨正以後，大家倒願意正眼相看了。所以這十幾年來，老實說，我們救了很多大妄語的人免墜地獄，可是諸位大多沒有想到這個事實。確實救了很多，只要他們願意在佛像前，面對大眾公開懺悔以前的大妄語，那麼這種大妄語的地獄業就滅了。這是菩薩十重戒之一，不是嗎？他們就滅了大妄語業。所以，怎麼教導大眾瞭解什麼才是「救世之聖尊」，這個眞的很重要；我們寫了那麼多書，也就是在說明這個道理。

那麼，「救世之聖尊」能夠在三界廣大牢獄之中，勉勵眾生、出脫眾生，這是必須要具備普遍智慧的人天至尊才能作得到。不但要有具足圓滿的智慧，而且要有大悲心，能「哀愍群萌類」，才能夠廣開「甘露門，廣度於一切」。如果不能廣開「甘露門」，就顯示是沒有圓滿智慧的人，不可能廣度一切有情。那麼「甘露門」到底是什麼？咱們就等下回再來分解。

從今天開始，每次講經都有四個講堂讓大家安坐，不曉得座位有沒有排寬敞一點？（大眾回答：有。）有呵！今天開始每週二的講經，大家應該比較不會覺得那麼熱。其實並不是講堂的冷氣功能不夠涼，是因爲聽經的同修們人數太多，才使得冷氣不夠涼。這本來是辦公大樓，如果辦公時也坐下這麼多人，顯然他們平時就要喊冷氣不夠；而我們眞的坐了太多人，才會覺得冷氣不夠涼。我們處理冷氣的師兄們，能力超厲害的，十五噸的冷氣機可以自行提升到二十噸；九樓這個十噸的也可以提升到十七噸，眞的很厲害；但是終究比不上人數太多，因爲若是比起辦公室用的話，那是增加了好多倍的人。現在開放爲四個講堂來一起使用，人數分散了，每個講堂最多不超過三百人，大家應該就覺得不會那麼熱了。如果還有人覺得很熱，請向我們反應。

（編案：現在台北有六間大講堂、一間大辦公室，冷氣都已足夠冷了。）

上週講到八十三頁第五行，接著要從第五行的下半段開始：「能開甘露門，廣度於一切。」上週講的是，諸佛是「救世之聖尊」，能在三界監獄中，勉勵而且出脫眾生於三界外。那麼，這裡要說的是：三界爲什麼是牢獄？三界牢獄是眾生們（包括一切外道的教主、天主）都無法超脫的。這就是說，從地球上有文字記錄以來，不過是短短幾千年的歷史；但是其實過去地球上曾經有文明昌盛而又毀滅，然後又昌盛又毀滅，這其實是有很多次的。這就是說，目前的地球歷史是一個很短的歷史；雖然說很短，但只是從佛教的宏觀來說是短。若以人類的一世來講，其實已經夠長了；因爲地球這個世界的形成，其實就是娑婆世界的形成。這個形成的過程大概要一百多億年，這一百多億年是目前天文學家所知道的，也還不見得正確，那我們姑且依他們的所知而說。（編案：網路上的說法多爲四十六億年，最新發表的說法是一百多億年。）

天文學家說地球在一百多億年前形成，又說可以安住人類的時間是一百多億年，將來毀壞的過程也要一百多億年，當然空劫也就同樣要一百多億年，那麼加起來總共到底是多久？這是依現在人類所知的天文學來說，其實不一定正確，但我們暫且依現在的天文學來說。依這樣來看，目前人類的文明歷史實在是太短暫了，但本劫中的過去時間卻已經有三佛出現過了，直到現在 釋迦文佛是第四佛，這還只是賢劫之中。過去佛的文明時期且就不談，只說現在人類的文明好了，不論哪個宗教，有哪個教主曾經是斷過我見的？

你眞的還找不出來。不論哪個宗教，你都找不出來。

換句話說，所有的宗教，你都無法證實有哪一個教主是已證得聲聞初果的；但聲聞初果人也還沒有能力出離三界牢獄，只有阿羅漢才能夠出三界牢獄，或者阿羅漢之上的菩薩們。那你說，其他的所有宗教中，有誰是能出三界牢獄的？都沒有。從有人類文明的歷史記錄以來，一切宗教莫非如是。只有在佛教裡面可以讓人斷我見、證二果、三果乃至四果而出三界牢獄，在其他的外教之中，再也找不到有什麼教主，或者哪一個宗教、哪個天主是已經斷我見的，更別說是出三界牢獄。可是，在出三界牢獄這件事情來講，佛陀的定義是以究竟出三界牢獄來定義的，也就是以成佛來定義，不以阿羅漢的證涅槃來定義出三界牢獄。所以這個標準顯然是很高的，外道們是完全無法企及；別說企及，就連想像都沒辦法。所以說諸佛是「普智天人尊」，但是卻願意示現在人間入胎受生，一世弘法都這麼辛苦，都是用走路的，來來去去爲眾生的出三界而設想、而辛苦、而勞累，不曾有過一句怨言；這當然就是「哀愍群萌類」的大悲心，才能作得到的。

接下來說：「能開甘露門，廣度於一切。」能夠廣度於一切，能出三界眾生於三界之外，當然一定要有法門，總不能口中講一講就算了，一定要有教義上的修證實質。不能像假藏傳佛教四大派那樣隨便講一講，就說他們已經成佛了；要有佛地的實質而能夠經得起三量的檢驗，這是很不容易的。至於怎麼樣是能出眾生於三界牢獄之外的實質呢？就是要有法，法的理論與行門要如實顯示出來，那就是二個甘露門。佛法中只有二大甘露法門，沒有第三與第四。當然不能夠像假藏傳佛教那樣胡謅說：「我們密宗所講的法，是釋迦文佛所未曾說的。」如果 釋迦文佛還有解脫法門所未曾說、還有成佛法門所未曾說，顯然是化緣未滿；既然化度眾生的因緣還沒有圓滿，就應該重新再來降生示現成佛，繼續把成佛所有的法門都演說圓滿才能入滅。所以，一定是化緣已滿，才能夠示現入涅槃。

既然化緣已滿，所說的二大甘露法門，當然就已經是函蓋了所有的成佛之道。那麼密宗假藏傳佛教，他們自稱說：「釋迦文佛關於解脫法門還沒有講完，所以重新再來示現為蓮華生，因此再來講出金剛祕密法門。」也有說為「再來示現於金剛持佛，續講即身成佛的祕密法門」，然而問題隨後就跟著來了！當他們這麼說，我們當然要檢驗：那蓮華生或所謂的金剛持佛有沒有明心？沒有！有沒有見性？沒有！有沒有證得本來自性清淨涅槃？沒有！有沒有道種智？更沒有！那就別說佛地的一切種智了！爲什麼呢？因爲他們連我見都還沒有斷除，都還認五陰爲眞實法，才會極力弘傳雙身法，才會成天抱著女人行淫而說是成就報身佛果。沒有斷我見的人，沒有離開欲界境界的貪淫凡夫，講出來的東西，會比 釋迦文佛更好？會比 釋迦文佛層次更高？那才怪！那只能叫作胡說八道。所以，密宗所謂的報身佛所說的法，完全都是在意識及識陰全部六識的境界上用心，而且是欲界法中的識陰淫觸的我所境界；並且連欲界四王天的境界都還談不上，就只是人間的欲界境界。所以密宗那一些說法是完全不值得採信的，他們完全沒有甘露法門，只能欺騙不知內情的無明眾生。但他們有一種甘露，都是加了上師的糞尿、女人的經血作成黑色的丸子，用來給信徒吃的；卻也有人願意吃、願意信，只能夠說眾生眞的愚迷不可救藥。假藏傳佛教密宗也有作法求甘露的事，但即使眞的求得來了，也只是欲界天的甘露，只是欲界天人的日常食物，吃得再多也與佛法的修證無關。

所以，佛陀說有二大甘露法門，而這二大甘露法門都已經講過了，當然這二大甘露法門總合起來，就是眞正的、具足的、圓滿的成佛之道，以外別無他法可以說是成佛之道。那麼，這個「能開甘露門」，這「甘露門」說的是什麼呢？就是解脫道以及佛菩提道。解脫道是爲二乘根性的人說的，其實也是爲菩薩說的，就只是個化城，讓大家先得個歇息，讓菩薩們心中有把握說「我眞的可以出三界了」，覺得沒問題了，然後 佛陀爲大家作了授記，大家終於知道說：「原來我本來就是菩薩，已經追隨佛陀行道很久了，如今證悟佛菩提以後又被授記了，未來也可以成佛。」因此鼓起勇氣繼續向前行，什麼都不怕了。

台灣南部的民眾選舉時不是常常聽到一首歌嗎？是怎麼唱的？「向前走！什麼都不驚。」爲什麼這時大家都不怕而願意繼續向前行了？因爲解脫生死是眞實可以達到的，至於難以想像的成佛時劫及未來成佛時的狀況，佛陀也已經爲大眾開始授記了；並且也已經教導了唯識增上慧學而使大眾有了道種智，住在無生法忍之中也已發覺成佛之道是確實可行的；雖然得要那麼久才能成佛，但大家都已經跟著 世尊走過第一大阿僧祇劫那麼久了，如今就繼續向前走吧！所以這些菩薩們不論有沒有胎昧，大家都鼓起勇氣來，什麼都不怕，繼續向前走；就這樣子走上了成佛之道，也願意分散在娑婆世界各個地方，繼續住持 佛陀的正法，原因就在這裡。

這是因爲佛法是眞實可修、可證、可行的，但佛法總共只有二大甘露法門。這二大甘露法門，第一個就是聲聞緣覺所修的解脫道，讓大家確定眞的可以出離三界生死痛苦；第二個甘露法門就是大家可以接著來返觀自己：既然能出三界生死，顯然 佛陀沒有妄語、沒有欺瞞，那麼 佛陀的授記當然就是眞的，所以縱然還有胎昧，也願意繼續辛苦地往前邁進。於是佛菩提道的內涵及五十二個階位的一一實證，就可以被大眾所接受，就願意繼續向前努力精勤修習。

所以，成佛之道的「甘露門」總共只有二種：第一、就是解脫道，第二、就是佛菩提道。除此以外，別無他法可以稱爲佛法中的甘露法門了。這二個甘露法門，既然函蓋了二乘菩提的解脫道，也函蓋了大乘的佛菩提道，當然是具足一切法，也就函蓋了世出世間法，當然是可以「廣度於一切」有情。遇到決定性而不可迴心的二乘種姓，就用解脫道來度化；如果是具有菩薩種性的人，就先給他實證解脫道，繼之以佛菩提道，讓他可以在證得解脫果之後，接著實證佛菩提果，然後次第邁向佛道、紹隆佛種，這就是「廣度於一切」。如果有誰說他證悟佛法了，那就要問他有沒有具足這二個甘露法門的實質？若是連我見都沒有斷除，那他顯然是大妄語人。如果有人宣稱他已經成佛了，我們就得檢查他有沒有具足圓滿二個甘露法門？如果沒有具足圓滿，甚至連邊都還沒有辦法觸及，都還在外門轉，那就是個凡夫外道大妄語，要由這裡來作判斷。

接著說：「於昔無量劫，空過無有佛。世尊未出時，十方常暗冥；三惡道增長，阿修羅亦盛；諸天眾轉減，死多墮惡道。」這就是還沒有佛教出現人間，或是末法時期已過，已無佛教存在的時候，必然會發生的現象。換句話說，在 大通智勝佛出現於人間之前，無量劫中都是空過，不曾看見有佛如來出現於世間。在 大通智勝佛尚未出現於世間之前，十方都是暗冥的。暗冥，不是說十方世界都沒有太陽，而是說十方世界的眾生心中都是無明，全都處於無明而無解脫智慧、實相智慧的狀態。無明就是沒有智慧可以照明，所以稱爲暗冥。

那個時間，三惡道的眾生不斷地增長，爲何呢？因爲大家心中都是無明：爲了世俗法中的利益，不斷地造惡業，因此三惡道有情就愈來愈增多了，三惡道的勢力也就愈來愈增長，那時候阿修羅道的有情當然就很多了。因爲生天的人越來越少了，大家都在造惡業追求享樂，偶然修善卻不是爲了求解脫，而是爲了求生天；可是因爲行了善事卻又往往造惡業，因此就無法生爲忉利天人而變成非天，於是死後成爲阿修羅道的有情，因此「阿修羅亦盛」。阿修羅是無道德的人，有時候行善只是因爲惻隱之心所致，許多時間都是斤斤計較在造惡業，死後成爲阿修羅而不能成爲天眾，所以「諸天眾轉減」；而且天人在沒有佛法的狀態下，大多也不能繼續修善業，於是和阿修羅一樣「死多墮惡道」，天人死了以後已無福德，大部分是墮落惡道的。

這樣的眾生在無量劫中，「不從佛聞法，常行不善事」，因此導致身色以及氣力和智慧，都不斷地繼續一世又一世減少。正因爲「罪業因緣故」，所以失去了快樂，乃至到最後連什麼叫作快樂都不知道了；因此就「住於邪見法」中，不懂得什麼是善法的儀則，他們都已經不懂了；推究他們如此的原因，就是因爲「不蒙佛所化」，以致「常墮於惡道」。

在這樣的情況下，「佛爲世間眼」；如果沒有諸佛來世間教化，單憑外道那一些教義，眾生是無法提升的，往往還會下墮。也許有人不相信說：「所有宗教不都是勸善的嗎？怎麼會信了教以後還下墮？」既然不相信，那麼請問諸位，如果把一神教的經典拿來閱讀，看他們是怎麼教化眾生：不能崇拜異教鬼神，那些異教徒都要加以剪除。你聽到這些訓示以後會不會覺得好奇怪？會不會覺得很訝異：異教徒是要加以剪除的？這是出自外道的上帝之口！換句話說，眾生只能信仰他，只要有人相信別的宗教，他們就要加以剪除。所以上帝要降下洪水、降下天火，甚至於上帝還親自把異教徒綁了交給他的信徒去殺害。那你說，信了教以後，依據上帝的教導去作事，是不是造惡業？是啊！

你們也可以看見歐洲中古世紀死了多少人？有那麼多人是死於宗教戰爭的，那你說信教以後會不會下墮惡道？會啊！因爲被騙說「剪除異教徒以後，命終時可以生天堂」，結果上帝開出的保證書並沒有兌現的能力。上帝嘴裡說這樣就可以生天堂，就眞的能生天嗎？不！因果律不是上帝定的，因果律是法界中的一個軌則，上帝的天壽盡時，自己也還是要在因果律的限制下受生受報的。那麼這樣子，信了宗教去剪除異教徒，結果捨報以後會是天眾增加？或者是「三惡道增長」呢？顯然是「三惡道增長」啊！那你說，那些信徒們冤枉不冤枉？以爲殺害異教徒是在行善，結果是在造惡業。所以說「佛爲世間眼」，說得眞正確。

然而，過去無量劫以來都沒有佛出現，直到 大通智勝佛的時候，那已經是經過「久遠時」了，才終於再有 大通智勝佛出現。然而，大通智勝佛是爲什麼而出現於世間？是因爲「哀愍諸眾生」。可以不必來世間辛苦的人，卻願意來世間辛苦，當然是由於「哀愍諸眾生，故現於世間」。所以，從上方五百萬億佛土來的諸大梵天王，能夠值遇 大通智勝佛，當然非常高興。因此讚歎說，大通智勝如來「超出成正覺」，他們心中得大歡喜，當然就不必隱諱而直接說出來：「我等甚欣慶」。從上方來的五百萬億佛土所有大梵天王都非常欣慶，可想而知，從其餘九方的大梵天王們以及在場的所有眾生，當然也會「喜歎未曾有」。

前面來的九方各五百萬億佛土的大梵天王們都奉獻了宮殿，現在終於輪到他們了，所以當然這麼說：「我等諸宮殿，蒙光故嚴飾；今以奉世尊，惟垂哀納受。」當然他們也知道 世尊一定會接受，因爲前面九方來的各五百萬億佛土的所有大梵天王們，宮殿奉獻出去時 世尊都納受了。他們知道自己也會被接受，所以講完了以後，馬上就發願：「願以此功德，普及於一切；我等與眾生，皆共成佛道。」換句話說，他們所求的，不是解脫三界生死，而是想要求成佛。他們也顯示自己眞的是菩薩種姓，因爲不但是求自己可以成佛，而且還要「普及於一切」；是把奉獻宮殿來供養 佛陀的這個功德，迴向給一切眾生；只要跟他們有緣的有情，希望都可以共成佛道。當然這個共成佛道，不是奉獻了宮殿馬上成就，還是要經過不斷累積福德，努力修集六度、十度波羅蜜的功德，最後才能成佛。但是，這總是一個開始；而且親自值佛，是一個非常好的開始。那麼接下來，他們又作了什麼事？且看下文分解：

經文：【「爾時五百萬億諸梵天王偈讚佛已，各白佛言：『惟願世尊轉於法輪，多所安隱，多所度脫。』時諸梵天王而說偈言：

世尊轉法輪，擊甘露法鼓；度苦惱眾生，開示涅槃道。

唯願受我請，以大微妙音；哀愍而敷演，無量劫習法。」】

語譯：【「這時從上方來的五百萬億諸梵天王，以前面這些偈讚歎大通智勝佛陀以後，各自都向大通智勝如來稟白說：『惟願世尊轉於法輪，對眾生們多所安隱、多所度脫。』這樣請求完了以後，又以偈來請求說：

世尊運轉佛菩提道的法輪，敲擊甘露法鼓來使眾生聽聞妙音；可以度脫苦惱的眾生，也向眾生開示不生不滅的涅槃正道。

惟願世尊接受我們的請求，以廣大而微妙的法音；爲了哀愍廣大的有情而開敷演述，如何能夠無量劫中修習而可以成佛的法門。」】

講義：這就是說，他們供養了 大通智勝如來以後，向 大通智勝佛請求轉法輪。轉法輪的目的，就是要使無量無數的眾生獲得安隱，而且可以度脫於三界牢獄，所以他們請求完了以後，當然會再以偈頌重新請求一遍。這個轉法輪，當然就是爲眾生說法。轉法輪，這件事情不容易作。可是不論什麼事情，只要到了假藏傳佛教裡面，就好像都很容易了。他們弄了個圓圓的東西，寫上幾句咒語，然後就用手去轉啊、轉啊……，說這樣就叫作轉法輪。還有人去西藏朝「聖」，到了布達拉宮，也在那邊推「法輪」，說這樣叫作「轉法輪」。然而問題來了，每年的每一天都有人在那邊轉法輪，到底有沒有人開悟了？竟然一個也沒有！別說開悟，只論斷我見證初果就好，同樣是一個也沒有。像他們那樣轉法輪，目的是爲了什麼？他們都不探討這個問題：目的是爲什麼？去那邊三步一拜、五步一叩，結果到了那裡終於轉法輪了，可是轉了那麼多年，西藏那邊所謂的轉法輪已經轉了幾百年了，到底有沒有人證得初果？且不談明心，也不談眼見佛性，只說有沒有斷我見？一個也沒有。

西藏密宗自有歷史記錄以來，曾經有斷我見、證悟佛法的人，卻不是從轉動那些經輪來的。眞正的藏傳佛教是覺囊派，他們的祖師們有開悟，也有斷我見；可是卻不從轉動那些經輪而來，那麼問題可就大了！顯然那樣轉動經輪不能叫作「轉法輪」，更何況那些銅輪上刻的大多是密宗亂說的咒語，當然不可能產生轉法輪的效果。因爲如果是眞的轉法輪，至少也可以有幾個人證初果嘛！就像我們正覺平常的禪淨班，各位親教師們教導大家要作動中定力的修行，發起動中的未到地定；然後教大家觀行五蘊十八界虛妄，所以有的人在禪淨班的時候就已經斷我見了，三縛結已經斷除了。假使這樣還斷不了，去到禪三，我還要再講一個多鐘頭，詳細地講解五蘊十八界的虛妄讓大家現觀，那時也不得不斷除，像我們這樣爲大家說法時才叫作「轉法輪」。

如果「轉法輪」以後竟然大眾連我見都斷不了，每天在那邊轉、轉、轉，那個經輪的軸承不曉得換掉多少個了，結果都沒有一人能斷我見，顯然那不能叫作「轉法輪」。所以「轉法輪」有一定的定義，不能用一件事情來代表。如果把經文寫在那個輪子上面，每天有人來不斷地轉，就能叫作「轉法輪」，那麼　佛陀只要交代某個菩薩把某一些經文傳到人間來，叫人們印在車子輪胎上，大家每天出門不斷地轉就好了，那麼　佛陀何必還要來人間辛苦說法？來人間弘法眞的很辛苦，古時又沒有汽車可以坐，連乘馬都不行，因爲要慈悲，否則外道們會罵。那時　佛陀連馬都不騎，眞的很辛苦！但爲什麼要這麼辛苦？看來好像　佛陀遠不如密宗那些人聰明？其實說穿了，密宗那一些所謂的「轉法輪」，仍然要叫作一表千里；他們不論什麼勝妙法，全都只要用一個事物來代表就行了；可是這一個代表，表不出眞實的法義來，於是這一表可就千里之遠了。所以「轉法輪」不可能是密宗那個東西，轉動那東西永遠都不是「轉法輪」。

可是，八萬四千法門來到正覺時都可以叫作「轉法輪」，連吃飯也是轉法輪。哪一天，也許我們就去密宗那邊買他們那個所謂法輪回來，就放在庭前，誰想到了就去轉一轉；如果因緣成熟了，轉一轉以後也可以開悟，那也可以叫作轉法輪，就看緣熟不熟；但是卻不在那個經輪的經文或咒語上面，也不是在轉動經輪的五蘊上面。所以，其實你只要那個理通了，所有的一切食衣住行都是轉法輪。如果理不通，那個經幢再怎麼轉，轉壞幾十個、幾百個以後也不是轉法輪。所以，問題不在「轉法輪」的本身，而在它的內涵是什麼。所以，眞正的「轉法輪」只有佛門中才有，一切外道都沒有。只有佛門中才有，我永遠都會這樣主張；所以眞藏傳佛教覺囊巴裡面有「轉法輪」的事，假藏傳佛教四大派中永遠都沒有法輪可以轉。

接著說「擊甘露法鼓」，我們上一回說：把那一面塗毒鼓敲擊以後，聞者皆喪。聽聞那一面塗了毒而打擊出來的鼓聲，所有人聽聞以後，我見都要死掉，無明都要死掉。可是，這樣的法鼓爲什麼要叫作「甘露法鼓」？因爲不是讓人家色身死掉，而是讓人家的無明毀壞，產生智慧，因此以五陰爲我的我見就死掉，利根者甚至就死掉了我執，乃至更利根的菩薩們聽到了法鼓的鼓聲，由於弦外之音，還可以實證佛菩提。所以這個法鼓的法毒只針對生死的黑品法加以消滅：這個毒只會毒死黑品法，不會毒死白品法。這樣的法鼓，傳達出來的當然就是甘露法的音聲。所以「擊甘露法鼓」，跟那個《大法鼓經》的所說，並沒有衝突矛盾。

接著說：「度苦惱眾生，開示涅槃道。」眾生之所以苦惱，都是因爲落在無常中，不知涅槃無生無死，才會苦惱。在我們正覺弘法之前，所謂的涅槃，眞的叫作眾說紛紜，莫衷一是。一個人講一種，聽起來好像都有道理；可是等你弄通了涅槃以後，重新再把它讀一遍、聽一遍，你都確定沒道理，因爲涅槃的眞實義都被他們講錯了！涅槃稱爲無生無死的彼岸，無生無死才能叫作涅槃，有生有死就不是涅槃。以前大家講的涅槃，從外道到末法時代的佛門中，同樣落入意識境界中，所說卻又莫衷一是，大約是各人隨著自己的所聞，重新牙牙學語再講一遍。聰明的人就是聰明太過火了，就自己創造新說，但問題是涅槃的境界，它是一個事實，這個事實也顯現出法界眾生背後不生不死的本來面目，但卻不是隨著人家怎麼樣去創造、怎麼樣去演述，自己加以演變可以成就的。

所以，涅槃的定義是亙古亙今、始終如一的，過去無始劫以前如是，現在如是，未來無量劫以後仍將如是，是永遠不可能被改變的。所以涅槃的法不可能會有演變，凡是會有演變的，都是錯誤的法。假使有人說：「我們上一代祖師這麼講，我們現在演變得比上一代祖師講的更好。」那就表示，那個祖師爺講錯了，而他自己也講錯了，因爲都是可以演變的；這表示說，他發覺他們的祖師講得不圓滿的地方，他們可以加以演變得更好。然而眞正的涅槃是不可演變的，因爲涅槃是法界中的一個眞實相，實相則是永遠如一而不會被改變的事實。但祂竟然可以演變，表示他們所說的，未來還會再被演變；既然未來還會再被演變，就表示他們所說的是不正確的。涅槃是不生與不死，爲什麼說祂不死？是因爲祂不生。爲什麼說祂不生？因爲祂從來沒死過。沒有死也沒有生，是同時並存的同一個法，不是因爲不生所以不死，也不是因爲不死所以不生，而是祂本來就不生與不死，這不生與不死是同時並存的同一法，是法爾如是的，這樣才叫作涅槃。

涅槃之道，佛陀在二千五百多年前爲我們開示的時候，定義是很明確的；演變到二千五百年後的現在大乘佛法，號稱是最上乘的地區，結果竟然連大師們都講不清楚，一個人說一個樣兒。這個涅槃之法，在 佛陀示現之前的人間，外道們也是各講一種，歸納起來成爲五種現見涅槃，加上把四空定誤認爲涅槃的四種，全都是有生有死，都是生滅法的境界，當然都不是涅槃。其實涅槃，總而言之不外乎四種：二種方便說的涅槃，以及二種實義的涅槃。二種方便說的涅槃，就是二乘菩提所證的有餘涅槃、無餘涅槃，這是方便施設；而這二種涅槃，其實是依菩薩所證的本來自性清淨涅槃來方便施設。可是，菩薩的本來自性清淨涅槃並不圓滿，得要到達佛地成就無住處涅槃才是圓滿的涅槃。而這個道理，在正覺同修會開始弘法之前，不可得聞；有時候在文獻裡、著作裡讀到這些名詞時，大家也沒有眞的弄懂，都無法清楚那到底是什麼義理；當代善知識們也都只是依文解義，所以也不是眞的善知識。直到正覺同修會弘法之後，才把這四種涅槃講清楚。

回到經文中說的　大通智勝佛的時代，那時的眾生是很可憐的，因爲無量劫空過而無有佛：「於昔無量劫，空過無有佛；」終於有　大通智勝如來現於世間，所以十方各五百萬億佛土的所有大梵天王都以宮殿供養。這顯見他們是有至誠之心想要學法，才願意以宮殿供養，然後請求　大通智勝如來爲眾生開示涅槃道，度苦惱眾生。他們的請求當然合情也合理，並且也合乎佛法，因爲如果不是爲了度苦惱眾生、不是爲了開示涅槃道，又何必示現在人間成佛呢！所以他們請求說：「唯願受我請，以大微妙音；哀愍而敷演，無量劫習法。」這當然合情、合理、合法。

那麼這裡說「大微妙音」，當然有緣由。諸佛說法，不必像我們用麥克風、擴大機、喇叭，我們得要這樣，大家才聽得見。因爲諸佛的威神力，祂講出來的言語聲音不必大聲，但可以傳遞很遠，無量諸天都可以聽得到，所以稱爲「大微妙音」，不是靠聲音大來取勝。爲什麼說「敷演」？這有二層意思：敷，就是把它打開，鋪陳出來、呈現出來。可是打開而呈現給眾生看，眾生不一定能看懂；說穿了，大部分人都不懂。就好像說，某一個精密的儀器，大家弄不懂它是什麼；現在有個專家來了，把它拆開來一一排在桌上給大家看，可是大家就能知道那是什麼東西嗎？依舊不知道，那專家也不會說：「你這麼笨，我都拆開給你看了，你還不懂！」不懂就是不懂，事實上是這樣，所以專家得要一一爲你解說：「這個叫什麼、這個叫什麼、這個叫什麼……，這樣全部組合起來就是一台擴大機；這個音響的擴大機，可以把聲音訊號擴大，通到喇叭去，大家就都聽得見。」大家終於知道，這個叫作擴大機，得要這麼多東西組合起來。可是這樣就眞的全部瞭解嗎？還不知道。專家就得要一一解釋了：你要懂得這個擴大機時，得要懂得怎麼製造。就一一告訴你說，這個叫什麼、這個叫什麼、這個叫什麼，要怎麼製造，要有哪些零件，零件又是怎麼製造的，然後怎麼組合，為什麼要這樣組合，組合以後怎麼用。這樣大家才會眞的全部都懂，這個就叫作演。敷，只是鋪陳出來。演，就是加以演述，詳細作各種不同層面的說明，讓大家都瞭解。

同樣的道理，成佛之道二大甘露門的解脫道以及佛菩提道，佛陀在三乘經典中其實都已經說完了。可是說完了，大家都聽懂嗎？不懂！因為大部分人都不懂這二大甘露門，所以才須要菩薩們幫忙解說。即使這二大甘露門中最淺的解脫道，也因為大家不懂，才須要阿羅漢們幫忙解說。可是，在這一些人眞懂之前，佛陀先為這些人加以鋪陳出來一一解說；這個鋪陳出來便叫作敷，解說就是演。世尊為什麼要「哀愍而敷演」呢？因為佛法深廣難解難知，所以必須要敷演。在敷演的時候一定會有一個心態，就是哀愍；如果沒有哀愍心，最多就只是敷，可就不演了；只敷陳出來給你說，成佛之道就這麼多，你們自己去修。那麼大家能懂嗎？不懂啊！你們看，三乘菩提的道理講了那麼多，佛陀如果不加以細說，有誰能懂？都不懂嘛！所以當年 佛陀是一一加以細說的，後來結集時當然沒有辦法把 世尊的細說全部都記下來；但是如果你悟了，對你而言，那一些也就足夠了。

那麼敷演出來的東西，是能夠讓大家修習多久呢？叫作「無量劫習法」。因爲成佛不是一世、二世的事，那是要三大阿僧祇劫努力精勤修習才能完成的，所以這一些成佛之道的所有內涵得要有個總持，才不會有時忘失。總持的意思是說，大約而言，就是某一些內涵，讓大家方便把這些內涵記住；當這些內涵記住了，再細說其中深入而微細的內容，然後大家才會懂得怎麼樣去付諸於實行；所以要詳細去敷，而且要接著演述，講的就是無量劫中應該如何習法的事，這就是這一段經文所說的。接下來，大通智勝如來如何回應這十方各五百萬億佛土那麼多的大梵天王的請求呢？

經文：【「爾時大通智勝如來，受十方諸梵天王及十六王子請，即時三轉十二行法輪。若沙門、婆羅門，若天、魔、梵及餘世間所不能轉，謂是苦，是苦集，是苦滅，是苦滅道；及廣說十二因緣法：無明緣行，行緣識，識緣名色，名色緣六入，六入緣觸，觸緣受，受緣愛，愛緣取，取緣有，有緣生，生緣老死憂悲苦惱。無明滅則行滅，行滅則識滅，識滅則名色滅，名色滅則六入滅，六入滅則觸滅，觸滅則受滅，受滅則愛滅，愛滅則取滅，取滅則有滅，有滅則生滅，生滅則老死憂悲苦惱滅。佛於天人大眾之中說是法時，六百萬億那由他人，以不受一切法故，而於諸漏心得解脫，皆得深妙禪定，三明、六通，具八解脫。第二、第三、第四說法時，千萬億恒河沙那由他等眾生，亦以不受一切法故，而於諸漏心得解脫。從是已後，諸聲聞眾、無量無邊不可稱數。」】

語譯：【「當十方來的各五百萬億佛土無量無數大梵天王們，全部都作了禮敬讚歎和供養之後，也全部都向大通智勝佛懇求。既然大家都懇求了，這時大通智勝如來，接受十方諸梵天王以及十六位王子的請求，即時三轉十二行法輪，也就是三次運轉深妙的解脫道的法義。這深妙的法義，不論是沙門、婆羅門或者天人、天主、天魔、諸梵天王以及其餘的世間有情，皆所不能運轉，也就是說：這個就是苦，這個就是苦集，這個就是苦滅，這個就是苦滅之道；並且又廣說了十二因緣法，所謂：無明緣行，行緣識，識緣名色，名色緣六入，六入緣觸，觸緣受，受緣愛，愛緣取，取緣有，有緣生，生緣老死憂悲苦惱。又說無明若滅了，行就滅了；行滅了，識也就滅了；識陰滅了，名色也就滅了；名色滅了，六入也就滅了；六入滅了，就把觸滅了；觸滅了，受就滅了；受滅了，愛就滅了；愛滅了，取就滅了；取滅了，有也跟著滅了；有滅了，生就不存在了；生不存在，也就沒有老死憂悲苦惱了。大通智勝佛在天人大眾之中解說這個法的時候，六百萬億的無量無數人，因為不再受一切法的緣故，因此而於欲漏、有漏、無明漏心得解脫，便獲得了深妙的禪定，以及發起三明、六通，也具足了八解脫。當大通智勝如來這樣三轉十二行法輪和因緣法的時候，又再重新宣講第二遍、第三遍、第四遍的時候，千萬億恆河沙數的無量無邊等等眾生，也一樣因為不受一切法的緣故，就於諸漏心得解脫。從這時候開始，諸聲聞眾就無量無邊而沒有辦法計算。」

講義：這一段經文中，世尊告訴我們，大通智勝如來也像釋迦如來一樣，初轉法輪時同樣是三轉十二行法輪。諸佛既然哀愍苦惱眾生而示現受生於人間，當然一定會先運轉十二行法輪。但是這個三轉十二行法輪，諸位可別誤會是一開始就是三轉法輪，就把成佛之道全都講完了。不是這樣的。那些搞學術研究的人，不事修證，專行文字研究，作的是文字訓詁的工作，也就是依文解義，所以他們不懂什麼叫作三轉十二行法輪。

當他們在作文字研究而不解正義時，看見《阿含經》裡面有《佛說三轉法輪經》，一時誤會就說：「你們看，三轉法輪，就是阿含部諸經所說的這些全部教理了，所以大乘經典非佛說。」問題是，他們已經誤會《阿含經》那一部《佛說三轉法輪經》的眞義了！《阿含經》中的那部《佛說三轉法輪經》的內容，並不是講初轉法輪解脫道、二轉法輪實相般若、三轉法輪唯識種智；並不是講這個，而是講四聖諦的前後三轉法輪。他們誤會得很嚴重，而且自以爲是，就作出結論說：因此大乘非佛說。可是他們其實誤會到很離譜，我這個說法是有根據的，不是自創己見，而是本來就如此的。所以我們就來講一講「三轉十二行法輪」爲什麼叫作三轉？爲什麼又叫作十二行？這當然有原因，而且講出來時也是符合事實，不是自創也不是自己編造的。

三轉十二行法輪，譬如說 釋迦世尊好了；世尊當年從菩提伽耶，那裡現在不是還有一個正覺大塔嗎？世尊是從菩提伽耶走路到鹿野苑的。當年印度公路不好，我們坐遊覽車時速大約四十到五十公里，整整跑了六個鐘頭。六個鐘頭，如果以時速四十公里來算好了，就是二百四十公里。時速四十公里跑六個鐘頭，路面顛簸；當時大家在路上又顛又簸，是因爲大部分是碎石路（現在也許很好了），大家哇哇大叫：「哎呀！好辛苦。」我不曉得大家在叫什麼？佛陀當年都是以雙腿走路的欸！有車給你坐，還叫辛苦。那麼 佛陀從菩提伽耶走路到鹿野苑仙人住處雞園之中，爲五比丘說法，就是「三轉十二行法輪」。如果不是「三轉十二行法輪」，他們哪能證得阿羅漢？沒那麼容易啦！

而且他們剛開始不信 瞿曇太子已經成佛了，是因爲太子放棄苦行而接受牧羊女的乳糜供養；所以 世尊剛要走近他們時被看見了，他們就互相約定；他們遠遠看見太子來了，不知道太子已經成佛了，還稱呼祂爲太子說：「太子來了！但他丟棄苦行，不想好好修道，我們大家不要走上前去迎接他，也不要站起身來接待。等他來了，讓他自己找座位坐下。」是這樣子約定的呵！沒想到，看見太子愈走愈近、愈走愈近，結果憍陳如第一個站起身來；本來說好都不理祂，連站起來都不要，結果是他第一個站起身來，其他四個人也不自主地跟著站起身來。然後看著 瞿曇太子愈走愈近了，不自覺就邁開腳步前去迎接了。爲什麼呢？人家是 佛陀，威德太大了，於是使他們不知不覺就邁向前去迎接。所以後來才在走上前去迎接的地方，由佛弟子們在那裡建了迎佛塔來紀念這件事情。迎佛塔就是這麼來的，就是紀念那個典故。把 世尊迎接到了鹿野苑雞園裡面，大家又殷勤地鋪設座位請 佛陀坐，都忘了剛才的約定。佛陀當然就是有心爲他們，所以先去找他們五個人，爲他們五個人開始說法，就是這個「三轉十二行法輪」。

爲什麼叫作「三轉」呢？因爲這四聖諦，佛陀連著講述了三遍，所以叫作「三轉」。爲什麼又說是「十二行」？因爲把四聖諦的苦、集、滅、道各都講了三遍，不就十二行嗎？這就是「十二行法輪」。可是這並不是依據數字來統計的，而是確實有它的道理。爲什麼呢？因爲一定要先初轉法輪，關於這四聖諦的初轉法輪，目的是作什麼？要讓五比丘（那時候還不是比丘），要讓那五個人先知道說：「我釋迦如來是很清楚瞭解苦是什麼？苦是怎麼集的？苦滅了以後到底是怎麼回事？然後說明滅苦之道是什麼？我釋迦如來都很清楚知道，如今來說給你們聽。」這就是示現，也是釋義。是示現說：我已經證得涅槃。也是同時解釋四聖諦的內涵給他們知道，名爲釋義。

所以，初轉法輪時先講什麼是苦聖諦，讓他們瞭解；然後說明苦爲什麼會不斷地蒐集到自己身上來？這就是苦集之內容；正是說明爲什麼會成就苦集？是說明苦因是怎麼樣積集來的，才會有如今這個生死中的流轉。這是示現給他們知道說：「我釋迦如來已經完全瞭解這一些。」因爲他們完全不知道 悉達多太子已經成佛了，心中當然會有懷疑，因此要先示現給他們知道。說明了苦、集二個聖諦，然後告訴他們說：「我釋迦如來已經知道苦滅掉時是怎麼樣的狀況。」就說明苦全都滅了就是無餘涅槃，說明苦滅以後是什麼境界，就是「不受後有」，才是眞正的苦滅。這個初轉法輪中的前三行法輪不就是苦、苦集、苦滅了嗎？這已經是三行了。接著第四行是說，苦應該如何滅？一定有個方法。不可以教導人家說苦可以滅，也宣稱自己已經滅苦了，但是怎麼滅苦的方法，竟然不知道。這是不可能的嘛！所以，最後一定要說明苦滅之道，就是道聖諦的內容。這就是第一轉法輪的事情，要先說明四聖諦的內容，讓這五個人瞭解，這是初轉法輪的四行。

第二轉法輪則是要勸修，初轉法輪叫作示現或釋義，是藉著解釋四聖諦的內涵，來示現說「我已經具足瞭解四聖諦」，所以講解四聖諦時就已經是初轉法輪的四行了。然後第二次再轉四聖諦法輪時就得要勸修，於是重新再把苦聖諦、苦集聖諦、苦滅聖諦、苦滅道聖諦重新再演說一遍，一面說就一面勸勉他們要接受聖諦也要實修；這樣重新再轉一遍法輪，這是二轉法輪，同樣有四聖諦，就同樣再有四行轉法輪的過程。這是告訴他們說：苦聖諦的內涵，你們應該知道，就是苦聖諦應知；苦集聖諦的道理如何，爲什麼苦會這樣集？這樣集各類苦種是不對的，這些集應該把它斷除，就是苦集之事應斷。講完了苦聖諦應知，苦集之事應斷，接下來就是講苦滅諦，就告訴他們說：苦滅聖諦，你們應該要實證。這就是苦滅諦應證。既然說是應該實證，總得要有方法給人家；不能叫人家要實證，竟沒有方法給人家實修。於是就告訴他們八正道，這就是苦滅之道，說這個滅苦之道大家應修。

當滅苦之道——八正道——從正見乃至最後的正定，把這八個聖道全部實修到最後，可以完全獲得出三界的果，這是你們大家所應該要修的，這樣就具足勸修的法輪了。這樣子第二次轉法輪，苦、苦集、苦滅、苦滅之道，一一向大家勸修。當第二轉法輪勸修說完了，大家就知道歸結說：苦聖諦應知，苦集應斷，苦滅的境界應證，最後的苦滅之道，我應該要實修。當大家都知道了，佛陀已經勸勉過了，大家也接受了，再來第三次轉法輪，同樣也是四行法輪。初轉法輪四聖諦，不是有四行了嗎？第二轉法輪時也有四行法輪，不就有八行了嗎？就八行法輪了。

那麼第三轉法輪是幹什麼呢？是要教導他們現前實證，並且也能夠運轉實證的智慧，現前證得涅槃果。那麼現前實證，是說他們經由前面的開示瞭解，在初轉法輪的開示中瞭解四聖諦的內涵，在第二轉法輪的勸修過程中他們也都接受了，接著在第三轉法輪時依舊是演講四聖諦，但這是把四聖諦從苦聖諦重新再說起，讓他們去檢驗自己對苦聖諦是否如實知，證明他們對苦聖諦已如實證轉了。如果苦聖諦如實知、已經證轉了，那就是苦聖諦已如實知。剛才第二轉法輪時是對苦聖諦應知，現在第三轉法輪是告訴他們應該要自己證實眞的已知。大家已知之後，那就是第三轉法輪的初行完成了，再來的苦集呢？是第三轉法輪，第三遍來開示苦集的內涵，讓大家檢驗自己是否能斷除所有的集，要去確定自己有沒有眞的斷集。結果這五個人聽完了，確定苦集已經眞的斷盡了，不可能再有三界愛的集了，那就是苦集已斷，如實證轉苦集聖諦了。

這樣子，第三轉法輪已經有二行法輪了，當大家對苦已知、對苦集已斷，接著要演說苦滅的境界，讓大家確定是否已證苦滅的境界。苦滅的境界是什麼？是五陰十八界全部都滅盡了，「我生已盡、不受後有」，自然就出離生死了；但並不是斷滅空，因爲還有本際常住不壞，這個就是說明苦滅的境界。阿羅漢們在第三轉法輪講苦滅境界的時候，他們要一面檢查自己是否已證。當他們自己檢查：我們苦集確實斷除了，我執已斷盡而有能力「不受後有」了，就是苦已滅了，捨報時當然就可以入無餘涅槃。那就是已經證得苦滅的境界，這就是苦滅的境界已證，這樣第三轉法輪不就有三行了嗎？

然後 世尊第三次講解滅苦之道，講解時就勸請大家自己檢驗，看自己對八正道是否已經可以當下就具足實現？請他們來觀察自己對正見、正業、正語、正命、正精進乃至最後的正定的實修，當他們全都發覺：沒有問題，我們這些現在都已經完成了，我們捨報一定不會生起中陰身，可以入涅槃了，不可能再受生於三界中了。這樣表示說，苦滅之境界他們已證，四聖諦滅苦之道的智慧，他們都已經證得而且開始運轉了。也就是說，他們苦滅之道的八正道修行已經完成了，這就是已修。對四聖諦已知、已斷、已證、已修，表示他們對第三轉法輪的四聖諦，又有四行完成了，就是具足證轉的聖者。這樣子，佛陀把四聖諦經過三次的轉法輪之後，四聖諦的十二行法輪就完成了，所以他們五個人全部成爲大阿羅漢。

這就是阿含部的《佛說三轉法輪經》所講的三轉法輪的內涵，所講的全都是二乘菩提的四聖諦，並不是　佛陀把一生弘法區分爲三轉法輪的前後三轉不同的內容。這二者可不能等視齊觀，不能相提並論，這一點諸位得要瞭解。這部《法華經講義》將來如果整理成書籍出版了，他們讀過以後大概就不會再亂講說：「大乘非佛說啦！因爲《阿含經》裡面就已經三轉法輪講完了，所以阿含諸經就是全部的成佛之道。」他們就不會再這樣講了。諸位今天聽懂了，如果你記得住，回去有人問起三轉法輪時說：「《阿含經》中已經把所有佛法全都講完了，所以大乘諸經不是世尊親口所說的。」你就爲他講解這個道理說：「那是四聖諦的三轉法輪，不是世尊一生的三轉法輪。」

所以第一轉法輪只是向這五個人說明，釋迦如來對四聖諦解脫道已經完全如實了知，這是初轉法輪的四行法輪示現。第二轉法輪，就是要勸他們實修。當你示現了，可是他們那時心中還沒有獲得決定；當那五個人還沒有心得決定時，他們怎麼可能實證呢？所以第二轉法輪時就得要勸修，在勸修的時候當然得要重新再講一遍。因爲剛才第一次聽聞的時候，老實講，心中還沒有完全相信，所以有一些半信半疑。當他們心中半信半疑時，第二次轉法輪時就要勸修；得要勸修才能使他們心得決定，所以要重新再運轉一遍四聖諦法輪。把四聖諦法輪運轉第二遍時，他們就有很用心在聽受了，但是有沒有確定自己眞的證得阿羅漢的解脫功德呢？還沒有辦法確定，因此還得重新再講第三遍。一面講解時，就要求他們一面自我檢查，看他們是否對四聖諦的智慧已經證轉了？檢查完畢而確定自己死時不會生起中陰身，不會再受生了；確定自己是阿羅漢，捨報後一定不受後有：不管是欲界、色界或無色界中，都不會再去受生了，確定自己眞的願意自我消滅，成爲滅諦的境界，就能確定自己眞的成爲阿羅漢。這個第三轉法輪，也同樣有四行法輪。初轉、二轉、三轉都同樣是四行法輪，四三十二，不就是十二行法輪了嗎？這樣講解，諸位就懂了，以後對「三轉十二行法輪」的道理也就沒有問題了。

釋迦如來首次「三轉十二行法輪」，是在鹿野苑的雞園之中；是因爲古時的五位修行人，既然人家有蓋了一個養雞的地方，在那裡面靜坐修行時至少可以避雨，所以就跟那些雞同住，那就好像一個簡陋的、可以遮雨的亭子，那個地方就被叫作雞園，本來是人家養雞的地方。如果換了諸位，你們如果出家修行，到了那個地方會不會嫌這嫌那：「哎呀！這裡有味道啦！哎呀！那個不太清潔啦！」會不會嫌？會喔！而且老實講，現在的出家人已經不太像出家人了，你們看那一些大山頭，眞的叫作金鑾寶殿、金碧輝煌，那還像是出家修行嗎？佛陀時代初轉法輪時期的出家人，跟著 世尊出家以後全都是樹下坐過夜，或是在山洞裡過夜，全都是這樣的。所以住在鹿野苑裡面的雞園中修行，眞的是住在雞園中，並不只是一個名稱而已，當然不是人家附庸風雅而命名爲雞園。那眞的是人家養雞的地方，上面是茅草編起來的頂蓋，不會直接淋雨；地面就只是弄一些草來鋪一鋪，若有雞屎就把它弄出去，再弄一些新草來鋪蓋過去，就這樣在裡面修行用功。當然那時全都是盲修瞎練，一直到 釋迦如來爲他們「三轉十二行法輪」以後才成爲大阿羅漢。所以，能夠親自値遇 佛陀是多麼幸福！眞的！親自遇到 佛，眞的要作難遭遇想，千萬不要作輕易想。

那麼這個「三轉十二行法輪」，其實是 釋迦如來如此，大通智勝如來當時也一樣是如此，同樣是「三轉十二行法輪」，絕對不是解脫道、實相般若跟唯識種智等三轉法輪。因爲你若是講完以後就要使弟子們證得阿羅漢果，一定得要「三轉十二行法輪」才行。所以成佛以後第一次宣講四聖諦時，一定要三轉法輪。世尊接著說，當時 大通智勝佛「三轉十二行法輪」時，是「若沙門、婆羅門，若天、魔、梵及餘世間所不能轉」。確實如此，你們看，在 釋迦如來出現於人間之前，有誰能夠「三轉十二行法輪」？完全沒有。乃至 釋迦如來示現過後，到現在也才只有二千五百多年，有哪一個宗教能夠「三轉十二行法輪」？也都沒有，就只有佛法中才有，因此說這是「若沙門、婆羅門，若天、魔、梵及餘世間所不能轉」。世尊又說：「這個三轉十二行法輪的道理就是說明，這個是苦，這個是苦集，這個是苦滅，這個是苦滅之道。」

可是「三轉十二行法輪」使弟子們成爲阿羅漢以後，還沒有辦法獲得緣覺的功德，就是解脫道還沒有圓滿，所以還得要再「廣說十二因緣法」。那麼，這十二因緣法就是：無明緣行，行緣識，乃至生緣老病死憂悲苦惱。一定是要講解這個因緣法，然後往回去檢查一下：爲什麼會老？爲什麼會有病死憂悲苦惱等等？都因爲已經出生了；如果不生，就沒有這回事了。這個道理是很簡單，對諸位而言。可是，對會外那些人就不是這樣子，這個道理確實不簡單。為什麼呢？因為你若告訴他們說：「只要你後世不再出生，就不會有老病死憂悲苦惱。」他們會抗議說：「你怎麼可以叫我不要再出生？出生是很高興的事情。你看，我們大家每年遇到生日時都要好好慶祝的。」你叫他們不要再出生，他們全都不能接受。

對諸位而言，你們認為不要再出生才是正確的。那你遇到他們時該怎麼辦？你就告訴他們：「能夠不再出生以後就可以再出生了。」他們就會接受，為什麼呢？「原來能夠不再出生就可以再出生，那我還是可以繼續過生日。」每一世都可以過好多生日，他們就高興了。所以你只好用方便法來攝受他們，就告訴他們：「那你就修菩薩道，不要專修解脫道，就可以繼續不斷地又出生，你想要怎麼樣過生日都沒關係；等你過完無量無邊的生日以後，還是可以成佛而具足解脫。」他們聽了就高興，那你就可以度他們。你就不要跟他們爭執說：「你正是因為有出生，才會有生老病死等痛苦。」千萬不要這樣與他們爭執。如果你繼續爭執下去，表示你沒有方便善巧。你要懂得觀察眾生的根性，你才更有資格當菩薩。

你們都得學習很多方便善巧，當他們說：「你不可以叫我不再出生，出生是快樂的事，怎麼可以叫我不要再出生？」那你就告訴他們：「對啊！出生確實很快樂，因爲每年都可以過生日好享受。但是你有沒有想過？你如果不出生，不就沒有這些老病死憂悲苦惱了嗎？」他們縱使一直想要反駁你，也反駁不來；可是心裡畢竟很不服氣，那你話鋒就馬上要轉變，要很快轉變告訴他們：「其實出生也不錯，但是你就不要專修解脫道，因爲修解脫道就是要滅生，你一定無法修成功的；所以你改修菩薩道，一樣可以得解脫，可以眞的不出生，而你卻在不出生之中，可以繼續不斷地出生。」他們聽了心想：「有這麼好的事喔！」不就很高興了嗎？他們很高興，你就可以度他們修學菩薩道。那你就告訴他們：「我說的這些道理，有各個層面的不同，你得要好好的學。但這不是三言兩語就講得清楚的，所以不管你要學什麼，我們總是都有，你就好好修學。」這樣告訴他們，他們就可以接受。所以，菩薩度眾生要有方便善巧，不要去正面爭執。你先把他輕輕砍一下，他們會痛，有警覺了，然後馬上又幫他們貼上膏藥，覺得沒事了，他們想：「眞的沒事了，你還眞厲害。」就會相信了，你才能度他們。

那麼，問題來了，這段經文中沒有說明什麼是無明。那十二因緣法裡面說的無明，到底是講什麼？近代的佛教界一直沒有把它講清楚。十二因緣法裡面說的無明滅則行滅，行滅則識陰滅，識陰滅就不會有來世的名色，來世的名色沒有了就不會有六入，就不會有觸等等，也就不會有老病死憂悲苦惱；顯然，流轉生死中，無明是根源，那到底無明是什麼？這就得要探究無明了。已經先「三轉十二行法輪」了，在「三轉十二行法輪」之後，當然已知道說原來不知道苦，不知道苦集到底是什麼，也不知道苦滅的境界是什麼，也不知道如何滅苦的方法，所以流轉生死的背後原來就是因為執著五陰，這個執著五陰就是無明。

可是十二因緣的無明只有這樣嗎？不只如此歟！顯然不只如此！因為無明如果只是這樣的話，好多人修十二因緣法，為什麼不能成就緣覺的智慧與功德呢？因為害怕把五陰滅掉以後會變成斷滅空，那怎麼行？「喔！那不行！那不行！我把五陰自己滅掉會成為斷滅空，所以我一定要把意識留下一部分來，成為細意識常住，我就可以有一部分繼續存在，不然就要變斷滅空了！所以我一定要有一個細意識常住不滅才行。」可是他沒想到這樣也是無明，因爲細意識也還是意識。那麼他把細意識留著，是不是也得要有細法塵、細意根繼續留著？否則要如何維持細意識的存在？顯然他還不懂四聖諦中的「苦滅」聖諦。他還不懂得苦滅的境界相是什麼，這也是無明。

意思就是說，名色之所從來，不可能無因而生，不可能無中生有。他們每天到晚在研究龍樹的八不中道，號稱他們懂得中道；所以他們宣稱有中道的觀行，號稱爲中觀。問題來了，八不中道講的是什麼？八不中道提出的道理是很明顯的：「**諸法不自生，亦不從他生，不共不無因，是故知無生。**」說諸法是不自生、不他生、不共生、不無因生，得要符合這四個條件，而仍然有諸法可以繼續出生卻不落入生死兩邊、斷常兩邊，這樣實證才能叫中道觀的實證。可是他們懂嗎？不懂！他們把八不中道的內涵拆解開來：諸法不自生，就解釋一堆的諸法不自生，可是卻跟中道無關。他們解釋了一堆的諸法不他生，也同樣跟中道的觀行無關；然後都解釋完了就說，所以這樣叫作中道。那樣其實並沒有中道，但他們還是把它定位說這樣就是中道，還說這樣的觀行便叫作中觀。

所以他們並不瞭解，諸法—包括名色在內—爲什麼會出生？既然諸法不能自生、不共生、不他生，也不無因生，那麼到底以什麼爲因而會出生？又爲什麼不被別人所生？例如被上帝所生。爲什麼意根、法塵二法不能共生意識？爲什麼意識今天晚上滅了，明天早上不能自己出生？他們都不想弄懂這些問題。他們既然不想弄懂，如何能夠懂得中道的眞實義？又如何懂得中道應該怎麼觀行而敢說他們懂得中觀？由於他們不懂又想要裝懂，就把龍樹具有整體性的《中論》鋸開爲很多個部分，然後一部分、一部分來獨立解說，結果變成《中論》中的每一部分都互不相干；弄到最後《中論》還是《中論》，他們那些凡夫還是凡夫，與《中論》實際上扯不上關係，我們現在已經證明這個現象了。禪宗祖師就罵這種人叫作鋸解秤砣。那秤砣，你不需把它鋸開，聰明人都知道它內外都是鐵；再怎麼鋸，還是鐵。愚人很努力把它鋸成細屑以後，對於這個秤砣是怎麼製造出來的，還是不懂，依舊具足無明。

所以，無明包括什麼呢？包括心中不能夠清楚認知，一切有情名色的出生一定有它的根本因緣。那個因緣是什麼呢？是識，不可能是物質，也不可能是虛空。如果是虛空出生了名色，那麼名色就是無因生；如果是物質而出生了名色，那麼那個出生名色的物質將會跟被生的五陰無關，因爲五陰有心，而物質無心，那就變成五陰是他生、物生，這怎麼講得通？如果有情的名色是由唯一的上帝或唯一的大梵天所生，也會成爲他生，能生的上帝就應該與有情有關而時時聯結著互動不斷；但上帝顯然與有情沒有時時聯結著而沒有互動，所以有許多人都在問：上帝在哪裡？連哲學家也一樣在問這個問題。但證悟第八識眞如的菩薩們都沒有這個問題，所以名色等諸法也不可能是他生，而應該是有情各自的第八識如來藏所生。

那麼如果像釋印順說的，不必有第八識來出生，由意根與法塵和合就能共生意識、能生名色；像他說的由五根與五塵就能出生五識，那麼這識陰六識顯然是由根與塵所共生，但龍樹菩薩的《中論》早已明說諸法不共生。而且釋印順這個說法還會引生出別的問題：根與塵是哪裡來的？是自生的嗎？是無因生的嗎？是常住嗎？再說回來，如果說有情的名色等諸法是自生的呢？那麼好極了，大家都不用父母了，對不對？大家都不需要藉父母爲因緣，都是自己就可以生自己，那又怎麼能夠叫作不生不滅、不來不去、不一不異、不增不減？又爲什麼可以講這個是中道？這顯然已不是中道了。

所以說，無明顯然要包括對很多眞相的無知，因此說，無明所不知的內涵，不但包括三轉十二行法輪的內涵，無明顯然還包括以下說的無知：五陰的虛妄是因爲依於一個眞實法而藉緣出生的，而那個眞實法不可能是虛妄，也不可能是有情緒、有愛惡的上帝、大梵天或者物質；所以那個眞實法顯然不是無情，但也一定不是有情的名色身心，當然絕對不會是上帝或大梵天的五陰身心，一定是「非有情亦非無情」，那只能稱爲離見聞覺知的第八識眞如；因爲只有心才能生萬法，物質不能生我們這個覺知心。

我們識陰覺知心怎麼可能是物質所生？如果物質能生我們這個識陰覺知心的話，弄一團泥巴捏成人身、狗身，應該也可以出生一個意識或具足識陰六識。但明明不行，所以無明顯然包括「名色之所緣的推斷與實證」，一定要推斷出有一個識是凡夫所不知道的，一定要實證另一個第八識是阿羅漢、緣覺所不能證的。二乘聖者對那個識的自性都不知道，他們都承認說：「我們雖不知道祂的自性，但那個識一定存在，是依那個識而出生了我們這個五陰，然後我們依這樣的認定來滅掉無明。」無明滅了而不再受生，也符合「三轉十二行法輪」的眞義，願意不受後有，死後就不再受生。不再受生，死後自然就出三界了，因此無明滅了行滅，行滅了識陰滅，識陰滅了永遠不再受生就沒有來世的名色，沒有來世的名色就不會有六入，不會有六入便不會有觸，沒有觸便沒有受，無受就無愛，無愛就不會去取；不會再取後有，未來就不再有出生，不生就不會老，當然也就不會有死及還沒死亡之前的生病憂悲苦惱等等。所以無明的內涵一定得要了知。那麼，釋迦如來是這樣爲我們轉法輪的，大通智勝如來當時也是一樣，先轉聲聞、緣覺法輪而演講解脫道的法，就是「三轉十二行法輪」以及十二因緣法。

大通智勝佛在天人大眾之中，這樣來演說四聖諦和因緣法的時候，六百萬億的無量無數人，因爲不受一切法的緣故，就在諸漏中「心得解脫」。這個諸漏，講的就是欲漏、有漏、無明漏。欲漏，就是修學解脫道必須要斷除的第一個階段，凡是修學解脫道，在修道位中第一個要斷除的就是欲漏，然後才是斷有漏，最後才是斷除無明漏。那麼欲漏是指什麼？就是對欲界法有所貪愛。欲界中的五塵以及對於男女欲的貪愛，就是欲界中的失漏法，使人們的解脫功德不斷漏失，這個欲界漏是修道位中要先斷離的第一個部分。可是，修道位之前先要斷我見，先要發起見地，那是見道，不屬於修道。成爲初果人之後，接著就得要修道；在見道位中努力修道，還沒有斷盡欲界漏之前就叫作薄地，也就是薄貪瞋癡的意思。這是說，由於欲界愛而引生的貪瞋癡已經淡薄了，就稱爲二果人。

在眞正的解脫道中，二果人還不算是聖人，雖然有努力在修行了，可是還沒有斷盡欲漏，他的心境還是留在欲界法中，這就是欲漏還沒有斷盡。所以在聲聞解脫道中，眞正的聖人是指三果人，他們已經斷除了欲界愛，也就是永遠離開了欲漏，於欲漏得解脫，於欲界愛得解脫，這樣才是眞正的三果人，這是第一個解脫道中的修道位，第一個要斷離的就是欲漏。欲漏斷離了便成爲三果人，接下來得要斷有漏。有漏是指什麼？是指色界有、無色界有，全都是有漏；因爲，若不能斷離有漏，就會繼續受生在色界或無色界中，依舊不免輪迴生死，所以繼續保持未來世的色界有、無色界有的存在，就會漏失解脫功德，稱爲有漏。

可是說到斷除欲漏，並不是自己想要斷就能斷，也不是自己認爲已斷就是眞的斷。有的人學佛以後就說：「老公！我不要再跟你同房了，我們從現在起分房睡。」可是，分房睡而沒有欲行以後，就是斷除欲漏了嗎？不是，因爲是否眞的斷了，要以親證爲憑。什麼是親證爲憑？是從心中確實斷除了。當心中確實斷了的時候，初禪就會自動現前了；必須以此爲證，以此爲驗，才是眞的「梵行已立」。所以，不是說「我們分房睡」，或者乾脆就離婚了，說那樣就叫作斷欲漏。不是這樣的，是要以初禪的發起爲證，再以初禪的不退爲驗，才能叫作已離欲漏。當然，欲漏的習氣種子不在此限，因爲即使是三明六通的大阿羅漢，欲愛的習氣種子都還是繼續存在的，我們現在講的是現行。那麼，這是第一個部分，「諸漏」裡面的第一個部分叫欲漏。

已斷欲漏之後，接著要實質上去理解：三界有到底是什麼內涵？欲界有已經斷除了，色界有是什麼？無色界有是什麼？都要去瞭解；並且能夠確定自己不會再受生於色界有、無色界有之中，這樣才是斷除了有漏。可是這個斷有漏是要在初禪發起之後，自己實際上去體驗、去進修第二禪，然後以第二禪的證境就可以推論三禪、四禪以及四空定境界中的名色有，對色界有及無色界有就可以推知出來了；雖然還沒有實證三禪天以上的色界有及無色界有，但已經可以推知出來那是什麼境界；然後自己可以確定不去受生，那就是眞的斷有漏，這時五下分結便斷除了。

接著問題來了，斷了有漏就可以不再受生嗎？不見得！自己確定不受生了，其實還是會受生的，因爲還會生到無色界去，生色界或無色界的境界中，這還是跑不掉的；爲什麼呢？因爲無明漏還沒有滅除。那個無明漏就叫作慢，是「我慢」，但不是指一般所說的與別人相比較而引生的慢。這是因爲欲漏、有漏斷除之後，剩下的最後一分有漏另外稱爲無明漏；但這個無明漏並不是因爲他沒有執著就滅除了，而是因爲他心裡面還有我慢；這個慢是說他還有一個想，那個想又叫作了知；了知什麼呢？了知「我已不受生死」，他還有這樣的捨心存在。當他有這個捨棄五陰的捨心存在時，他就會繼續出生在上二界中。如果他只有初禪，那他死後還會生到初禪天去；如果他具足四空定，死後會生到非非想天去；是因爲他還有捨心，死後就無法隨即入無餘涅槃，得要受生於上二界中，然後在那邊捨壽時才能取涅槃，這表示他的無明漏還沒有斷盡。

當他把這個捨心給斷除了，我慢就不存在了。這個我慢，不是跟人家比較說「我比你行，你比我差」那個我慢，而是還有一點點自己感覺不到的「喜樂微細意識自我的存在」。爲什麼他這個捨心還會存在呢？是因爲微細意識的自我還在，自我的那個覺想就是自我的了知，這個了知還願意繼續存在，就是還沒有斷盡無明漏，這叫作我慢。所以，當他最後發覺到這一點，而把這一個我慢也斷盡的時候，就是無明漏斷盡了，五上分結才算是全部斷盡。所以，解脫於生死沒這麼簡單的，不是那些人動不動就說：我是阿羅漢，我是三果人。他們只是供桌上那三個果子、四個果子，哪有什麼證果？都是胡說八道，自我安慰，自我欺騙，全都經不起現量與聖教量上的檢驗。

所以，「諸漏」的內涵一定要瞭解，欲漏、有漏、無明漏，把「諸漏」都瞭解了，並且都斷離了，那就是「心得解脫」，這樣的「心得解脫」就是《阿含經》中說的慧解脫者。當他這樣子「心得解脫」，並且所住的境界不是人間，因此，大通智勝如來這樣講完二乘菩提的時候，大眾「皆得深妙禪定」。這表示他們這時四禪八定都具足圓滿了，而且得了滅盡定；並且他們原有的天眼通、宿命通和漏盡通都增進了，這時已經可以圓滿八萬大劫的觀行，所以成就三明，那麼當然六通也就具足了。他們這時候也都具有八解脫，也就是對於欲界能背捨，對初禪能背捨，對二三四禪能背捨，乃至對於四空定境界也都能背捨；這就是對三界境界都能背捨，顯然都是三明六通大解脫。

這是第一次「三轉十二行法輪」與因緣法，有很多人獲得這樣的境界；

是多少人呢？是「六百萬億那由他人」。你看，大通智勝如來度人是這樣度的，第一次的「三轉十二行法輪」與因緣法，就度得「六百萬億那由他人」成爲三明六通大阿羅漢。咱們度人二十年，正覺同修會才能有目前這些人。大通智勝如來度人正是這樣度的，首次「三轉十二行法輪」與因緣法就已經是這樣，接著還有第二次的「三轉十二行法輪」和講解因緣法，第三次、第四次也是同樣的說法，因此當時有了「千萬億恆河沙那由他等眾生」，同樣是聞法以後「不受一切法」的緣故，「而於諸漏心得解脫」。同樣都是漏盡者，都是欲漏、有漏、無明漏等三種漏已經斷盡，所以「心得解脫」。

在這裡，我也跟大家提出一句話說：「亦以不受一切法故，才能夠於諸漏心得解脫。」假使心中還有一法繼續領受，就不能得解脫。只要還有一法存在就不得解脫，連捨棄自我的捨心都不能夠有，何況去執取細意識自我呢！只要細意識一存在，可就諸法全都具足了。因爲意識不論粗細，只要意識存在，諸法就都具足了，哪能叫作「不受一切法」？所以得解脫是要「不受一切法」的，因此才能夠「於諸漏心得解脫」。

接著說：「從是已後，諸聲聞眾、無量無邊不可稱數。」這時說的是聲聞眾，不是菩薩眾。這表示什麼呢？這也說明了，「三轉十二行法輪」所講的只是四聖諦，不是講初轉法輪的聲聞緣覺解脫道、二轉法輪的實相般若總相智與別相智、三轉法輪的唯識種智與方廣諸法，並不是講這個。這個「三轉十二行法輪」，就只是宣講四聖諦；之所以要把四聖諦轉三次法輪，就是初轉法輪時先作示現及釋義，然後再轉法輪時要同時勸修，最後告訴他們：你們第三次聽聞時要同時檢查自己是否已證，是否已有四聖諦的智慧開始運轉了。這樣「三轉十二行法輪」所說都只是聲聞緣覺法，所以他們得證的果報都是聲聞的解脫果；所以 世尊說，大通智勝佛前後總共四遍的「三轉十二行法輪」以後，當時的「諸聲聞眾、無量無邊不可稱數」。沒有辦法計算他們究竟是多少人，因為 大通智勝如來度人就是這樣度的。

今天《妙法蓮華經》要從八十四頁最後一段開始：

經文：【「爾時十六王子，皆以童子出家而為沙彌，諸根通利，智慧明了，已曾供養百千萬億諸佛，淨修梵行，求阿耨多羅三藐三菩提，俱白佛言：『世尊！是諸無量千萬億大德聲聞，皆已成就；世尊亦當為我等說阿耨多羅三藐

三菩提法，我等聞已，皆共修學。世尊！我等志願如來知見，深心所念，佛自證知。』爾時轉輪聖王所將眾中八萬億人，見十六王子出家，亦求出家，王即聽許。」】

語譯：這一段經文是 釋迦如來說：大通智勝如來受十方各五百萬億佛土來的大梵天王們所請，於是三轉十二行法輪，並且也演說了因緣法，因此而有心得解脫的聲聞眾無量無邊不可稱數，接著繼續開示說：【「當時十六位王子向大通智勝如來請求出家，他們剛出家時是沙彌的身分，而且是以童子身出家而不是以聲聞身出家，所以都不受聲聞戒；可是這十六位王子沙彌，諸根通利，智慧明了，因爲他們在往世無量劫以來曾經供養過百千萬億諸佛，而且都是清淨地修習梵行，而他們這麼久以來一直都是在求證無上正等正覺，不是求證聲聞解脫，所以他們就同時向大通智勝如來請求說：『世尊！在座這麼多的無量千萬億大德聲聞，他們都已經成就了聲聞果；世尊也應當爲我們演說無上正等正覺之法，我們大眾聽聞以後，都會共同來修學佛菩提道。世尊！我們無量大眾的志願，是想要具足證得如來的所知與所見，而不是只想在聲聞法上面具足所知所證；對於我們深心之中所祈求以及所憶念的法，佛陀您自己可以證明而確實知道的。』這時轉輪聖王隨從而來的，他所攜帶過來的大眾之中有八萬億人，由於看見十六位王子已經以童子身出家了，也就同樣的請求出家，而轉輪聖王也隨即聽許他們出家。」】

講義：這一段 世尊的開示是說，這十六位王子當時都還沒有成家，因此就以童子身出家，成爲 大通智勝如來座下的沙彌。但因爲他們過去無量劫以來已經很精進修學菩薩法，所以努力修行六度波羅蜜而不曾終止，當然他們的異熟果報一定是非常好的，所以他們的果報就是「諸根通利，智慧明了」。就是說，他們的異熟果正報，六根是很通達而且很伶俐的，都不暗鈍，這個就是他們異熟果的正報。

大家在一起修學佛法的過程中，往往會看見有些同修「諸根通利」，有些同修卻是根不通利而學習遲緩，別人聽一遍、二遍就領解了，他們卻得要聽上五遍、六遍、八遍、九遍才終於能夠領解。這就是說，他們的諸根不通利。諸根不通利，當然是有往世的因緣，因爲異熟果的正報與依報，從來都是昭昭不爽的。佛教界有很多人對這一點都沒有警覺，因此作事情的時候，從來不考慮未來世會引生的異熟果報將是如何，只想這一世能夠快意於口舌，講得天花亂墜可以出一口氣達到目的，認爲這樣就行了。可是，有一些事情並不是靠口舌辯給、口才伶俐來辯解而出了氣，就可以得到好的未來世的果報，其實都只是逞一時口舌之快而已。這是佛教界很多人都沒有注意到的，然而這些很微細的身口意行，卻是會影響到未來世的異熟果，乃至各種依報的勝劣。

所以有一些人信根不具、信力未起，不論你再怎麼鼓勵他，他對自己就是沒有信心。有一些人終於有了信心願意修學正法，可是進得正法門中，卻是怎麼學習都好像學不起來；別人往往很迅速就可以體會出來而能聽懂，也能付諸於實行，但他就是作不到。像這樣的事情都是有往世的原因，這就是異熟果中的正報與依報所導致；他的正報跟別人看來似乎一樣，就只是智慧不通利；爲什麼智慧不通利呢？就是六根不通利；也就是在他的勝義根之中，果報是要使他不通利的，正是經歷了許多應該領受的正報之後，還有依報必須繼續領受，所以同一對父母所生，兄弟二人的依報卻是完全不同，正是肇因於往世妄說佛法、妄謗賢聖的因緣。由於依報很差，如果他想要深入去理解、深入去作各種思惟的時候，就會頭痛欲裂，要不然就是茫茫然而不知所思；可是一回到世間法，他又變得好聰明、好伶俐。這就是說，他往世曾經有過遮障別人學習正法的事情造作過了，或者往世曾經針對勝妙的佛菩提正法、或者勝妙的解脫道正法，或是對三乘菩提中實證的賢聖，曾經作了不如法的評論；所以在那一世很聰明、很伶俐，別人都辯不過他；可是轉到下一世開始，就是一世又一世始終諸根不利，智慧混沌，沒有辦法好好學習三乘菩提，更沒有能力深入去作思惟。

所以，這十六位王子出家爲沙彌的時候，「諸根通利，智慧明了」，是有他們的往世因緣。也就是說，他們往世「已曾供養百千萬億諸佛」，這數目是很多的。曾經供養過這麼多佛，被這麼多佛所攝受過，結果當然就是依教奉行而「淨修梵行」。依教而「淨修梵行」的緣故，到了這一世就是「諸根通利，智慧明了」，不論學什麼法都很快。所以，他們既然是這樣無量劫來不斷地「淨修梵行」，當然不可能是淨修聲聞行，求的一定是無上正等正覺，是求證佛果而不是求證聲聞果。這樣子看來，一世又一世都不證阿羅漢果，繼續在三界中等待諸佛出現，想要親自奉事供養，這樣的菩薩永遠都是多數。

因此在因緣還沒有成熟之前，他們可能看來都只是凡夫；但是你要想一想說：這個看來好像凡夫的人，可能往世無量劫已經供養過很多佛了。這十六位王子就是現成的例子，釋迦世尊就是這麼告訴我們的，說這十六位王子表面上看來沒有聲聞聖者的智慧，但是焉知他們往世沒有呢？假使他們往世證得了聲聞的智慧，可是因爲還沒有離開胎昧，於是轉世之後就忘了；是因爲他們往世證得聲聞果以後並沒有入無餘涅槃，因此轉世之後忘記了。忘了以後看來就像一個凡夫，所以每一世聽到聲聞法時，他們都能實證卻沒興趣實證。這是沒興趣而不想學，寧可當個凡夫也不要當阿羅漢，世間是有許多這種人的。所以，假使有一世你證得阿羅漢果了，然後你想：「**我不要入涅槃，那沒意思，不能利樂眾生，我寧可再起一分思惑繼續去受生。**」可是，捨報之前看見有許多人聽到你講聲聞道時，他們就是不喜歡聽；然而你懂的就只是聲聞道，因爲你已經成爲通教菩薩了，但還沒有證得般若，只能演說聲聞道。而他們聽了不喜歡、不想學，你卻不可以說這些人都沒有學法的因緣，因爲他們只是對於聲聞法沒有因緣。可是，假使你有一天證得般若開始講佛菩提時，他們可就耳尖得很，全都把耳朵拉得長長的，就是要聽你說法。

所以，看見許多人還不肯進入正覺來，諸位也別覺得奇怪，因爲他們也許誤會說：「正覺講堂所講的法，大概跟我師父一樣，就是苦、空、無常、緣起性空，最後是要滅掉一切，我才不想學。」也許哪一天突然間弄清楚正覺不是這樣，是要生生世世行菩薩道的，是可以成就佛地的果位，也是可以實證而非空談。也許他們聽了就說：「早知道這樣，我就進去正覺修學了。」佛教界一定還有不少這種人。但因爲他們對於正覺同修會法義的理解還太少，所以還進不來，一定會有這個可能。

所以不要輕視一切人，因爲假使有一天，某一位你所認爲完全不懂佛法的好朋友，他忽然聽你說了佛菩提道，就會有興趣進來了；有可能他這一證悟就超過你好多劫，因爲他往世比你早修學；只是他不想聽聲聞法，以爲正覺所講的還是聲聞法，這也有可能。所以眾生的狀況千差萬別，不能一概而論。假使我們把所有眾生都一概而論，我們就會有過失，這一點諸位要記住。因爲眾生的根器以及過去無量劫以來的宿世因緣是很難說的，除非你已經過了三地而到四地、五地去了，你已經具足四禪八定、五神通而且有意生身，可以看得很長遠，否則不要輕易對其他的眾生下斷言。因此，當你看見一條狗的時候，牠不一定只是一條狗；你看見一條牛，牠也不一定只是一條牛，也許牠們上一輩子是個謗法、謗賢聖的比丘。但是，看見一個人很光鮮，不一定就是看見一個人，因爲他下一輩子也有可能只是一條狗，所以單看一世並不準。

因此說，「諸根通利，智慧明了，已曾供養百千萬億諸佛，淨修梵行」之後，竟然還沒有證得阿羅漢果，這十六位王子當時看起來好像仍然是凡夫；其實不然，只是因爲那一世的法緣在　大通智勝如來出現之前還沒有成熟；而他們正就是爲了配合　大通智勝如來，才在這個地方以這個因緣而受生的。每一尊如來出現在人間，都是有許多因緣是先安排好來配合著，沒有哪一尊佛是獨自一個人來示現成佛的。這個因緣，也不是即將成佛的那一世才開始安排的，而是三大無量數劫之中一直都在安排。怎麼樣安排呢？就是不斷地攝受眾生，攝受眾生就是攝受佛土，所以將來成佛時，座下什麼樣的弟子都需要，就得攝受很多眾生；因此他的佛土就是三大無量數劫不斷攝受眾生才能成就，當他成佛的時候，這一些很重要的眷屬，叫作法眷屬；也還需要很多次要及一般的眷屬，就是迷信表相的最底層信徒等有情，全都需要有，當然要以三大阿僧祇劫來攝受佛土。而這十六位王子既然「已曾供養百千萬億諸佛，淨修梵行」，卻一直都沒有證得阿羅漢果，那表示他們是求無上正等正覺。世尊這段開示告訴我們的，就是這個道理。

那麼這十六位王子看見 大通智勝如來，第一次「三轉十二行法輪」，也演說了因緣法之後，度得「六百萬億那由他人」證得阿羅漢果；接著「第二、第三、第四說法」之後，又繼續「三轉十二行法輪」及演說因緣法以後，「諸聲聞眾、無量無邊不可稱數」，他們就知道說，接下來應該會演說大乘法了，因為諸佛常法是先講聲聞法，不會先說最勝妙、最難懂的佛菩提妙義。所以，先度一批人證得聲聞果，證明可以出離三界生死，大眾信心具足，由這一些聲聞眾出來證明 佛陀所說如實無二，那麼大家當然全部都信受了。當大家都信受了，最勝妙、最難知、最難解、最難證的佛菩提道，就可以開始演述了。這十六位王子眼看著聲聞眾已經「無量無邊不可稱數」了，他們知道演述大乘佛法的因緣成熟了，就同時向 大通智勝如來請求說：「世尊！這一些無量千萬億的大德聲聞都已經成就了，世尊既然您為這一些人演說聲聞法、緣覺法，讓他們證得解脫果而成為大德聲聞了；我們這一些人是求無上正等正覺的人，所以世尊您應當為我們這些人演述無上正等正覺的勝妙法；當您演述過了，我們大家聽聞了，都會共同來修學。」這個請求眞的很合理。

如果像那一些六識論者說的：「大乘非佛說，大乘經典都是後人爲了對佛陀的永恆懷念而編造出來的。」那麼大乘經典就一定會有許多的漏失，因爲不是證德圓滿的 佛陀所講出來的。只有修到佛位時的念心所是具足圓滿的，所說的法當然不會有漏失。如果是後人編造的，而且他們說的後人，又是從聲聞法上座部分裂出來的部派佛教等六識論者，他們並不承認有第七識、第八識；他們是只懂得六識論常見法的後人，基於對 釋迦如來的永恆懷念所創造出來的大乘經典，譬如這一部《法華經》好了，一定會是漏洞百出的。可是，我們深入理解而演述出來給大家聽了，結果並沒有任何的漏洞，而且都符合 佛陀當年的情境，並沒有差錯，也符合所有的大乘經典與阿含部的經典而沒有矛盾。

有誰知道說，這一些人「供養百千萬億諸佛」而且「淨修梵行」以後，竟然沒有證得阿羅漢果的原因？他們是那麼笨嗎？有人是這麼笨的嗎？現前看見 釋迦如來在世的時候，許多人是一世就修成阿羅漢果，具體代表的有一千二百五十位大阿羅漢，而這些大阿羅漢座下還有許多阿羅漢弟子，顯然證阿羅漢果並不困難。這十六位王子「已曾供養百千萬億諸佛」而且「淨修梵行」，竟然不能證阿羅漢果，豈有此理？他們當然會這樣想：豈有此理？可是，我說的是眞有此理，因爲他們所求的是無上正等正覺，他們不樂求阿羅漢果，都不想要聲聞果，所以他們提出請求：「我們是求無上正等正覺的人，世尊您既然爲那麼多的大德聲聞解說聲聞法，他們也都成就了；而我們這一些求無上正等正覺的菩薩們還沒有成就，請世尊您爲我們解說無上正等正覺的法，我們聽聞以後，都會共同來修學。」然後又特別提出說明：「我們這些人心中的志願，就是如來的所知與所見，我們不志願於聲聞人的所知與所見，而我們深心之中所憶念的法，佛陀您已經親自證實，已經很清楚的瞭解，我們是怎麼樣憶念於法的。」

當他們這麼一說，就代表這一些證得阿羅漢果的無量無數的大德聲聞不足道哉，講一句台灣的俗話說：「不夠看。」也就是說，那是一生便能成就的法，而他們十六位王子無量億劫「已曾供養百千萬億諸佛，淨修梵行」，結果都不想要那個法。一世就能修成的，他們都不要，因爲他們如果想要修成，在供養第一尊佛時就能修成了；但他們卻不要，繼續「供養百千萬億諸佛」，來到今天才遇見 大通智勝如來，然後求 如來允許他們以童子身而非聲聞身，在 如來座下出家。而現在他們又說，他們求的是無上正等正覺，顯然他們說的是如實語。

這時「**轉輪聖王所將眾中八萬億人**」，當然就聽出這個道理來了，因為 大通智勝如來才這麼「**三轉十二行法輪**」，才這麼講了因緣法，這麼多人就能證得阿羅漢果，其中的許多人還有三明六通，都成為大德聲聞了。可是這十六位王子竟然都不要那種法，可見這無上正等正覺是非常的珍貴，是至高無上的法。他們聽出來了，心裡面想：「**哎呀！遇到如來了，這機會難得；十六位王子都出家了，我們幹嘛不出家？**」所以他們八萬億人也就跟著請求出家。八萬億人應該說是多少人？古印度是以一千千為億，一千個千就是一百萬，就是以一百萬為一億；那麼計算下來，也就是八萬個一百萬，那是多少人？所以八萬億人就是八百億人。當這些人看見十六位王子出家獲准了，出家成功了，而且將來可以得到無上正等正覺，所以他們就跟著請求出家。轉輪聖王看見座下這麼多人請求出家，他在 大通智勝如來面前當然不可以伸手阻止說：「不許！不許！」當然不行，當然要隨喜，所以轉輪聖王當場就聽許了。

那麼，這樣子看來，是不是那麼多的人成爲大德聲聞，而都沒有緣覺聖者嗎？有啊！因爲 大通智勝如來不是只有「三轉十二行法輪」，而是接著立刻講了因緣法。那麼大家接著把因緣法聽完而實證了，他們可就全都成爲緣覺了，所以也同時具有辟支佛的本質；不過因爲他們不是自己悟得因緣法，是從緣而覺，所以稱爲緣覺，不能叫作獨覺，因爲獨覺辟支佛是出於無佛之世。所以，從緣而覺就是從 佛陀那邊聽聞聲聞法、因緣法而覺悟因緣法，這叫作緣覺。另外一種就是出於無佛之世，稱爲獨覺，他是由於往世聽聞諸佛說過因緣法，留到現在無佛之世而自己覺悟的。獨覺，在《俱舍論》裡面又說他叫麟喻，以麒麟來譬喻他，所以叫麟喻，也就是說世間很難得能夠看得見。

請問諸位：是獨覺比較厲害？還是緣覺比較厲害？是緣覺？還是獨覺？大眾有二派，有人說獨覺厲害，有人說緣覺厲害。緣覺是藉緣而覺悟，是藉著 佛陀開示的因緣而覺悟；獨覺是出於無佛之世，自己覺悟。那是誰厲害？（有人回答：獨覺。）獨覺嗎？那麼我來告訴諸位，獨覺爲什麼會成爲獨覺的道理。獨覺就是在佛世時心中有慢，他雖然曾經值遇諸佛，但他不想在佛座下證悟，希望在無佛之世來自己證悟因緣法而成爲辟支佛，然後顯現神通。他明明在佛陀之世聽聞某佛講過因緣法，當時是可以實證的，但他不願意實證，刻意要留到未來世無佛的時候，在人間示現成爲辟支佛，那就是慢心。請問：緣覺聽聞佛陀說法就立刻成爲緣覺，而獨覺他要等到幾千年或者幾萬年以後沒有佛陀出世時，再來自己覺悟因緣法而成爲辟支佛，這樣是誰厲害？（大眾回答：緣覺。）喔！現在變成緣覺了。所以，很多人看佛法時都是看表相的，就說：「哎呀！那個獨覺麟喻，是好像麒麟那樣好珍貴的，是出於無佛之世而且自己證悟的，多珍貴呀！」可是我說獨覺眞的夠笨，他就是笨才會有那個慢心，才需要等到幾千年、幾萬年後，再自己去覺悟因緣法。現世就可以取證，爲什麼不要呢？都是因爲有慢。獨覺那個慢，到底是聰明還是笨？笨哪！諸位都知道了，這樣你們就瞭解了。

所以，這些大德聲聞同時也是緣覺，雖然還是叫作聲聞，可是他們同時具有辟支佛的本質，一樣也有辟支佛的功德，但是他們沒有慢，願意在 佛陀的教導下，藉著 佛陀的因緣而證得辟支佛果；但因爲仍然是藉著 佛陀說法的音聲，聽聞熏習而悟入因緣法，所以他們就叫緣覺；由於是藉由 佛陀的音聲而悟入，也被叫作聲聞；但他們無慢，所以當世成就緣覺果，這才是聰明人。

爲了慢心而想要示現給眾生說我很行，然後故意延後幾千年、幾萬年或者幾劫以後，才在某一生的無佛之世，自己成爲獨覺辟支佛；雖然看起來很稀有，世間只有他一個人證得辟支佛果，可是他不孤單嗎？就只有一個人。然後又沒有辦法把因緣法傳下去就入滅了，那種人眞的叫作愚癡。也許有人講：**「你蕭老師好大膽，那獨覺辟支佛，可是人天應供，你竟然還敢罵他愚癡。」**對啊！我就公開說他愚癡。他如果夠聰明，遇見 佛陀的時候，他自己立刻成爲緣覺，同樣具有辟支佛的智慧功德，不必再輪轉生死多受痛苦那麼久，不是更聰明嗎？因此，所有的獨覺都不值得羨慕，那只是從凡夫所見的表相上來看而說他們眞的不得了，可是所有的緣覺都知道那種人是更笨的人。言歸正傳，顯然 大通智勝如來座下有聲聞阿羅漢，也有緣覺，都已具足了，二乘菩提當然也是具足的；因爲已經具足了二乘菩提的法義及法眾，所以這十六位王子以童子身出家而成爲修童子行的菩薩，這時一定會被應許；在被應許出家之後，才會接著提出來，請求 大通智勝如來爲他們演述無上正等正覺之道。

這樣看來，這《法華經》裡面的道理，還眞的不容易理解。如果是那一些部派佛教中的聲聞後人凡夫（因爲六識論者全都是凡夫），他們所講的編造大乘經典的人，當然也一定是跟他們一樣沒有證悟如來藏的人；如果那樣的人也能編出這樣的《法華經》，老實說，這部經典今天一定會被我處處挑毛病；可是我們不但挑不出毛病，還要爲它深入加以解說演繹出來，顯然這是釋迦如來親口所說的經典。如果是六識論的聲聞部派佛教的後人編造的，而且他們說的又是歷經很多世的許多人長期創造，然後編輯起來成爲經典，那麼前人一個想法，後人又是另一個想法，把很多不同的想法串起來時，一定前後矛盾而且格格不入。那就會像什麼？像是一根方榫要逗入圓孔，不論怎麼逗，就是逗不攏。方榫得要方孔，圓榫就得逗圓孔；前人是各人編造各人的，到最後怎麼可能編輯起來呢？一定前後失準。

可是這部《法華經》，諸位聽到今天，很清楚知道《法華經》的教理其實不淺；因爲裡面有許多東西，你如果沒有通達，一定無法弄清楚的。但我們講起來，處處都合法合理，而且符合佛陀當年的狀況，沒有一絲一毫的出入，怎麼能夠說這是很多後代的聲聞弟子們，經過幾百年的創造然後編輯起來的？這麼勝妙的法義都不是他們六識論的聲聞所能理解的，要怎麼創造？後人又要怎麼編？不可能編在一起的。一定是同一時間同一位聖者所成就的，才可能不會有出入。譬如說，五十年前設計製造出來的飛機零件，要來跟四十年前製造出來的零件，或是跟三十年前、二十年前、十年前、現在製造的零件，想要把它們湊起來，能湊成一架飛機嗎？根本不可能嘛！一定是現在設計、現在製造的，一起裝起來才能成為一架飛機；不然就是五十年前設計、五十年前製造的零件，一起去裝起來才能成為一架飛機，否則一定是變成四不像，什麼都不能用，只是一堆廢鐵。

經典的道理也是一樣，一定是同一個時間，依據當時的時空環境，然後把勝妙難解的法義演述出來，才不會產生矛盾。所以《法華經》不是他們依文解義的人所想的說：「哎呀！那個很容易懂，你看，每一個字我都懂，意思也都懂。」問題是，他們真的懂了嗎？都沒有真的懂啦！你們看，古來那麼多人寫《法華經》的科判，他們判出來以後，再去把它歸攝的結果，有沒有把《法華經》的眞實道理講出來呢？結果是沒有。最會作科判的是天台宗，天台宗把《法華經》作了科判以後，大家有沒有瞭解到《法華經》的眞實義？有沒有像我講出來這樣眞實的義理呢？沒有！所以《法華經》不是那麼簡單、那麼容易理解的經典。

由這裡，我們就應該要對佛法作一個整體的思考，千萬不要落在一個知解片段裡面，然後就把片段的知解拿來作爲判斷佛法全部內容的準繩，否則必然是「**失之毫釐，差以千里**」。這是我們看到末法時代的佛教而去加以檢查的時候，都可以觀察出來的事實；所以他們千年以來往往前言不對後語，必須要不斷地修改及演變。可是我弘揚的法，至今都不演變，還是如來藏、依舊是佛性，就是永遠不改。不管誰怎麼評論，我們就是不改，爲什麼呢？因爲前後一貫的理，是實相法界的究竟理，就是永遠這樣而不可能被改變的；所以依這個實相境界而說出來的法義，當然也是永遠都不會演變、永遠都不會改變的。而 佛陀演述《法華經》的目的，也就是開示悟入諸佛的所知與所見，這一點也是永遠不會改變的；現在不會改變，過去無量劫不曾改變，未來的無量劫後仍然不會被改變，因爲諸佛的所知所見是永遠如一而不可能改變的。像這樣不會演變、始終如一的妙法，才能說是眞正的佛法。接著，釋迦如來又怎麼開示呢？

經文：【「爾時彼佛，受沙彌請；過二萬劫已，乃於四衆之中說是大乘經，名《妙法蓮華》；教菩薩法，佛所護念。說是經已，十六沙彌爲阿耨多羅三藐三菩提故，皆共受持，諷誦通利。說是經時，十六菩薩沙彌皆悉信受，聲聞衆中亦有信解；其餘衆生千萬億種，皆生疑惑。佛說是經，於八千劫未曾休廢；說此經已，即入靜室，住於禪定八萬四千劫。是時十六菩薩沙彌，知佛入室寂然禪定，各昇法座，亦於八萬四千劫，爲四部衆，廣說分別《妙法華經》。一一皆度六百萬億那由他恒河沙等衆生，示教利喜，令發阿耨多羅三藐三菩提心。」】

語譯：釋迦世尊又開示說：【「那時大通智勝佛接受十六位沙彌的請求，就開始演說無上正等正覺妙法；又經過了二萬劫以後，才開始在四衆之中解說這一部大乘經典，名爲《妙法蓮華》；教導菩薩的法，是諸佛所護念的經典。大通智勝佛說完這一部經典之後，十六位沙彌爲了無上正等正覺的緣故，都共同受持這一部《妙法蓮華經》，並且每天課誦而且加以思惟通利。當大通智勝如來解說《妙法蓮華經》的時候，這十六位沙彌全部都信受此經；不但如此，聲聞眾之中也有人能夠信受理解這部《妙法蓮華經》；而其餘的眾生有千萬億種不同的根性，但他們心中有各自不同的想法，所以都生起了疑惑。大通智勝佛演說這部《妙法蓮華經》，於八千劫中不曾休息廢止；直到說完了這部經以後，就進入安靜的室中靜坐，住於禪定八萬四千劫。在這八萬四千劫中，這十六位菩薩沙彌，知道大通智勝佛已經進入靜室中寂然入於禪定了，於是他們各自都昇於法座上，就在這八萬四千劫中，爲四部眾，各自廣說而且分別《妙法蓮華經》中的義理。這十六位王子出家的沙彌，一一各自都度化六百萬億那由他恆河沙數的眾生，開示教導利益他們，令得歡喜，並且都教令無量無數的眾生發起無上正等正覺之心。」

講義：這是說，大通智勝如來初轉法輪時期圓滿之後，接受十六位王子以童子身出家的沙彌的請求，開始爲大眾演述大乘法。從這個字面上看，大通智勝佛好像沒有說什麼大乘法，就直接講《妙法蓮華經》，但這只是一種比較簡略的說法而已，並不是沒有演述大乘法；因爲前一段經文中說，十六

位王子沙彌是請求 大通智勝如來演述無上正等正覺之法，並不是請求演說《法華經》。而 大通智勝如來允諾要演述無上正等正覺之法，是接受請求而演說大乘法經過了二萬劫之後，才開始演述《妙法蓮華經》的。在這二萬劫之中都不說法嗎？而且，接受請求要演述無上正等正覺的大乘法以後，不可能沒有演述大乘法就直接講《妙法蓮華經》。因爲《妙法蓮華經》很深，而演講這部大乘經之前，一定要讓這一些王子菩薩們先證悟般若、修學一切種智，否則直接演講《妙法蓮華經》時，誰會聽懂？一定會像那些六識論的大法師們一樣自認爲懂得《法華經》，其實一定都聽不懂。

所以接受請求以後的二萬劫之中，當然是先演述無上正等正覺之法；無上正等正覺之法就是實相般若，再加上方廣唯識的一切種智等妙法，怎麼可能就只有講一部《妙法蓮華經》？所以這裡是簡略的說法，但諸位要瞭解：當然就是這二萬劫之中廣爲大眾演述大乘菩提，演述到二萬劫之後，才在四眾之中演說這一部《妙法蓮華經》。千萬不要依文解義說：「你看，這裡面沒有說到演述大乘法，所以是經過二萬劫都不講佛法，二萬劫後直接就開始講《法華經》。」不能這樣說，因爲諸佛不輕然諾，既然應允要講無上正等正覺之法，就一定會講，當然是在二萬劫之中講的。也因爲《法華經》是準備入涅槃時，而大眾的修證已經到一個階段，都很清淨而且智慧很高了，法可以延續無虞，然後把一切諸法會歸於一法而講解《無量義經》了，才可以開始演講《法華經》。諸佛常法都是如此，包括諸位將來成佛以後，什麼時候開講《法華經》呢？就是大眾諸根成熟、都已清淨，法可以延續了，你才會認爲說可以入涅槃，才會講授《無量義經》而把無量義都會歸於一法，然後才開始演述《妙法蓮華經》，諸位將來成佛時也是如此。

那麼，這部《妙法蓮華經》講的就是菩薩法，說明所有的菩薩們都得不斷地供養奉事無量無數諸佛。供養無量無數諸佛，不是爲了向諸佛巴結，而是爲了圓滿成就自己的福德，因爲供養應身佛的福德無量無邊廣大，這是最快成就福德的辦法。所以初學佛的人看到給孤獨長者把他的庫藏黃金拿出來買祇陀太子的樹林園地用以供佛，都會覺得說：「那麼多黃金把那個地方鋪滿，好愚癡呵！那塊地值不了那麼多錢啦！」一般人都是這麼想的。但 佛陀看中那一塊地，只要是 佛陀看中的，花再多錢去買來都值得，要懂這個道理。因爲 佛陀願意接受這個供養，表示你這個福德是無量無邊廣大的；

那時再多的黃金，都不必吝惜，都可以用來修集廣大福德。就算整個地球都是黃金，都給你擁有，你能夠擁有多久？不過幾十年而已；幾十年之後，眼睜睜地看著黃金要變成別人的，一點也帶不走，到那時能怎麼樣？抱恨而終嗎？別那麼傻了！

但你有個辦法可以把它帶走，而且未來世會變成更多，就是福德啊！你把它轉化成未來世的福德種子，在自己的如來藏中帶到未來世去，那是無量倍而不是一倍、二倍回報；這個算盤要會打，古人打算盤是用三個手指頭打的。所以，給孤獨長者才是眞正聰明人，捨不得，就叫作不能捨，沒有捨就沒有後面的那一個什麼字？（大眾回答：得。）對嘛！人家都說「捨得、捨得、捨得」，你捨不捨得呢？捨得啊！捨得的意思，就是說你捨了，未來世你就能得更多嘛！所以，給孤獨長者才是聰明人。《阿含經》中那位姪女叫作菴婆羅女，還是菴婆什麼女？（編案：菴婆婆梨女。）那位高級公關女郎聽聞了 佛陀說法，請求 佛陀及僧夜宿於她的莊園中，並且請求 佛陀及僧明日一起受她供養午齋；第二天供養完成後，聽聞 佛陀說法而悟得初果，就在 佛前自誓三歸五戒，隨即又把整個莊園供養 佛陀及僧。眞是聰明啊！像她這樣子，雖然這一世只是一個婬女，但她要成就佛道是非常非常快的，因爲這種福德沒有多少人能修集得到。所以能夠遇到 佛陀，是很值得珍惜的，因爲 佛陀猶如優曇鉢華，難得一見。

懂得這個道理就可以稍微瞭解《法華經》講的道理了。這就是說，《法華經》正是「教菩薩法」，而且是「佛所護念」。這些大阿羅漢們如今被 佛陀授記將來成佛，他們過去已曾供養無量億佛，未來還要供養無量億佛；除了阿難尊者以外，最少的是再供養二萬八千億佛，摩訶迦旃延就是所有聖弟子中，未來世應該再供養諸佛的數目之中最少的。但是，摩訶迦旃延也是最肯捨的人，大家要瞭解這一點。摩訶迦旃延，套一句台灣南部老人家說的「手頭很寬鬆」，這樣聽懂嗎？他的手頭很寬鬆。有人說：「要看人家會不會存財，就看他這個指縫，指縫大的人就存不了錢。」這說法有沒有道理，我們且不理它；我要說的是，凡是肯捨的人，福德就大；福德大的人，成佛也就快；因爲肯捨的人不會被眾生所厭棄，他攝受佛土快，修集福德也快。

《妙法蓮華經》講的，就有這個道理存在其中，告訴大家要努力供養奉事諸佛。當你努力供養奉事諸佛，而每一尊佛入涅槃前都會演說《妙法蓮華經》，那麼你跟諸佛之間的關係就非比尋常了，就會變成很緊密的關係；因此，當這尊佛過去了，祂可能又到別的地方示現，而你下一輩子不一定再繼續跟隨祂，但祂總是會繼續護念著你。《妙法蓮華經》裡面就點出了這個道理。也就是說，世尊教導菩薩們應該一世又一世、一劫又一劫、一個無量劫又一個無量劫，不斷地努力供養奉事諸佛，而諸佛也會護念著這些菩薩們，當然就會教導種種勝妙的佛菩提妙義。所以，《妙法蓮華經》就是「**教菩薩法，佛所護念**」。

那麼，大通智勝如來說完了《妙法蓮華經》之後，就是準備入涅槃的時節了，也就不再說法了。這時十六位沙彌很清楚知道 大通智勝如來爲什麼講《妙法蓮華經》，知道這表示 如來不會再說法了。因此他們爲了無上正等正覺的緣故，齊心協力共同受持了《妙法蓮華經》，而且「**諷誦通利**」，也就是把經中的內容都具足記住了。諷，就是課誦的意思，每天都課誦，結果就全部不會忘失；而且去把其中的內容加以如實理解，這就是通利了，因此他們心中已經具足了《妙法蓮華經》的法義。

「**說是經時，十六菩薩沙彌皆悉信受，聲聞眾中亦有信解；其餘眾生千**

萬億種，皆生疑惑。佛說是經，於八千劫未曾休廢；說此經已，即入靜室，住於禪定八萬四千劫。」這是說，不單是他們十六位出家的王子菩薩信受而已，大通智勝如來演說《法華經》的時候，聲聞眾中因爲初轉法輪的「三轉十二行法輪」一段時間之後，聲聞眾就無量無邊不可稱數了；後來開始講述大乘經典的二萬劫中，在那麼多的聲聞眾之中，也有一部分人信解《妙法蓮華經》，迴心大乘成爲菩薩了。這是因爲《妙法蓮華經》很難信受，這個法義太深妙。這個太難理解的《法華經》道理很難信受，可是那一些大德聲聞之中，有一部分人能夠信受，因爲他們有所勝解，知道一定是如此；爲什麼是如此的原因，他們也能瞭解，所以他們對佛菩提道產生了信解。可是，其餘的那一些眾生就不一樣了，至於其他的大德聲聞則是沒有辦法理解。但他們還是會相信，因爲 佛陀的所說，他們一定相信。所有的阿羅漢，沒有人會懷疑大乘經典的；只要他是阿羅漢，就一定不會懷疑；因爲他知道，其中所說與他們所證的解脫道並不違背，而且更勝妙，是他們所不能理解、不能思議的；他們依解脫道的實證智慧來吹毛求疵，也都找不到毛病；所以凡是阿羅漢一定信大乘經，只是不能勝解。

如果有人自稱阿羅漢，卻在否定大乘經，那我跟你打包票，可以寫保證書給你，保證那個人一定是凡夫，連聲聞初果都不是；因爲他完全沒有聲聞解脫道中的法眼淨，是連聲聞道的法眼淨都沒有發起，自然無法去檢驗大乘經典的眞僞，也無法理解大乘經典的勝妙。可是那些大德聲聞信而不解，其他的眾生千萬億種心想，各人有各人的想法，他們皆生疑惑，因爲《法華經》眞的很難信受，爲什麼難信受？其中的道理是無法理解的。凡夫眾生當然遠不如那些大德聲聞，連大德聲聞都信而不解，凡夫眾生就只好疑惑了。

大通智勝佛演述《法華經》「**八千劫未曾休廢**」，顯然祂演述的《法華經》是比 釋迦如來所說的更廣，因爲他們那時的人壽很長，可以講得更多。那麼 大通智勝如來說完《法華經》之後，就進入靜室中，「**住於禪定八萬四千劫**」。講完《法華經》後，住在禪定中八萬四千劫，住那麼長的時間幹什麼？爲什麼沒有馬上就入涅槃？爲什麼？是因爲無聊，所以入禪定打發時間嗎？不可能！諸佛沒有無聊這回事，會無聊的都是凡夫。只有凡夫才會覺得無聊，聲聞、緣覺、菩薩都不會覺得無聊，何況是諸佛。但爲什麼「**即入靜室，住於禪定八萬四千劫**」呢？因爲該說的法已經說完了，該傳的也都傳完了，而菩薩們也已經實證了。可是，那麼多的眾生能不能繼續承受到法雨的潤澤呢？大通智勝如來要達到這個目的，所以「即入靜室，住於禪定八萬四千劫」，讓這十六位沙彌菩薩去繼續弘法，到時候出定時可以驗收成果，那時知道法繼續弘傳廣利眾生絕對沒有問題了，才可以入涅槃。

你不要以為只有　大通智勝如來這樣，釋迦如來難道不是這樣的嗎？釋迦如來亦復如是。那天魔波旬一天到晚來催　釋迦如來：「您可以入涅槃了。」一天到晚來催，三不五時就來催一下說：「如來！您不是說只要弟子有悟了、可以傳承您的法了，就要入涅槃嗎？」他就這樣催促，他是從　釋迦如來剛成佛時就提出這個要求的，然後就常常來要求，但　釋迦如來說：「不行！我的弟子們還沒有全部都證得解脫，還沒有全部都證得大乘法，所以我還不準備入涅槃。」到最後，很多弟子證得阿羅漢果、緣覺果，也有很多弟子們證得菩薩果了，這時天魔波旬又來了，世尊才說：「我答應你，三個月後我會入涅槃。」為什麼呢？因為觀察正法的流傳不須要擔心了，雖然娑婆惡世，這種五濁惡世不像那種清淨世界，很難住持正法，但至少弘傳下去是沒有問題了，後繼有人了，才答應天魔波旬：三個月後入涅槃。因為已經答應了，所以開始講《法華經》。

所以每一尊佛都是如此，要講《法華經》之前，都是已經觀察眾弟子們該證的都已經證了。意思就是說，還不該實證的弟子就留到未來世去，他們將來也會親證。而這一世應該證的人都已經親證了，法的流傳也沒有問題了，可以準備入涅槃。入涅槃，就是準備到另一個地方再去度眾生，因爲諸佛由十無盡願所持，都是不會入無餘涅槃的；但是要示現入無餘涅槃，然後轉移到另一個國土再繼續度眾生。所以諸佛都一樣，都要觀察這個時節因緣。

大通智勝如來亦復如此，所以「即入靜室」打坐，「住於禪定八萬四千劫」。這八萬四千劫之中，這十六位菩薩沙彌當然就開始爲眾生演述無上正等正覺之法。他們演述到最後，當然要爲四部眾廣說，而且要分別演說這一部《妙法蓮華經》。廣說倒是容易，但是想要加以分別就很困難；因爲其中的法義，如果不是菩薩，是不能理解的。大德聲聞也不過就是那麼一世、二世修學，便證得聲聞果了；但菩薩是一世一世不斷延續下來的，就像舍利弗、須菩提、摩訶迦旃延、目犍連等等，只是因爲那時所見還沒有超過八萬大劫，對八萬大劫之前的一切事情都不知道，忘了自己過去世是菩薩，曾經跟隨釋迦如來一世又一世修行下來；所以當初證得聲聞菩提時，還以爲自己是個聲聞人，其實本來就是菩薩，可是這個道理末法時期竟沒有人能理解。

同樣的道理，在 大通智勝如來的時候亦復如是，所以 世尊說這十六位菩薩沙彌，他們「**已曾供養百千萬億諸佛**」，他們當然已瞭解這個道理，所以當 大通智勝如來說完《妙法蓮華經》入室宴坐時，就知道 佛陀不會再說法了：「**當大通智勝佛入室宴坐入定了，剩下來的時間當然就是咱們的責任，我們要好好把大乘經典流傳下去。**」可是大乘經最難理解的就是《妙法蓮華經》，因爲一般人都只看見一世，不曉得很多劫以來的狀況，所以對《法華經》所說很難信解，眞是既難信受又難理解。因此這十六位菩薩沙彌，知道大通智勝佛已不會再爲大眾說法了，他們當然知道自己這時應該幹什麼，於是「**各昇法座**」，在八萬四千劫之中各自都爲眾生說法，而且是「**廣說**」之外再加上「**分別**」。「**分別**」就是像我這樣子把其中文字上看不出來的道理，解析給大眾瞭解。那麼，這八萬四千劫之中，每一位菩薩沙彌都度得「**六百萬億那由他恆河沙等眾生**」，這要怎麼計算？六百萬億先放著，先說那由他數的恆河沙，是不可計算的恆河沙數；像這樣不可計算的恆河沙數有六百萬億，那到底是度多少有情呢？沒有一個數目單位可以用來明確計算出來。

就這樣爲大家開示教導，讓大家獲得法利，而且心大歡喜。在這樣的情況下，教令大眾發起無上正等正覺之心，當然就沒有困難了。就像諸位明心之後，聽了《妙法蓮華經》，我如果要求你們要發無上正等正覺之心，永遠不取無餘涅槃，利樂眾生永無窮盡。那你們不管未來會有多麼辛苦，一定會發願，你們一定不會拒絕。可是如果沒有實證，又加上不懂《法華經》的深妙義理，被要求的時候一定口頭上說：「好啦！我發願啦！」可是，一面發願一面想：「這是你教我的，不是我主動發願的。」對不對？一定是這樣嘛！然而，有所實證而且如實理解《法華經》的義理之後，那時發願可就是自己主動發願的，是自己本來就想要發願的。這時當菩薩開口說「你該發願了」，當然就歡歡喜喜發願了。

那麼從這樣來看，《法華經》的義理是淺還是深呢？當然是深啊！以前沒聽聞過的時候往往說：「《法華經》中說是很深奧，但我看來好像也沒有什麼深妙。」其實是因爲沒有如實理解其中的一些關鍵，沒有如實理解《法華經》的時空背景，所以才會說它淺。就像阿難尊者，有一天打坐的時候思惟因緣法，想一想說：「這個因緣法，佛陀說是甚深難解，我看就是這麼淺，也沒有什麼；就是這麼明白，有什麼難解的？」就去跟 佛陀說：「我看因緣法是很簡單的，世尊！您為什麼說是很難理解？」等到 佛陀為他說明了以後，才知道果然不淺。《法華經》也是一樣的道理，得要有人如實敷演出來，才會知道它是什麼地方勝妙難解。那麼接著，釋迦世尊又如何開示：

經文：【「大通智勝佛過八萬四千劫已，從三昧起，往詣法座安祥而坐，普告大眾：『是十六菩薩沙彌，甚為希有，諸根通利，智慧明了，已曾供養無量千萬億數諸佛。於諸佛所常修梵行，受持佛智，開示眾生令入其中。汝等皆當數數親近而供養之，所以者何？若聲聞、辟支佛及諸菩薩，能信是十六菩薩所說經法，受持不毀者，是人皆當得阿耨多羅三藐三菩提如來之慧。』」】

語譯：世尊又告訴我們說：【「大通智勝佛在靜室中入定經過八萬四千劫之後，從定中起來，就前往法座安祥而坐下來，普遍告知大眾說：『這十六位菩薩沙彌，非常非常希有；他們六根通利，智慧明了，是因為他們往昔曾經供養過無量千萬億數諸佛。而且他們在諸佛座下，始終如一的修習清淨行，受持諸佛的智慧，也不斷地開示給眾生，令眾生同樣進入諸佛的智慧之中。你們大眾都應該一而再、再而三，不斷地親近而供養這十六位菩薩沙彌，爲什麼呢？因爲如果聲聞或者辟支佛以及諸菩薩們，能信受這十六位菩薩所說的各種經典中的法教，又能受持而不毀犯的話，這樣的人未來都會得到無上正等正覺的如來智慧。』】

講義：這就是說，大通智勝佛在定中經過八萬四千劫之後才出定，這一種功德不是所謂的大德聲聞能作得到的。諸佛就是有這個功德，不論是準備入定多久，只要預設了之後，時間到了就會出定了，不必誰去敲引磬提醒。一般的菩薩們都作不到，大德聲聞、緣覺也作不到，往往一入定就過頭了。所以，以前也有仙人，他知道有如來會出現在人間，名爲 釋迦牟尼佛；可是他無法像諸佛如來一樣隨意延壽，他看 釋迦如來出現在人間的時間，知道那時自己已經不在人間，遇不到 如來了，因此嚎啕大哭，這是因爲他自己沒有那個能力延壽。也有人心想：「釋迦如來出現於人間還早，我先入定去吧！」可是等到他出定時，如來已經過去了。這是法界中常常看見的事情。所以，如果自己沒有預設出定的那個能力，就不要入定，不管怎麼辛苦就到處奔走也沒關係，就安心等著 如來降世，應該如此嘛！

可是 如來就有那個能力，入定預計八萬四千劫，也預先看見這十六位沙彌，在八萬四千劫之中會如何廣說，而且爲眾生詳細分別《妙法蓮華經》，至於演說大乘經典當然更沒有問題，早就預見他們會把 如來的教法廣爲弘傳，所以預計他們會講八萬四千劫而度得很多眾生，所以 大通智勝佛就入靜室住於定中。當八萬四千劫到了，這十六位沙彌所度的眾生已經非常多了，實證的菩薩們當然也是很多，那麼正法的久續流傳就不需要擔心了。已經預先這樣看見了，就入室靜坐，八萬四千劫後才出定；出定時就是爲大眾作一個總結，這不就是驗收嗎？這時正是要驗收成果，所以上了法座安祥的告訴大眾說：「**這十六位菩薩沙彌，是非常非常希有的，六根通利，智慧明了，過往無量劫中已經供養無量千萬億數諸佛。**」爲什麼要這麼說？一方面這是事實，另一方面要讓大眾知道：這十六位菩薩沙彌，不是這一世才開始學佛的，大家要好好尊重。

因爲有些人對所有善知識，都只從這一世的所見來作評論，來決定自己要不要依止，這是一般人的心態。諸位！你們還沒進入正覺之前，是否也如此呢？有沒有這樣自問過？（有人回答：有。）有啊？哎呀！這眞是菩薩。因爲一般人都只看這一世，你們放眼全球佛教界，不論大師、小師或者四眾們，不都是如此嗎？有誰是從很長遠的時間來看的呢？沒有！都是只看善知識的這一世，從來不想瞭解善知識是否往世已曾實修實證。大通智勝如來這麼宣示以後，告訴大家說：「這十六位菩薩沙彌在諸佛座下，永遠都是修習清淨梵行，永遠都是受持諸佛如來的智慧，也開示眾生進入諸佛如來的智慧之中。」不是受持諸佛如來所講的聲聞法而已，也不是開示眾生令入聲聞智慧中，而是進入佛菩提智；當然，佛菩提智就函蓋了二乘智。

這樣把事實說明後，讓大家對十六位菩薩沙彌生起仰信。然後才吩咐大眾說：「你們大家都應當不斷地親近這十六位菩薩沙彌。」這也就是說，這十六位菩薩沙彌不是等閒人物，他們是不斷地攝受眾生已經無量無數劫了，因爲他們供養過的諸佛就已經是無量千萬億諸佛了。那麼大眾一聽聞了就說：「我好不容易在這一世遇到大通智勝佛，但我過去世曾經供養過多少佛？」大家在心中自己掂掂斤兩，知道自己其實無足道哉，無法跟這十六位菩薩沙彌相提並論。並且，大通智勝如來又解釋那個原因說：「如果有大德聲聞、大德緣覺，」既然都已經成爲阿羅漢、辟支佛了，當然是大德，「如果還有其他證悟的菩薩們，只要能夠信受這十六位菩薩所說的各種經典中的法義，又能夠受持而不毀謗的話，這樣的人未來都可以得到無上正等正覺的如來果地的智慧。」

這樣的宣示，作用一定很大，因爲這是　如來親口所說；而如來是實語者、不妄語者，當然大眾都會信受。那麼法的流傳、大眾的善根增長，自然就沒有問題了，這就是　大通智勝如來的慈悲之處。爲了大眾的未來，特地這樣說，把這十六位菩薩沙彌的背景解說出來，讓大家生起恭敬心，大家也就願意追隨修學。而這十六位菩薩沙彌，當時只是還沒有離開胎昧而已，實際上他們就是菩薩，已經跟隨著　大通智勝如來修學非常長久了；這一世在大通智勝如來座下，雖然才剛出家稱爲沙彌，其實已經是大法師了。因此，他們才剛獲准出家，才剛聽完無上正等正覺之法，才剛聽完《法華經》就能夠爲人演述了；這顯然不是普通的菩薩，所以大家如果願意跟隨他們，即使是阿羅漢、緣覺或者證悟的菩薩，只要願意跟著他們繼續修學，未來都可以得到無上正等正覺，都可以得到佛地的智慧。這樣看來，同樣是證悟的菩薩，顯然層次高低差別很大，不是像阿羅漢與緣覺聖者，相差不大。這些聲聞、緣覺迴小向大，或者說已經證悟的菩薩們，爲什麼還要跟著十六位菩薩沙彌修學呢？顯然層次不一樣，這些人是不是都證悟了？同樣都證悟了啊！那顯然證悟的菩薩們層次差別是很大的。

講到這裡，諸位有沒有想到一句話呢：「一悟即至佛地。」有沒有？沒有想到？是不認同嗎？你搖頭是不認同而不是沒想到，因爲這一句話，大家耳熟能詳。殊不知六祖這一句話是方便說，也是從理上來說的：悟了就到佛地。沒錯啊！因爲佛悟的是第八識，佛所看見的佛性，同樣是第八識的佛性；而十住菩薩悟的也是這個第八識，見的也是同一種佛性，所以在理上來說，就是跟 佛陀的所見所悟一樣，跟 佛陀的境界沒有差別；但是依舊不能當作究竟說，因爲六祖那個說法只是從理上來說的。理上也說一切眾生本來是佛，爲什麼呢？因爲一切眾生都有如來藏，也都有佛性，都是眞如佛性具足，怎麼不是佛？所以本來就是佛。但那都只是理上說的，因爲一切眾生畢竟還沒有證得眞如，也還沒有看見佛性，怎麼會是佛呢？所以「眾生本來是佛」，或者「一悟即至佛地」，都只是理上說、方便說，不能當作究竟說；可是，有一群愚癡人就把方便說當作究竟說，就說：「你看，《六祖壇經》都講了，一悟即至佛地，所以你們還講什麼悟後起修，你們正覺同修會眞是亂講。」

然而問題來了：經中有很多的菩薩都已經開悟了，爲什麼還不能成佛？爲什麼他們還是菩薩？再說，六祖自己究竟成佛了沒有？如果開悟了就都是佛，經中有記載那麼多菩薩們跟著 佛陀行道，那就是有很多尊佛同時出現於世了。可是事實上沒有啊！就只有一尊佛住世啊！何況六祖也說悟後得要好好修行，也開示了不少。所以，那麼粗淺的道理，他們都能誤會了，那你要期待他們能懂得《妙法蓮華經》，就無異於緣木求魚。老實說，想要他們懂《法華經》，你還不如拿著魚竿到樹上釣魚，搞不好哪一天釣下來一條魚，在樹上剛好給你鉤著了一條彈塗魚，那個機會還比他們懂《法華經》的機會更大，因爲他們終生都不可能懂得的。那麼，大通智勝如來這樣子考慮到無量無數那由他恆河沙等眾生的法身慧命，特地爲大眾作了這樣的開示；這樣開示以後，當然就暫告一個段落，因爲接下去就是 大通智勝佛入涅槃、闍維、造塔等等事，那就不必再詳談了。所以接下來，世尊怎麼說呢？

經文：【佛告諸比丘：「是十六菩薩，常樂說是《妙法蓮華經》；一一菩薩所化六百萬億那由他恒河沙等眾生，世世所生與菩薩俱，從其聞法，悉皆信解；以此因緣，得值四萬億諸佛世尊，于今不盡。諸比丘！我今語汝，彼佛弟子十六沙彌，今皆得阿耨多羅三藐三菩提，於十方國土現在說法，有無量百千萬億菩薩、聲聞，以為眷屬。其二沙彌，東方作佛，一名阿閦，在歡喜國；二名須彌頂。東南方二佛，一名師子音，二名師子相；南方二佛，一名虛空住，二名常滅；西南方二佛，一名帝相，二名梵相；西方二佛，一名阿彌陀，二名度一切世間苦惱；西北方二佛，一名多摩羅跋栴檀香神通，二名須彌相；北方二佛，一名雲自在，二名雲自在王；東北方佛，名壞一切世間怖畏，第十六、我釋迦牟尼佛，於娑婆國土成阿耨多羅三藐三菩提。」】

語譯：佛陀把 大通智勝如來和座下十六沙彌菩薩的往事告訴比丘大眾之後，接著向諸比丘們說：

【「當時這十六位菩薩，他們總是最喜歡演說這一部《妙法蓮華經》；這十六位菩薩中的每一位菩薩，各自度化的六百萬億那由他恆河沙數眾生，每一世也都跟隨著他們所追隨的菩薩，一世又一世同樣受生在同一個世界中，世世追隨菩薩聽聞佛法，而且全部都能夠信解；我說的各六百萬億那由他恆河沙等眾生，就由於這樣的因緣，都可以值遇四萬億的諸佛世尊；到現在爲止，這一些各六百萬億那由他恆河沙數的眾生，到現在都還不能窮盡，還繼續在行菩薩道之中。諸比丘們！我釋迦如來今天就告訴你們吧！大通智勝佛的那十六位沙彌弟子，如今都已經證得無上正等正覺，於十方國土現在都還在爲眾生說法，各人座下都有無量百千萬億的菩薩、聲聞，作爲他們的法眷屬。這十六沙彌，其中的二位沙彌，現在於東方作佛，其一名爲阿閦如來，在歡喜國；其二名爲須彌頂如來。在東南方有二佛，其一名爲師子音佛，其二名爲師子相佛；有二位在南方成佛，其一名爲虛空住佛，其二名爲常滅佛；有二位在西南方作佛，其一名爲帝相佛，其二名爲梵相佛；有二位在西方作佛，其一名爲阿彌陀佛，其二名爲度一切世間苦惱佛；有二位在西北方作佛，其一名爲多摩羅跋栴檀香神通佛，其二名爲須彌相佛；有二位在北方作佛，一位名爲雲自在佛，一位名爲雲自在王佛；最後二位在東北方作佛，第一位名爲壞一切世間怖畏佛，最後一位是第十六位、就是我釋迦牟尼佛，在這個娑婆國土成就無上正等正覺。」】

講義：《妙法蓮華經》上一週講到第八十五頁，最後一段語譯剛剛說完，今天從這裡繼續講解。這一段經文主要是告訴我們說：大通智勝佛座下這十六位菩薩沙彌，他們很喜歡爲人家解說《妙法蓮華經》。爲什麼喜歡解說《妙法蓮華經》呢？因爲這部經中說的道理，讓大眾可以如實了知：佛道的成就不是輕易可得的，也是非常勝妙而深奧廣大的。也就是說，不像阿羅漢、辟支佛的功德，往往在一世之中便可以成就；而是要先修集無量無邊的福德，加上無量無數劫中努力修學智慧，親證實相、通達種智，然後才有可能成佛。而福德的修集不單單是供養奉事非常多的諸佛，在奉事諸佛的過程中同時得要攝受無量無邊的眾生、利益無量無邊的眾生；再加上住持正法、奉事諸佛的福德，才足以成佛，所以成佛並不容易；外道們說的即身成佛，都只是凡夫無明所說戲論，只會使人下墮三塗，終究沒有一絲一毫的眞義。那麼 大通智勝佛當時所說的《法華經》，當然不會有舍利弗、目犍連、大迦葉、迦旃延等人被授記的事情，因爲這些阿羅漢菩薩們，那時候才剛剛被度化初始學佛而已，就如同今天有許多人是剛剛進正覺而已，是一樣的意思。但是，大通智勝佛那時說的《法華經》，必然也是演述過去無量諸佛的事情，必然也要演述大通智勝佛成佛的緣由。所以，由這一些道理來顯示佛道的難修難成、廣大無邊，而佛地之無可比擬的尊貴，也是因爲必須具足圓滿的智慧、圓滿的福德才有可能成就。

那十六位大菩薩們喜歡爲大眾演說《法華經》，當然一定有目的，就是要大家別急著取證二乘涅槃，要先發起菩提大願，願意盡未來際度化眾生；然後所度化的眾生們聽聞之後能夠理解了，這些人也同樣不會急著求證二乘涅槃而入涅槃。所以，這十六位菩薩沙彌所度的弟子們，也就是現在講的《法華經》中被授記的弟子們，是經過那麼多的阿僧祇劫之後還沒有入涅槃，寧願成爲菩薩阿羅漢，寧願進修入地而來到這一世才被授記將來成佛。如果不是爲大眾演說《法華經》，那麼釋迦牟尼佛來娑婆世界示現成佛的時候，就沒有這一些弟子們今天可以被授記成佛了，因爲久遠劫前都已經入無餘涅槃去了。

所以說，這十六位菩薩「常樂說是《妙法蓮華經》」，當然有他們的用意；因爲他們不希望將來成佛的時候，座下沒有幾個阿羅漢，也沒有幾個菩薩。諸位如果不希望將來成佛的時候人丁寥落，而希望你所傳下來的佛法是可以久遠流傳的，那麼你未來出世當法主的時候，也得要爲人演講《妙法蓮華經》，勸令弟子們別愛樂於二乘涅槃，要信受諸佛久遠劫以來，辛勤修行努力度眾生，然後才能成佛的道理。

而這十六位沙彌菩薩，一一菩薩都度化「六百萬億那由他恒河沙等眾生」，這數目很大，而這些被度化的眾生，「世世所生與菩薩俱」。換句話說，這一些人並不會跟著 大通智勝佛初轉法輪所度的那一些聲聞阿羅漢們一樣去入涅槃，而是「世世所生與菩薩俱」。並且這十六位菩薩所說的《妙法蓮華經》，他們聽聞以後全部都能信受，而且深入理解《法華經》中的道理；由於這個緣故，所以他們一直都沒有取證二乘涅槃，因此一世又一世不斷地在人間自度度他；他們追隨十六位菩薩修行就是度自己，同時也接引眾生來學習，就是度他。自從那個時候開始，這十六位菩薩所度的眾生，已經都承事供養過「四萬億諸佛世尊」，但是到今天還沒有窮盡，還要再繼續供養許多的諸佛世尊，然後才能夠成佛，因此說「于今不盡」。

因爲這些眾生是生生世世常在一起，所以都已經值遇過「四萬億諸佛世尊」，但是直到這些眾生們成佛爲止，所應供養的諸佛世尊當然不只如此。

所以當時的十六位菩薩沙彌所度的弟子們，如今有一部分在 釋迦如來座下被授記後，有的人將來還要再供養三百萬億諸佛世尊，有的人將來還要供養二萬八千億諸佛世尊，有的要供養八千諸佛以後再供養二百萬億諸佛世尊。這表示說，這十六位菩薩所度的眾生，確實有遵從這十六位菩薩的教化，都不愛樂二乘涅槃；因爲二乘涅槃在 大通智勝佛轉法輪時，在這十六位大菩薩們的座下就可以親證、就可以成爲阿羅漢了，可是他們都不想要，因此跟隨著這十六位菩薩，「**世世所生與菩薩俱**」，都已經值遇供養過「**四萬億諸佛世尊**」。當然，其中有人在這麼長的時間裡，也曾造作過惡業而下墮了，如今回到人間繼續修菩薩行；這就是舍利弗、目犍連、大迦葉、須菩提以及大迦旃延等人過去劫的事，他們過去劫就是在這十六位菩薩座下學法的。

然而這十六位菩薩如今是怎麼樣呢？世尊說，這十六位菩薩沙彌，如今都已經獲得無上正等正覺了，都正在十方國土，如今都還在說法；這十六尊佛的一一佛座下，都各有無量百千萬億的菩薩與聲聞，作爲各自的眷屬。然後就說明，這十六位菩薩在八個方位成佛，各方位都有二佛，於是舉出來說：有二位沙彌菩薩在東方作佛，第一位是 阿閦如來，在歡喜國；第二位是 須彌頂佛。然後說，東南方、南方、西南方、西方、西北方以及北方都各有二佛，依然住世說法之中。八方最後剩下一方，就是東北方；這是從一個世界海來說，東北方有二佛，第一尊佛是壞一切世間怖畏如來，另外一尊佛就是釋迦牟尼佛，在娑婆國土成就無上正等正覺。這個說法，或許有些人無法想像，爲什麼說這十六位沙彌菩薩成佛了，在這八方各有二佛，那麼這個世界到底有多大？宇宙到底有多大？

以前的人不懂天文學，老實說現在的天文學家對天文也是懂得很有限。以前有許多人讀了大乘經典時，特別是讀了《華嚴經》中講的好多世界海，而那些世界海到底是怎麼回事？都無法想像，所以他們認爲不可能，無法相信經中所說。他們寧可相信說：「我們這個地球世間是由一個造物主創造出來的。」但是，西方的天文學家比較聰明，他們可能聽人講過佛經裡所說的世界海，所以他們一開始就沒有排除無量無邊世界的說法，而去試著求證；如今由於天文學的進步，還有太空望遠鏡，又發展出新的電子太空望遠鏡，因此現在已經瞭解說，我們這個銀河系竟然有那麼廣大，人類的科技根本不可能去到超出銀河系的範圍以外。而我們這個銀河系那麼大，卻只是在這一個世界海裡面的邊邊一個世界而已。

在我們這個銀河系中，天文學家說是二千億個太陽系，有說六十億個太陽系，也有說是一千億個太陽系，至今依舊是眾說紛紜；若依佛法三千大千世界來計算，則是二十億個太陽系。但是這個銀河系，據說從這一邊的邊緣通過中心點去到另外一邊的邊緣，以光的速度要跑十萬年，是以光的速度而不是飛機的速度。光的速度有多快？知道嗎？一秒鐘可以繞地球七圈半。你搭飛機去美國要前後二天（十四到十八個小時），然而光速只要一秒鐘就繞地球七圈半，已經環繞世界七圈半了。所以你如果以光速前進去美國，你不必一秒鐘就到達了；但是以這樣的速度，由我們這個銀河系的一端經過中間到另一端，竟然要跑十萬年。

那麼你想，這個銀河系大不大？眞大啊！你縱使有一天發明了一個交通工具擁有光速，前進了一生的時光，還是離不開這個娑婆世間，因爲你只有一百歲，跑不了一萬歲。可是我們這個娑婆世界在一個世界海裡面，竟然只是東北方邊邊小小的一點而已。在這世界海裡面的同一層之中，還有很多很多的銀河系，而這十六位菩薩沙彌成佛，就是在這世界海中的同一層中的東、西、南、北、東南、西南、東北、西北，八方各自弘法。可是這一層，也只是這個世界海中總共二十層中的一層。這個世界海只是一個香水海中的一個，而蓮華藏世界海中有許多香水海，中央有一個倒三角形的世界海。我們所屬的世界海才只是無數香水海中的一個世界海而已。（《大方廣佛華嚴經》卷四〈盧舍那佛品〉：【「佛子！當知此蓮華藏世界海中，一一境界有世界海微塵數清淨莊嚴。諸佛子！此香水海上有不可說佛剎微塵數世界性住，或有世界性蓮華上住、或在無量色蓮華上住、或依眞珠寶住、或依諸寶網住、或依種種眾生身住、或依佛摩尼寶王住；或須彌山形、或河形、或轉形、或旋流形、或輪形、或樹形、或樓觀形、或雲形、或網形。」】徵之於現代太空望遠鏡所見世界海中的同一層的各種世界的形狀，已證爲實，而猶不能見知此一世界海中一層的全部。）

我們所屬的這個世界海有二十層，上層寬廣、下層遞減，成爲倒三角形。而我們這個娑婆世界（銀河系）和極樂世界，全都是在第十三層內，二者之間相距十萬億銀河系之遙，這根本不是俗人的臆想所能知道的距離。那麼諸位想一想，蓮華藏世界海究竟有多大？根本沒辦法想像，因爲我們連自己的銀河系世界都無法想像了。可是蓮華藏世界海這樣的大世界海，在太虛空中並不是只有一個，而是有許多個，無法計算。當我們這樣想清楚了以後，就不用再斤斤計較了。計較那麼多幹什麼？心量那麼小！人家諸佛是在十方無數像蓮華藏世界海那樣無邊寬廣的虛空中隨意來去，而我們只是其中的一個蓮華藏世界中的一個香水海中的一個世界海，又是這個世界海中某一層裡面邊邊的一個銀河系中，而且是這個銀河系最邊邊的一個小太陽系中，還是這個太陽系裡的一個小小的星球上面的小小的台灣裡的小小的台北，整天在這邊計較著。所以除非正法會被損壞，除非眾生的法身慧命會被損害，否則其他的事情我們都是盡量包容；因爲心量大一點，對自己的佛道是比較好的。

那麼，在蓮華藏香水海與無數世界海中的一個世界海中的一層世界海裡面，這十六位菩薩都已經成佛很久了，分散在這第十三層的四面八方，各自繼續度化眾生。可是要知道，他們成佛之後，不是各自只有一佛在度眾生，因爲還要分身千百億去度化眾生。那麼諸位想一想，我們以那樣的佛地境界，再把自己現在的境界拿來比對一下，也就不值得凡事都斤斤計較了。只要好好利樂眾生，道業快速成就，這就行了，其他的可就別太計較了。那麼這樣子，這一段經文所要表達的意思，諸位都清楚了。接下來 世尊又如何爲我們開示呢：

經文：【「諸比丘！我等爲沙彌時，各各教化無量百千萬億恒河沙等眾生；從我聞法，爲阿耨多羅三藐三菩提。此諸眾生，于今有住聲聞地者，我常教化阿耨多羅三藐三菩提。是諸人等，應以是法漸入佛道。所以者何？如來智慧，難信難解。爾時所化無量恒河沙等眾生者，汝等諸比丘及我滅度後未來世中聲聞弟子是也。我滅度後，復有弟子不聞是經，不知不覺菩薩所行，自於所得功德生滅度想：『當入涅槃。』我於餘國作佛，更有異名；是人雖生滅度之想入於涅槃，而於彼土求佛智慧，得聞是經，唯以佛乘而得滅度，更無餘乘，除諸如來方便說法。」】

語譯：世尊又開示說：【「諸位比丘們！我釋迦如來與其他的兄弟總共十六個人，當初在大通智勝佛座下當沙彌時，各各教化無量百千萬億恆河沙數的眾生，他們隨從我們聽聞佛法，目的是爲了將來證得無上正等正覺。這一些眾生，到如今還是有人住在聲聞的境界中，我仍然恆不間斷地教化他們無上正等正覺之法。而這一些眾生，應該以這樣的法來勸誘他們漸漸地進入佛道中，爲什麼呢？因爲如來地的智慧，很難以使人信受，也很難以使人理解。當時我所化度的無量恆河沙等眾生，就是你們現在這一些比丘們，以及我不久滅度以後未來世中的聲聞弟子們。在我滅度以後，還會有一些弟子們不曾聽聞這部《妙法蓮華經》，不知道也不能覺悟菩薩所行之道，所以自己依於所修得的功德，而產生了滅度之想：『未來應該要證得解脫而入涅槃。』我釋迦牟尼不但在這個娑婆世界國度裡作佛，我也還在其他的國度示現作佛，還有其他種種不同的名號；而這樣的人雖然產生了滅度之想，希望未來入於涅槃，可是這一些人在其他那一些國土裡面，仍然在尋求佛法智慧，他們將來也可以聽聞到這部《妙法蓮華經》，一定會以佛乘而得滅度，再也不會以聲聞乘或緣覺乘而得滅度，除非諸如來還有其他的方便說法，才會有聲聞乘與緣覺乘的解脫法門來為眾生宣說。」

講義：這一段開示是說，釋迦牟尼佛在無量無邊不可思議阿僧祇劫前的大通智勝如來座下當沙彌時，他們總共有十六個兄弟，各各都度化無量百千萬億恆河沙數的眾生，都以大乘佛法，特別是以《法華經》而為大眾教化；而這一些被度化的眾生們，隨從 釋迦牟尼佛聽聞佛法，目的是為了求得無上正等正覺，不是為了求得聲聞或緣覺的涅槃。但是這一些 釋迦如來以前所度的眾生，如今還是有許多人住在聲聞地之中。為什麼叫作聲聞地呢？是因爲不能自修自度，必須經由音聲而聞；並且每一世都要先實證解脫道，所以住於聲聞的境界中；可是 釋迦牟尼佛卻始終都教化這些人，世世修學無上正等正覺。

這一些人是應該以無上正等正覺的妙法來漸漸進入佛道的，但是卻必須先用聲聞法來接引，所以還是得要以聲聞法來引他們進入佛道；因爲如果一開始就被教導佛菩提道，大家會有一個想法說：佛菩提道那麼難修，曠劫難成。因爲佛地的智慧難以理解，單單是信受就已經很困難了，所以必須先用聲聞法來教化，讓大家得以實證，然後再從已經實證的聲聞境界中，進而解說佛地的境界，把佛法的智慧境界拿來跟聲聞地的智慧境界作比對，大家才容易有一個概念。如果不這樣對照，直接就演述佛地的境界，根本沒有人能夠想像，也無法了知，那就永遠不可能信受。

就好比剛才說的世界海，如果直接講世界海，大家也將無法瞭解，得要先說明我們這個娑婆世界；可是單說娑婆世界也難了知，要先從我們這個地球來講起，說明地球有多麼大；講清楚地球是這麼大，再以太陽系來說明，原來地球才只有這麼大，這樣終於瞭解。本來想說地球是這麼大，聽起來還感覺很大；當你聽說地球用光速只要一秒鐘就可以繞七圈半，還不會覺得地球很小，因爲光速很快，但也只能繞七圈半，看來地球好像還蠻大的。可是說到這個地球只是太陽系裡面的一個小小的星球，跟太陽的大小完全無法相提並論，那麼到底是相差幾倍？有人知道嗎？直徑好像相差一百倍。這樣大家對地球就有一點概念了：地球原來只是這麼點大。

可是我們這個太陽系，也還只是娑婆世界銀河系邊邊的一個小點而已，幾乎看不見。那麼這樣想起來，地球還眞的微不足道；因爲在娑婆世界中，我們這個太陽系就只是一個小點而幾乎看不見，那麼地球可就根本看不見了。這樣想一想，就有一點概念了。然後再說明，從這個銀河系的一端經過中心點去到銀河系的另外一端邊緣，要跑十萬光年，這一想，才知道說，地球算什麼？這就有些瞭解了。先從自己的地球是這麼大來瞭解：我坐飛機到美國要十幾小時，覺得地球好大。可是這樣拿地球來跟太陽系對照，再來跟銀河系對照，然後把這個銀河系跟其他的銀河系對照，再來跟二十層的世界海對照，或是進而跟這個世界海所屬的蓮華藏世界海對照，乃至於蓮華藏世界海距離別的同等級世界海，當然就更遙遠了。這樣想起來，就知道世界海的廣大。可是，還有比世界海更廣大的，就是很多的蓮華藏一樣的世界海。佛地智慧就好比很多很多個蓮華藏世界海那樣廣大，而聲聞、緣覺的智慧就像小小的地球這麼渺小；這樣作比喻，大家對兩者的差距大概就有些概念了。所以說，佛地的智慧是難信難解的。

那麼，證得聲聞聖者的智慧以後再接著努力修學，今天說「我開悟了」；假使菩薩聲稱開悟了，至少也是聲聞初果人，那可是「聖人」哪！可是不說聲聞初果聖人，就說更高的阿羅漢、辟支佛好了，想要跟佛地相比，就好像小小的地球要跟很多個蓮華藏世界海相比一樣；這樣一來，初果人的傲氣不是又消除了？真的要變成消風的氣球了嗎？也不必！我們可得要繼續打氣。然而先消氣是好的，先知道自己的微不足道以後，還得要繼續打氣；因爲如果不打氣，沒有那麼多的氣力，就無法繼續努力行道，無法成就佛地的境界。但是說明佛地境界的難可思議，難以到達還是必要的；因爲實證以後不生起慢心是非常重要的事情，也因爲只有這樣才能得到諸佛菩薩的護念。佛菩提道中，單憑自己的能力而想要成佛是非常困難的，乃至等覺菩薩都還要諸佛攝受，何況是七住位、十住位的賢位菩薩呢！

所以只有愚癡人才會說：「喔！我知道密意了，我就是初地菩薩了。」還有外道的盜法者，自以爲知道佛法密意了，接著就在外面宣稱他是百丈大師再來。我開玩笑說：「他如果眞是百丈大師再來，那我可就是釋迦牟尼再來了。」眞是亂扯一通嘛！如果是百丈大師再來，還得要人家幫助才能知道佛法密意嗎？而且他還只是知道表相的密意，不是眞正的密意，竟然連我見都沒有斷除；百丈大師繼續多世受生修行以後，不會修到今天變成那麼**衰微**啦！（大眾笑…）你們是想到那個「**尾**」？我說的是紫微星座那個「**微**」。所以，有慢心的人確實不可救藥，你說像他們那樣子，我見具足、三縛結分明存在的人，號稱說他們已經入地了，不覺得很可憐嗎？眞的是可憐！可是，那種可憐卻是咎由自取，而且這一類人大多不會悔改，很難救護的。那我們要不要救他們？當然得要救啊！但也就是盡其在我，能作多少就作多少。如果他們不肯受教，救到最後，我們都已經盡力了；那時捨報的時節到了，我們面見 世尊接引時已經可以無愧於心，但在世時還是得繼續努力救，因爲世尊早就講過了：不捨一切眾生，只要有那麼一點點因緣就得救。

所以先瞭解自己現在的狀況，然後再藉由譬喻來瞭解佛地的狀況，就不會生起慢心了。因爲慢心一旦起來了以後，大妄語的結果，是這個現在宣稱已經入地的假菩薩，他未來重新回到人間的時候，現在他所謂的凡夫諸人都已經修行入地去了，而他還得在凡夫位中從頭再修上來。大家應該要先瞭解這一點，才不會像他們那樣大妄語時還洋洋得意，不知道來日有殃在。

所以說，如來的智慧難信難解，一般人從文字上來研究是不能理解的，因爲確實難信難解。打個比方說，凡夫不知道聲聞初果人斷三縛結的智慧，初果人不知二果，乃至三果人不知四果的涅槃境界；可是阿羅漢如果沒有成爲緣覺，他又不知道辟支佛的境界；而辟支佛又不知道菩薩在七住位明心時的智慧境界。所以，當兩位明心的菩薩在那邊講佛法時，也許高聲喧嚣而講得興高采烈、意氣風發，可是阿羅漢們在側努力去聽時，竟然都不聽聞，全都聽不見。他們講得聲音很大，可是阿羅漢卻都聽不見，爲什麼呢？因爲完全聽不懂，連一句話也聽不懂。那麼這樣的七住位菩薩，還在三賢位中，卻是阿羅漢所不懂的、無法想像的智慧。而這些七住位菩薩的智慧，卻又無法猜測十住菩薩見性的境界，就想說：「**奇怪！山河大地上怎麼會看到自己的佛性？**」然後十住菩薩不能想像十行位，十行菩薩不能想像十迴向位，十迴向菩薩不能想像初地，初地菩薩不能想像二地，乃至妙覺菩薩不能想像如來。那你說，如來的智慧豈不正是難信難解的嗎？所以，只有凡夫才會說：「我今天開悟了，所以我跟如來一樣了。」就把六祖的方便說當作究竟說，我說那種人一定是個凡夫；眞悟的人不會這樣子，眞悟的人也不敢隨隨便便就說：「我是三地菩薩，我是八地菩薩，我是法王。」絕對不敢這樣。因爲他眞悟了以後，去檢查的結果就會知道自己的定位在哪裡，然後就會發覺距離佛地還有那麼遠，幾乎看不見佛地，那麼他就不會有大妄語了。所以，「如來智慧，難信難解」，這不是奉承諸佛如來，這是如實語、眞實語。

那麼　世尊又說了，當時在　大通智勝佛座下所化度的無量恆河沙等眾生，到底是什麼人？這些人到哪裡去了？當然還在啊！就是　釋迦如來滅度之後未來世中的無數聲聞弟子，因爲還是要經由音聲聞法而得度化。表面上看起來都是在聲聞法中，是因爲「如來智慧，難信難解」，沒那麼容易修證。所以表面上受了菩薩戒，號稱是大乘法了，努力在修行六度，可是實際上所修的法往往都還是落在聲聞法中。這不就是現在的狀況嗎？可是未來世也還會是這個狀況，因爲眞修菩薩法的永遠都會是少數人，永遠都不會是多數人。當你眞修菩薩法的時候，往往很快就入道了；就像你們來正覺同修會修學，有一些人才二年半禪淨班畢業，去禪三時就開悟了，不是嗎？可是，也有人跟了我將近二十年，如今也還沒有明心，因爲他覺得不急，他想：「我慢慢來，反正我先修福德，到了時候，等未來十年後、二十年後，我再來開悟也還是一樣；因爲我若是現在開悟了，未來也還是一樣要去修福德。」

成佛之道就是這樣，所以有的人不急，有的人從禪淨班轉入進階班已經六、七年了，到現在還不報禪三；他很努力在修集福德，可是他都不報名打禪三。我想，可能有人還不只七年，這就是菩薩，不爲自己得什麼。有一句話，大眾耳熟能詳的，都忘了嗎？「不爲自身求安樂，但願眾生得離苦」。這樣的人成佛就快，因爲福德就像水，智慧就像船；福德水愈高，船就跟著升得愈高。所以有很多人繼續在修福德，在世間法中努力著，若是談到修行，他們所修的也都只是在解脫道上面，修的其實是聲聞法；後來有一天聽聞到有佛菩提道可修時，能夠如實轉進來，這種人永遠是少數。

所以說，釋迦如來當時所度化的無量恆河沙數的眾生，就是在法華會上的這一些比丘們，以及 世尊滅度後未來世中無量無邊的聲聞弟子。可是諸位不要以爲說：未來世中的聲聞弟子，那大概就是地球未來以後學佛法的人了。不是，這個地球未來學佛的人，只是很少數的一部分，因爲這個娑婆世界有多少個小世界呢？也就是有多少個太陽系呢？這是三個千的大千世界。也就是說，這是一個大千世界，這一個大千世界是有一千個中千世界，而一千個中千世界的每一個中千世界裡，又各有一千個小千世界，一個小世界就是一個太陽系世間。那麼大家想想，這個娑婆世界有多大？你可不要單從世界海來看這個娑婆世界，那就顯得小，幾乎看不見。

若是單從這一個娑婆世界來說，一千個小千世界成爲一個中千世界，一千個中千世界成爲一個大千世界，這樣一千個中千世界就是娑婆世界，名爲三千大千世界。那麼，這個娑婆國土就是一千個小世界後面再加上三個零，再加上三個零，那是多少個太陽系？就是一百萬個太陽系後面再加上三個零（十億）。如果有很多個太陽系，每一個太陽系都有弟子居住，有的譬如不具有人形的無色有情，也可住於冥王星、海王星、月球等等，那到底 釋迦如來的聲聞弟子有多少？有沒有算盤能打得出來？算盤高手，二級、三級的珠算高手，有沒有？用二十六檔的算盤給你打，你也打不出來；用超級計算機，我看也是難計算，因爲你根本打不定那個數目。

所以，不要把它錯認爲只有這一個小小的地球上這麼一點點的人數。因爲一佛所化度的世界是一個三千大千世界，這一個大千世界等於一百萬個小千世界。可是，釋迦如來所化度的眾生不只這樣，因爲還有化身無數億而在其他國度中度化的眾生。所以我們馬上再接著說，世尊說：「我滅度以後，還有弟子們還不曾聽聞過《法華經》的內涵，所以他們不知道菩薩之所行，也不能覺悟菩薩之所行。」不知與不覺是不一樣的，不知就是他還沒有聽過菩薩應當如何行道。都還沒有聽過，這是很正常的。譬如說，我們正覺同修會出來弘法之前，大家所說的佛法都只是四聖諦、十二因緣，最多再講解三十七道品，而他們所說的實證果位就只是初果、二果、三果、四果，講來講去都只是這樣。以前有沒有人講過說，應該修學六度波羅蜜而去實證眞如或證如來藏？沒有！講來講去都是要修六度波羅蜜，修學六度以後所證的還是聲聞人的初果到四果，還是聲聞果。

那時都沒有人說應該要證如來藏、證眞如，也沒有人說應該要去證五十二個菩薩階位，最後可以成就佛果。都沒有啊！所以，沒有人告訴你說佛菩提道應該怎麼修行，都是只講四聖諦、苦、空、無我、無常，再講十二因緣，就只是宣講這一些而已。然後大家聽了也就跟著善知識說：「喔！那我懂了，佛法全部就是這樣子，就是四聖諦、十二因緣，別的就沒有了。」結果都是修學聲聞法，而說是在行六度波羅蜜多，像這樣的人就是不知「菩薩所行」。

然而「菩薩所行」，不但要有聲聞法、緣覺法，而且得要證得實相般若，能夠很清楚界定自己在成佛之道的五十二個階位中，目前是住在哪一個階位。要能夠很清楚，然後懂得自己應該如何行六度，而行六度的結果是應該證什麼，未來應該如何繼續進修，這樣才叫作知「菩薩所行」。可是知了以後就能覺嗎？不行！那得要繼續努力修行。有一天終於覺悟了，原來實相般若是這一種智慧，這時通《金剛經》、通《般若經》了，這樣才叫作覺「菩薩所行」，也就是獲得大乘見道了。在大乘法中見道之後開始去摸索這一條路，了知這一條能夠使我到達佛地的道路，其中的過程內涵又是什麼，這樣才叫作見道位的通達。這個見道位的通達，是從七住位開始，直到進入初地心才算數，才算完成。

那麼你們想想看，從台灣——我們就學他們在世間法中所講的「立足台灣，放眼大陸」，然後再擴大到整個地球來看，曾經有誰把「知菩薩所行、覺菩薩所行」的道理與內容解說出來呢？結果是沒有。所以「知菩薩所行」與「覺菩薩所行」是不容易的，即使我們正覺弘法二十年了，可是佛教界能夠「知、覺菩薩所行」的人，仍然是極少數。所以，談到佛菩提道五十二個階位時，那些出家人竟然大部分主張大乘非佛說，因此不相信大乘經中說的菩薩所修五十二個位階的內涵，公然把「菩薩所行」否定了，何況能知或能覺悟「菩薩所行」呢？他們當然是 世尊這裡所說的「不知不覺菩薩所行」的愚癡人了。

因此，《法華經》的演述就變得非常重要了，因為《法華經》的演述，可以使大眾能「知、覺菩薩所行」。話說回來，「不知不覺菩薩所行」的人，會怎麼想呢？他們「自於所得功德生滅度想」，就自己在聲聞法上所修所證的內涵上面，覺得自己是有功德的，然後就依那個微小的聲聞法功德，產生了一個滅度想，就說：「我未來當入涅槃。」當入，是說：「我這一世還沒有辦法入涅槃，而我未來要入涅槃。」諸位看看當代的佛教，不論北傳、南傳，或是東半球、西半球，都說大家應該要證得第四果，證得第四果以後當入涅槃。當，就是未來，未來要入涅槃。這樣的想法，不就是《法華經》這幾句聖教所講的嗎？

然後，世尊接著就說：「我於餘國作佛，更有異名。」那些六識論的法師們、那些主張大乘非佛說的法師們，他們都不接受這個說法，他們認為說：那釋迦如來在人間成佛是個偶然。印順的書裡面就這樣暗示，告訴我們說：那是一個偶然，沒有一個必然的因果存在。你們仔細去讀印順的書，可以發覺到他是在表示這個想法，所以我才把它拈出來破。大乘經中，特別是《法華經》，釋迦如來宣稱：在別的國土作佛，還有其他的名號。他們無法接受，他們認為：釋迦如來就是一個人，因為這個地方就是這個因緣，所以祂可以成佛。他們認為：釋迦如來是二千五百多年前才成佛，過去不曾有佛；所以大乘經講的，非佛說，釋迦如來沒有這樣講。他們就這樣主張。然而，如果眞實理解佛菩提道的次第與內涵，就不敢這麼說。

既然不信大乘經，我們就用《阿含經》所說來證實，也可以啊！阿含部裡面有一部經典叫《央掘魔羅經》，那央掘魔羅殺害九百九十九人，一千少一，剁了指頭作成指鬘掛在身上，就差一個。他的老母親看他餓了，送了飯去，他就想：「只剩下一個，別人都不肯從這裡過，乾脆把老母親殺了，作成一千個好了。」就這樣想。釋迦如來知道了，那不是他可以殺的，所以來度他。度他以後，他成爲阿羅漢。大家都以爲他是剛剛被度的，其實他是另一尊如來化現來顯示 釋迦如來的不可思議。然後，他就跟 文殊師利一起和釋迦如來，共演一場無生大戲，他問說：「世尊！您爲什麼可以在此常住啊？」因爲央掘魔羅要殺 釋迦如來，釋迦如來走一步，他就殺不到了。央掘魔羅趕快進前跑二步，釋迦如來又輕輕走一步，他又殺不到了。不管怎麼樣，釋迦如來都是輕輕一步，他就追不到，所以他就急了，說：「住！住！稅我一指。」就說：「你停下來！停下來！你就借給我一個指頭。」世尊說：「我住，汝不住。」我早就住了，是你不住。所以他成爲阿羅漢以後，就故意要問「常住（無爲際、無生際……）」這個道理，釋迦如來不答覆他，告訴他說：「你就跟文殊師利去北方，過一個恒河沙數佛土，那邊有一尊佛，名號是無量慧功德積聚地自在王如來，你就問祂，爲什麼我釋迦如來在這裡常住得不壞身？」兩個人飛了去，到那邊，那邊 釋迦如來說：「這個，你就回去問釋迦牟尼佛，因爲我是釋迦牟尼佛的化身。」就這樣說。然後，又去找另外一尊佛，因爲釋迦如來告訴他說：「你再往北方過二恒河沙數佛土，去問另外一尊佛。」總共問了十尊佛，都同樣這麼說。結果都是 釋迦如來的化身，問完了回來，重問一遍，世尊不告訴他，說：「你們再往東方去問。」問過了十個佛土，那十尊佛也是如此說，問完了又回來。就這樣再往南、西、西北、東北、東南、西南、上方、下方都去問完，總共一百佛問回來，都說是 釋迦如來的化身，最後一尊佛告訴他們說：「你們回去問釋迦如來，如來就會告訴你們。」然後，世尊就回答：「為什麼我可以得常住身、不壞身，可以常住於娑婆世界中永不滅度？其實那一百佛都是我化現，可是不止這一些，其實我有八十億佛在各地各世界度化眾生。」這個不是大乘經典講的，這是阿含部的《央掘魔羅經》說的。

所以，《法華經》這裡輕描淡寫就帶過去了：「我於餘國作佛，更有異名。」就這麼二句輕描淡寫帶過去了，說：「我在其他的國度裡面，一樣是在作佛，我還有其他不同的名號。」那麼，這只是點出來說：我還有許多化身在其他別的世界度化眾生，而那一些人跟著我修學無上正等正覺妙法，他們雖然一時還沒有機會聽聞到《妙法蓮華經》，因此心中產生了滅度之想，說將來要入涅槃，可是都在那一些不同的佛土裡面尋求佛地的智慧。因爲這個緣故，所以他們有一世會聽聞到這部《妙法蓮華經》，然後他們就只能以唯一佛乘而得到滅度。這一些人從過去我在當沙彌的時候被我度化了，他們當時就不想要得聲聞法，他們想要的就是無上正等正覺。那麼，當他們在各個不同的佛世界接受我的度化時，有一世會聽聞到我解說這一部《妙法蓮華經》，那麼他們就單單會在唯一佛乘的勝妙法之下得度，不可能再有聲聞乘、緣覺乘中得度的事情，除非我所化現的諸如來方便說法，爲了令他們先對無上正等正覺的妙法具足信心，所以幫助他們先取證二乘涅槃。

那麼，這一段經文的背後有沒有顯示出一個什麼道理，諸位有沒有注意到？我提示一下：「是人雖生滅度之想入於涅槃，而於彼土求佛智慧，得聞是經，唯以佛乘而得滅度。」也就是說，未來才會聽到這部《妙法蓮華經》，這是什麼意思？就是 釋迦如來本尊去那裡示現成佛的時候才會講《法華經》，化身佛不講《法華經》。不然再來看前面有二句：「我滅度後，復有弟子不聞是經，不知不覺菩薩所行。」這也在告訴我們，當時不在 釋迦如來座下，所以聽不到《妙法蓮華經》，他就「不知不覺菩薩所行」；或者後來有聽聞到善知識講《妙法蓮華經》，卻是依文解義，沒有把《法華經》的眞實道理解說出來，所以他一樣「不知不覺菩薩所行」。

這段經文中也表示說，只有本尊如來才演述《妙法蓮華經》；化現的諸佛不會特地宣講《妙法蓮華經》，也就是說，化身佛若是演講《妙法蓮華經》時，不會有 多寶如來前來示現證明。其他的化身如來如果有講《妙法蓮華經》時，就是把娑婆世界這一部《妙法蓮華經》移過去講。這樣瞭解眞相了，諸位有沒有覺得很偉大？我們二千五百多年前所追隨的 釋迦如來是本尊如來，是感應我們的因緣而特地前來示現受生成佛的，不是化身如來，諸位要瞭解這一點。那麼，也許有人還懷疑說：「不太可能吧？」那不然，我們就繼續往下面的經文來看 釋迦世尊又怎麼開示：

經文：【「諸比丘！若如來自知涅槃時到，眾又清淨，信解堅固，了達空法，深入禪定，便集諸菩薩及聲聞眾，爲說是經。世間無有二乘而得滅度，唯一佛乘得滅度耳！比丘當知：如來方便，深入眾生之性，知其志樂小法、深著五欲，爲是等故說於涅槃。是人若聞，則便信受。」】

語譯：世尊又開示說：【「諸比丘們！假使如來已經自己知道示現涅槃的時候到了，而且大眾又已經清淨，對佛菩提的妙法已經信受理解而且堅固不退，能深入通達空法，又深入於禪定有所實證了，就集合諸菩薩眾及聲聞眾，來爲大家演述這部《妙法蓮華經》。世間沒有眞正依於二乘法而得滅度的人，只有一種佛菩提乘能夠使人眞實滅度！比丘們應當要知道：如來有種種方便善巧，深入眾生的心性之中如實理解，如果眾生的心性，他的志願是愛樂聲聞小法，而且深厚地貪著五欲，就爲這一些眾生演說涅槃的眞實理。而這樣的人如果聽聞了涅槃的眞實理，就能夠信解而接受了。」】

講義：這意思就是說，如來不是自己隨意定下入涅槃的時間，如來認爲什麼時候才是涅槃的時間到了呢？一定會有一些條件。所以天魔波旬怕他的徒眾被 釋迦如來度光了，常常來見 世尊，要求 世尊入涅槃，有一次甚至還說：「如來把我的徒眾度光了，我現在連一個人來讓我扶著走路都沒有。世尊！您至少給我一根拐杖吧！」佛就告訴他說：「天下眾生無量無數，十方如來一時同來度化眾生也是度不盡的，所以你不必擔心。」可是天魔波旬還是擔心，擔心到整個天身都衰老了，走路時也彎腰駝背、踽僂而行，這樣求世尊，世尊就說：「你生這個病是沒有必要的，因爲我從來不度眾生，我度的眾生也不會入涅槃，所以無有人入涅槃；未來都無人信受三寶，無人學佛，也無有人成佛，你放心回去吧！」他一聽完，心中可高興了：「如來不誑語，是如實語，既然如來說所度的眾生都不會入涅槃，將來也不會有人學佛得度，那就都是我的眷屬、我的徒眾。」他很高興而恢復年輕力壯的模樣，就回天宮去了。

可是他其實沒有聽懂 釋迦如來的話，他誤會了，因爲他沒有證悟般若所以聽不懂。可是 釋迦如來也沒有騙他，因爲 如來永遠都不誑語。比方說，誰要是被 世尊度了而說入涅槃，譬如說定性聲聞阿羅漢入涅槃好了，請問：有哪一位已入涅槃的阿羅漢眞的有入涅槃嗎？（有人答：沒有。）諸位都比天魔波旬有智慧，因爲所有定性聲聞聖者都沒有入無餘涅槃，只是五蘊斷滅了；聲聞阿羅漢們的五蘊滅了，所以他們並沒有去入涅槃，而五蘊滅後剩下的如來藏還是本來自性清淨涅槃，也不需要入涅槃。所以 如來說：「我度化的所有眾生都不入涅槃。」眞的沒有騙他啊！天魔波旬因爲他不懂佛法，他當時很高興就回去了，一高興起來又恢復二十幾歲年輕力壯的模樣，然後就回天宮去了。可是釋迦如來沒有騙人，因為釋迦如來用二乘法度眾只是個方便，實際上仍然以大乘菩提來度眾。從大乘菩提來看，證得涅槃的人不入涅槃，歸依三寶的人沒有歸依三寶，修學佛法的人也沒有修學佛法，所以菩薩們也都不入涅槃，可是不入涅槃卻已經證涅槃；天魔波旬沒有證悟般若，他自己聽不懂，誤以為 世尊是在事相上說的，那是他自己誤會 世尊的開示，世尊並沒有騙他。等他未來世悟入時，才會知道以前 世尊為他說那些話，是多麼慈悲的開示，因為那是最究竟、最了義的開示。

那麼，釋迦如來的入涅槃當然就只是個示現，因為連菩薩們都永遠不會進入無餘涅槃了，如來又怎麼會入涅槃而捨棄眾生？如來在人間示現成佛，隨順於眾生五陰的因緣，當然要有涅槃的示現，但什麼時候該入涅槃？必須已經把該說的法說完了，該傳的法傳完了，應該實證的弟子們也已實證了，然後大眾又已經清淨了，對於佛菩提的信受與理解已經堅固不動，對於人我空以及法我空也都能夠了達了，並且也有禪定的實證，這就是 如來宣布將入涅槃的條件。如果這四個條件圓滿了，佛陀就認為入涅槃的時間到了。

佛陀不會想說：「我度了這麼多人，我應該留下來久一點，跟大眾聚會久一點，多受一點供養。」如來絕對不會這樣，諸地菩薩們也都不會，為什麼呢？事情幹完了，該到哪個世界去就趕快去，還有很多苦難眾生在等著呢！所以，如果想要在世間住久一點，目的是多受一點供養或是多享受名聞的滋味，就表示那個人只是一個凡夫。不過現在我倒是有個希望，希望能住世久一點；因為我有個期待，我要看密宗被趕出中國佛教，至少要趕出台灣佛教，或是逼使他們不得不放棄外道法，全面回歸佛教原有的三乘菩提正法，被他們誤導的學密眾生死後就不會淪墮魔道，往生去羅剎的世界——他們所說的烏金淨土。這是一千年來沒有辦法完成的大事，四百年前在西藏時功敗垂成，我們這一世有希望來把它完成，這一件事情很重要，因為這是佛教正法的第三次復興。但是，這不是為了受供養，因為咱們本來就不受供養。

所以「眾又清淨，信解堅固，了達空法，深入禪定」，這四個條件圓滿了，就表示佛法可以延續流傳而不會斷絕了，將來即使仍有遮障也不會斷絕。這時　世尊才會召集諸菩薩眾以及諸聲聞眾，召集大眾前來就是為了要講《妙法蓮華經》，因為這部經中說的眞是妙法。而且這部經中也教導眾生，要在人間淤泥之中修習種種「菩薩所行」之道，才容易成佛。並且要教化大家，知道二乘菩提的定位與諸菩薩的定位，藉此如實理解佛地的定位，然後才可以瞭解到佛菩提是如此的勝妙深廣而難信難解，《法華經》的演述就是這個目的。當大眾這樣子瞭解以後，就不會再愛樂於求證二乘涅槃，願意暫時把解脫道的實證先放在一邊，努力在大乘佛法的延續久傳這上面，大家一起來用心，共同來接引更多的有緣眾生，這就是宣講《妙法蓮華經》的目的所在。

所以，如果有人跟你說：**「你只要修四聖諦、十二因緣就好了，不要修什麼大乘法，大乘非佛說。」**你就知道這個人將來還會住在凡夫地中很久，因為他住在這種錯誤的見解，想要證二乘涅槃是很困難的，而且是遙遙無期的；因為那樣的想法違背二乘菩提的眞義，並且他與佛菩提的因緣將會距離很遙遠。至於他跟佛菩提的距離很遠，這究竟好不好呢？好！絕對是好的，為什麼呢？因為他如果突然接觸到二乘菩提，而且是正確的二乘菩提，那麼他這一世實證之後就會隨即入涅槃，其實不利於眾生，這有什麼好的？他入了涅槃以後對他也不是最大的利益，又有什麼好？所以看見了定性阿羅漢，對他不必有好感；可是要在他身上猛種福田，要拿他當福田來種。就是說，你要設法從他身上收割很多果實，帶到未來世去，可是不要認同他的證境。菩薩要有這樣的智慧，不羨慕定性聲聞的解脫，只求佛地的不可思議解脫。

例如黃蘗希運禪師，西天有個僧人前來見他，暢談甚歡。然後一路遊行論法時，正要過河的時候因爲正好上游暴雨，河水暴漲，那就沒辦法過河了。那個西天來的僧人就用神通飛了起來，在河面上走過去了，走到中央時就招手說：「**來來來！過河來！過河來！**」黃蘗禪師沒神通，他怎麼反應呢？破口大罵。他當然知道那是俱解脫大阿羅漢，卻是直接破口大罵：「**早知道你是個自了漢，剁了你的腳後跟。**」竟然大罵阿羅漢。罵得有理沒理？有理啊！可是如果那一些小乘聲聞人聽了，又會說：「**你們禪師好大膽！竟然敢罵阿羅漢。**」可是菩薩看阿羅漢是一文不值，因爲器量太小，是自了漢嘛！

那阿羅漢如果迴心大乘，就得陪著黃蘗禪師找地方過夜；等到水勢回落了，可以過河了，再陪他一起過河，不應該飛了就走。這表示說，黃蘗禪師是個菩薩，他對阿羅漢的證境沒有一點點的希求之心，所以他破口大罵。如果你希望像大阿羅漢那樣，那你會罵他嗎？不會啊！你會恭恭敬敬說：「**哎呀！原來是大阿羅漢。**」對不對？當然是這樣，哪有可能罵。既然破口大罵，就表示一點都不希罕。因爲黃蘗禪師很清楚知道，自己在過去世若是願意修那種阿羅漢的法，也一樣可以成就；可是他寧可好像一個凡夫一樣，在地面上一步一步辛苦地走，因爲要當菩薩，他當然能知能覺「菩薩所行」，不是「不知不覺菩薩所行」的人。

那麼演講《妙法蓮華經》的目的，就是要教育大眾，能知能覺「菩薩所行」，所以大眾寧可在人間一世又一世只遇到二乘菩提但不能實證，也都遠勝過去世遇到眞正的二乘菩提而可實證，因爲這樣辛苦修行以後，最終可以成就佛道，證得諸佛的不可思議解脫，才是眞正的解脫。所以假使有人成爲不迴心的聲聞人，我們說那叫作可悲，不利於他自己，也不利於眾生。因此，如果這四個條件圓滿了，如來就會召集菩薩眾及聲聞眾，爲大家解說這部《妙法蓮華經》。這就是說，世尊要告訴大家：雖然有很多人從久遠劫以來，好像一直都在修聲聞法，其實並不是在修聲聞法，其實都是在修菩薩道。但就這樣子一直沒有實證二乘涅槃，或是一直不想實證二乘涅槃；然後不斷地熏習修習而累積福德，到了如來示現於人間時，如來先幫大家取證二乘涅槃，然後再教導大乘菩提，讓大眾一一實證，並且證悟佛菩提以後又宣講實相般若，幫助大眾在這一世就入地了，這就是 釋迦如來的善巧方便。這意思就是說，沒有人是依於二乘法而得滅度的，都要依唯一佛乘而得滅度。

所以，諸位如果看見佛教界還有許多人，依舊一天到晚在四聖諦、十二因緣上面打轉，老是討論要怎麼修行這八正道；他們所學的法雖是這樣，卻仍然在努力修布施、持戒、忍辱、精進，好像也在修學般若，因爲都是錯學錯修；你就知道說，他們證悟的緣還沒有熟，他們還要繼續再熏習、等待，等到經過了多少劫以後，終於他們過去世所曾追隨的如來示現了，那時他們才可能成爲阿羅漢。當他們成爲阿羅漢的時候，接著就會修學大乘法、實證大乘法，然後也會入地，會被如來授記。諸位聽到這裡有沒有想到一件事情？有沒有？應該會想到自己啊！自己現在應該是什麼？有沒有想到？如果當初在 釋迦如來座下，也就是在那十六位菩薩座下的時候有很努力修行，是應該 釋迦如來在這裡示現的時候就成爲阿羅漢，然後入地就被授記了。這樣，有沒有覺得耳朵有一點熱？因爲那個時候沒有很努力嘛！但是沒關係，仍然是 釋迦如來之所度化，未來還是會被授記。一定有機會，因爲 如來不捨一切眾生，只是有一個差別，就是授記的時間拉長一點，或者短一點，只有這個差別，但將來都會被授記。但諸位也別灰心，因為 世尊已經說過，諸位將來在 彌勒佛座下都會成為阿羅漢，將來被授記的時間應該都不會很晚，特別是這幾世中已在同修會裡證悟以後。

那麼，這意思就是說，即使是不迴心的聲聞人，釋迦如來也要把他們找來一起聽聞《妙法蓮華經》；能留得下來就留下來聽，留不下來的開講時再讓他們自己離開。但是離開以後，他們也會展轉從別的同修口裡，聽聞到 佛說的《妙法蓮華經》內容。但是至少已經證果的聲聞人都一定會留下來聽聞，既然留下來聽法，聽完了，這個種子種進心田之中，他們就算是捨報的時候仍然堅持入無餘涅槃，未來無數劫後，那個種子的自心流注，還是會使他們離開無餘涅槃，終有一個時間，那個種子會萌芽；於是由於種子自心流注的關係，他們終究會再使意根出現，又會出現在三界中。所以，他們將來還是要繼續行菩薩道，逃不掉的，除非他們沒有如實聽聞到《法華經》。所以即使定性聲聞，由於他們已經證果了，老實說，也不好意思跟著那五千個聲聞人離開吧？所以就留下來聽，聽完了，這個法毒就種在他們的心中，未來很久以後還是會把他們的聲聞種性毒死。

只是那個毒死的時間要很長、很長，因爲在無餘涅槃中不會起心動念，雖然那個種子就在如來藏心中流注，卻不容易與意根種子相應，那可能要經過無量無數恆河沙劫，才會使他們的意根再度出現。到那個時候，你們都早已成佛了，他卻還在第七住位開始廣修菩薩道。就是這樣啊！所以像他們那樣證得阿羅漢果，你還羨慕嗎？不羨慕了呵！現在搖頭了呵！以前卻是羨慕的啊！有時還會抱怨說：「我這麼努力，現在還不能證阿羅漢果。」其實，如果你要專心去證的話，一世就行。但是，我不從這個實修上面來教你們，因爲你們如果來要求我教導實修的內涵，我不如拿把砍刀把你的腳後跟剁了，我這些《法華經》不就白講了嗎？

所以，「若如來自知涅槃時到」，已經看見這四個條件具足時，就把菩薩眾、聲聞眾都召集起來，一定要爲他們講《法華經》；只要講了這個觀念，大眾對這個佛地境界的愛樂心就生起了。雖然他們還捨不下無餘涅槃，恐懼未來世有無量生死苦，所以捨壽時必入無餘涅槃；但是只要他們心中對諸佛有一絲絲羨慕就行了，只要他羨慕說如來智慧不可思議，只要有這麼一點點羨慕就夠了，未來際在無餘涅槃中，由於如來藏中的這類種子自心流注的結果，他們還是會回到人間來，繼續修學無上正等正覺妙法。

所以《法華經》確實是妙法，不是很簡單的法；因爲這裡面牽涉很廣而又難知難解，得要有人如實瞭解才能把它演繹出來。那麼能夠這樣子聽聞的人，如實瞭解《法華經》的勝妙所在，將來一定會成佛，絕對不會在將來證得二乘涅槃時就想入涅槃，一定還會再起惑潤生，繼續受生來行菩薩道，貫徹「菩薩所行」而盡未來際。那麼聽聞之後，對於二乘涅槃的實證就不會心急了，心裡面想：「反正將來是要成佛的，成爲阿羅漢以後入了涅槃，無量劫以後還不是一樣要再來三界中繼續行菩薩道？那我急著求證無餘涅槃作什麼呢？就沒有意義了。」假使還有那麼一絲絲對於二乘涅槃的愛樂之心，其實也可以這樣想：「人家舍利弗他們大阿羅漢們都被釋迦如來授記成佛，而他們本來都是可以取無餘涅槃的，可是他們都放棄了，都願意繼續在人間奉事諸佛。我們修證不如他們，又何必急著取涅槃呢？倒不如趁著這一世開悟了，或者有機會開悟，就多修集福德，趕快積功累德，一方面幫助自己開悟的時間可以快速一點，另一方面積功累德，就算沒有開悟也沒有損失，因爲未來世行菩薩道還是要用它。」

然後又會想：「不管我作了多少功德，全都是自己的，我努力去修集福德、修證功德，不會跑到蕭老師身上去。」這樣一想：「也對啊！我就努力來修集福德，當我的福德到達了，開悟那一條標高的水線在那裡；水漲船高，當我的福德大水漲上來，我這條船自然就到了開悟那條線，那我還怕不開悟般若啊？當然就會自然開悟了，所以就不需要再志樂於小法了。」可是，畢竟還是有一些人，他們的心志是愛樂小法的，一時很難轉變他們；爲這些人，大家該怎麼辦？如來就先爲他們演說二乘涅槃，讓他們知道出離三界生死苦是眞實可證的，不是虛假的誑言；教導他們大家實證了以後，就可以信受如來所說的成佛之道三大阿僧祇劫的內涵與時程，不會再懷疑。所以爲了這一些人，如來要深觀他們的心性，瞭解他們的志向。

如果是貪著五欲的，他就無法實證大菩提。那該怎麼辦？就先教他實證二乘涅槃；因爲如果是「**深著五欲**」的人，你叫他學佛，門都沒有。他眼皮都還沒張開，就想著今天要去哪裡玩了；然後今天晚上還沒睡覺，就已經在策劃明天要去哪裡吃喝玩樂。他都已經在策劃明天的享受了，沒有一時一刻可以爲法，總是在五欲上著眼。這樣的人要告訴他說，人間眞的苦啊！爲什麼是苦啊？苦的內涵，一一說給他聽，他才能漸漸瞭解「原來我在人間眞的有這麼多苦」；終於瞭解自己的苦，可是苦要怎麼滅？就告訴他要把集斷了，他就努力開始斷集，斷集以後他證得滅諦，也就是證得涅槃。當他對解脫生起愛樂之心，這樣子，他就離開了五欲。離開了五欲再告訴他，佛菩提道如何的勝妙，他就願意修學佛法，否則就會留在羅漢法裡面。這就是說「志樂小法」或者「深著五欲」的人，要先爲他演說二乘涅槃；二乘涅槃實證了，然後再告訴他《妙法蓮華經》，教導他如何實證如來藏而進入佛菩提道；他們聽了就可以信受，這就是這一段經文中要表達的眞實義理。

這一回禪三有一點多產，算是好事，但是仍然是要求品質。接著繼續演講我們的《妙法蓮華經》：

經文：【「譬如五百由旬險難惡道，曠絕無人怖畏之處；若有多眾欲過此道至珍寶處，有一導師聰慧明達，善知險道通塞之相，將導眾人欲過此難；所將人眾中路懈退，白導師言：『我等疲極而復怖畏，不能復進；前路猶遠，今欲退還。』導師多諸方便而作是念：『此等可愍，云何捨大珍寶而欲退還？』

作是念已，以方便力，於險道中過三百由旬，化作一城，告眾人言：『汝等勿怖，莫得退還。今此大城，可於中止，隨意所作。若入是城，快得安隱。若能前至寶所，亦可得去。』是時疲極之眾，心大歡喜，歎未曾有：『我等今者免斯惡道，快得安隱。』於是眾人前入化城，生已度想，生安隱想。爾時導師知此人眾既得止息，無復疲惓。即滅化城，語眾人言：『汝等去來，寶處在近。向者大城，我所化作，為止息耳！』諸比丘！如來亦復如是，今為汝等作大導師，知諸生死煩惱惡道險難長遠，應去應度。」

語譯：這一段經文中 世尊開示時也作了譬喻：【「譬如有一條險惡的道路，它的距離達到五百由旬之長，而這一條險惡的道路非常空曠，絕對沒有人可以在其中行來去止，這是令人恐怖畏懼之處；如果有許多人想要通過這一條險惡道路，想要到達存有珍寶的處所，有一位導師，他很聰明、很有智慧並且明朗而通達，很詳細知道這個險道何處可通、何處是阻塞而難進的，他受持眾人而引導他們想要通過這個困難的險道；可是他所攜帶的這一些人眾，因為這一條路太艱險、太險惡，因此到達『中路』一半的路程，心中懈怠而退失了，認為自己沒有能力可以到達最後藏有珍寶的地方，因此就向這位導師稟白說：『我們這一些眾人已經疲倦到極點，而且心中對這一條路覺得恐怖而畏懼，我們已經沒有心力繼續再往前進發了；而我們看見面前即將繼續行走的路途，還有那麼遙遠，所以我們如今想要退還原來的地方。』那麼這位眾人的導師，他有非常多的方便善巧，心中就這麼想：『這一些人眞是可憐愍者，爲什麼要捨棄那麼大的珍寶而想要退還？』心中這樣子想了以後，就運用他的方便善巧之力，在這一條五百由旬的險道中間，已超過三百由旬的處所，化作一個大城，告訴眾人說：『你們不要覺得恐怖，也不要再退還原來出發的地方。如今前面有一個大城，這個大城，你們可以進去裡面止息，想要休息或者享受都可以，可以隨你們的意願去作。如果進入了這個大城，就會覺得非常舒爽安隱，而且這大城是很快就可以到達的，在前面已經可以稍微看見了。如果大眾能夠再往前進，想要到達藏有大珍寶的地方，也是可以由這個大城出發，去到藏有大珍寶的地方。』這時候身心俱疲到極點的大眾，心中大大地歡喜，於是大家都互相讚歎說：『這是從來所不曾想到、不曾見過的，我們如今可以免除這一個險難惡道了，我們可以很快樂地得到安隱的居所了。』於是眾人就繼續往前進，進入了化城，就認爲自己已經得度於險道了，心裡面就生起了安隱之想。這時候眾人的導師看見大眾已經得以止息了，身心的疲勞已經滅除了，不再覺得疲倦了，隨即把這個化城消滅，告訴大眾說：『你們大家都跟我一起去，藏有珍寶的地方就在近處，距離這個地方已經不遠了。此前你們大家所居住的大城，是我所變化而有的，只是為了讓你們休息罷了！』」接著世尊又開示說：「諸比丘們！如來也像是這位眾人之導師一樣，如今為你們作大導師，了知各種生死煩惱惡道的險難是那麼長遠，都應該滅除，都應該度過。」

講義：這意思就是說，成佛之道猶如五百由旬的險道。一由旬，有人說是四十華里，有人說是二十公里，不管它是多少，總之很長遠就是了。這一條成佛之道，不但長遠，而且是險難的惡道。也許諸位聽了，心裡說：「奇怪！三寶最吉祥，修學成佛之道竟然是既長又遠，既險難又是惡道，那我們學佛作什麼呢？」可是，先不談它是五百由旬的險難惡道，先談一談眾生在十方三界中流轉生死，不斷地頭出頭沒，有時享盡榮華富貴，有時生天受樂，有時下墮三惡道，苦難備至；這一些三界中的境界，有沒有更多的險難？是不是究竟歸依處？大家想一想，如果想通了：到最後還是要走這一條路。因爲走了這一條路，三界中的一切無盡的苦難與無常，最後也就全部滅除了。所以，不管這一條路多麼長遠，也不理會這一條路是多麼險難，不管它是什麼樣的惡道，早也得走，晚也得走。晚走，就是在三界中流轉時的苦難要承受更多；早點走，在三界中流轉所承受的苦難就少一些，因爲可以早一點結束三界中的苦難。所以，即使是五百由旬之遠，即使是險難惡道，終究還是得走。

那麼再說回來，這一條五百由旬的險難惡道，是什麼緣故而說它是五百由旬之遠？又是險難的惡道呢？在佛教出現於人間之前，天竺很多修行人，有許多人自稱是阿羅漢，當時自稱阿羅漢的人不在少數。也有人自稱他們懂得成佛之道，說他們那樣修行，未來可以成爲如來。等到 釋迦世尊於人間出現示現成佛，眾生得遇 世尊，親承供養親近學法，然後實證阿羅漢果，終於證實那些外道之中自稱爲阿羅漢的人們，全都不是阿羅漢。然後因爲聽聞 世尊所說的佛菩提，終於了知那些所謂懂得成佛之道的人，想要追求未來世可以成就如來果德的所有外道們，也沒有一個人懂得如來之道。那麼，世尊降生人間示現成佛之前，那麼多人在修學羅漢道、修學佛道，他們自稱懂得阿羅漢與如來的境界，正在努力修證，然而後來發覺他們全都錯了。

那麼，諸位想想看：這一條成佛之道是不是險難惡道？因爲外道們都沒有眞的成爲阿羅漢，我見具足卻又宣稱他們是阿羅漢。假使不是 如來示現於人間，救度他們成爲眞實的阿羅漢，那麼他們捨報之後，果報堪憂啊！下去三惡道中要領受的苦難太多了，確實難以承受。好在他們往世與 世尊有緣，所以得度；否則下了地獄很久以後，還要再歷經餓鬼道與畜生道的長劫痛苦，才可能再回來人間，那已經是多少劫以後的事了。

千萬不要以爲大妄語之後下了三惡道，很快就可以回來人間。有一次地上剛好有一隻鴿子，佛說：「舍利弗啊！你瞧一瞧，那一隻鴿子以前是什麼？」結果舍利弗往前去看，牠的前一世也是鴿子；再往前看，前一百世也是鴿子，前一萬世也是鴿子。不得已，再往前一劫去看也還是鴿子；前十劫、前百劫、前一萬劫還是鴿子；於是往前推到八萬大劫去看，牠還是鴿子。舍利弗就報告說：「世尊！牠八萬大劫前還是鴿子。」請問，那一隻鴿子當了八萬大劫，這是阿羅漢所能往前看的極限，那麼前面大阿羅漢所沒看到的，到底又是當鴿子多久呢？所以，大妄語下了地獄，要再回來當人是不容易的。

千萬不要像密宗那一些愚癡人，動不動就自稱法王，不然就自稱是十地、八地、幾地菩薩；那些果位都是不能冒充的，因爲必須有那個親證的實質。也有外道自稱他是初地、四地、五地，可是我們加以檢查以後，發現他的我見具在，連我見都還沒有斷除。那他將來捨報後下了地獄，不論他有沒有受菩薩戒都一樣，就是要下無間地獄，因爲這是違犯「法毘奈耶」。違犯了法毘奈耶，是比菩薩十重戒更重的，歸於因果律所處置；若是受了菩薩戒而這樣子作，則是罪加一條。那麼下了地獄受報以後輾轉回來畜生道中，想想那一隻鴿子當了八萬大劫；我們就不談更早的以前，就只說那八萬大劫好了，當鴿子就得那麼久。顯然那大妄語是比殺人罪更重的，惡人殺了人，下了地獄，還比那個大妄語業的人回來人間更快，因爲他最多只是性罪。可是這個大妄語的人，他不會只有自己大妄語，同時也會戕害別人的法身慧命。而他自己的大妄語業，就已經比殺人罪更重了，那麼想一想，他要多少劫以後才能再回來人間呢？好在 釋迦如來示現在人間來救大家，所以當年的舍利弗等人成爲眞的阿羅漢，後來迴心大乘成爲菩薩，開始邁向佛地。

諸位想一想，如果 世尊不是大慈大悲心，來這個五濁惡世示現救護他們，他們如今在無間地獄中受苦還沒有過完地獄中的一天。無間地獄一天等於我們人間多少大劫？很難算。所以由這裡來看，看看這一條佛菩提道是不是險難惡道？是啊！再退一萬步說，即使 釋迦如來示現在人間傳了這個法給我們，然後綿延二千五百多年，現在咱們偏安於台灣寶島；可是在咱們開始弘傳如來正法之前，諸位想想看，台灣自稱開悟的人，且不說密宗，單說顯教的法師就夠了，有多少人大妄語？諸位想想看，大法師們宣稱開悟，小法師們也跟著宣稱開悟，全都在主持禪三、禪七幫人家印證開悟，那惡業有多麼大！至於密宗的喇嘛們大妄語，可就不計其數了；而且不單單在台灣如此，海峽對岸的大陸也同樣是如此。那麼諸位想想，如果沒有正覺同修會出來說明什麼才是眞的證悟，他們這一世捨壽前是沒有機會懺悔的，也就沒有機會滅罪，那他們捨報後怎麼辦呢？

但是，這樣還不足以說明這一條成佛之道是險難惡道，因爲即使我們寫了那麼多書，從不同的層次和不同的面向，來說明什麼才是眞實的證悟，來說明若非如此即是錯悟，就會有大妄語業。但是他們仍然讀不懂我書中的所說，或者仍然不願意接受我的苦心；因爲他們這一世在行菩薩道的過程中，名聞利養太誘人了，所以即使知道自己悟錯了，也還是不願意改正。我們設法救他們，他們還要繼續毀謗說：「那蕭平實是邪魔外道。」於是罪加一等，又增加了無根毀謗大乘賢聖僧，以及無根毀謗正法的大罪。當我們探究他們當年出家學佛時的初心，那不正是善心嗎？出家學佛的初心都是善心，可是後來成為大法師了，名聞利養跟著來到，於是明明知道自己悟錯了，也還是不願意承認，寧可繼續錯下去。

他們如今明明知道自己悟錯了，卻只想將錯就錯，不願意一剎那懺悔。那麼諸位想想看，這一條成佛之道是不是險難惡道？是啊！更可憐的是，那一些明明知道悟錯了，還要繼續堅持他已經開悟的人；明明知道自己為人家印證錯了，明明知道害人大妄語了，竟還要繼續堅持不改。而那一些追隨的人，由於迷信的緣故，寧可繼續信受到底，送給他們正覺的書，一見就丟掉，絲毫都不肯讀，想要繼續保持開悟者的假光環，死後的果報可想而知。那麼諸位想想，對那些學佛的人來講，成佛之道是不是險難惡道？是啊！所以，世尊說的眞是如實語，沒有騙人，眞的是險難惡道。而這一條險難惡道長達五百由旬，如果是平路坦途，一天走上五十公里，並不為難。但如果是險難惡道呢？遇到急流峽谷險山，你一天能走幾公里？也許遇到一個懸崖峭壁，整整一天能夠通過那個懸崖峭壁就算很行了，還敢奢望一天要走五公里嗎？所以，險難惡道而且是五百由旬，眞的困難重重。

徵之於大乘地區，眼前海峽兩岸的大乘佛教大法師及修行人，可見一斑。至於迷途的羔羊，被人家牽著鼻子走入假藏傳佛教四大派中，那可就完了！那根本不叫險難惡道，而是極快速的地獄道。就好像把箭向下方的地獄直射，很快的，不必一公里就下去了，根本就不是五百由旬；然而那條路走起來很舒暢，因爲一生都是在貪著享受人間的五欲，並且還是廣貪人家的妻女，或是廣貪人家的夫與子，對不對？學密就這樣嘛！最後階段的大密灌以後，大眾輪座雜交來修無上瑜伽時，那眞是貪得很快樂，可是很快地，不到一公里就下去無間地獄了。

可是他們也號稱是學佛，心中也眞的認爲自己是在學佛；本來是以善心去學佛而走入密宗，只因爲在正統佛教中學不到眞正的法，而那密宗宣稱可以快速成佛，一生成辦，所以上面法師們說：「**學密去吧！**」下面信徒自然就跟著去了，那眞是相將入火坑。但這也叫作成佛之道，卻沒有人知道那只是一條走向斷崖的短路。所以成佛之道眞的是險難惡道，因爲這條險難惡道，有時候一走上岔路，直接就是個懸崖；也許正道是要在那裡來個一百八十度轉彎而繞回來，才能繼續正確的道路，可是大家都看不見那個懸崖。因此，這一條路永遠都不是絕大多數人所能正確行走的路，這一條路上有許多地方都是「曠絕無人怖畏之處」。

也許有人聽到這裡，心裡面想：「你蕭老師講這句話，不太對吧？你看，單單台灣學佛人一千多萬人。」我倒要請問，那號稱一千二、三百萬的學佛人，他們眞正在學佛嗎？他們絕大多數都沒有在學佛，那一些人只是在行善而號稱學佛而已。當你跟他們說苦聖諦，他們就聽不進去了！這都還沒有涉及學佛，只是學聲聞而已，他們就聽不下去了。你若是要對他們演說寂滅與道，根本沒機會；因爲單單演說苦聖諦，你才講不到十句，他們就厭煩了，隨即走人了，所以那些人只是藉佛教的名義在修善業，不是眞的學佛。而且，想一想，《楞嚴經》中說的五十種五陰魔的境界，有多少人能通過考驗？所以說，成佛之道絕對不是一條坦途，正是處處都有「曠絕無人怖畏之處」。

言歸正傳，眞正學佛的人，一定開始念佛、打坐、修禪，不會去碰密宗，因爲一接觸之下就會覺得他們太詭異了，一定不會相應，不久就會離開。再把誤認道教是佛教的人也扣除，那麼，這樣過濾以後，算下來能有多少人？諸位統計看看，那些大山頭每週去念佛的有多少人？不會超過五百人，不管哪個大山頭都一樣。每週去打坐的能有多少人？每一個大山頭都不超過五百人。也有說在參禪的，其實都不是在參禪，全都是以定爲禪，不然就是在心中唸著一句話，自言自語落在話尾中。所以眞正在參禪的，其實沒有這樣的人。那麼諸位把這些人加加總總合計一下好了，四大山頭再加上四小山頭好了（我們不曉得誰可以算是小山頭，且不管他，就權充是小山頭好了），把四大山頭每一個都算有滿足五百人好了，四大山頭也不過二千之眾；四小山頭給他們算是半數好了，加總起來不過一千之眾；那麼全台灣表面上眞正在學佛的人，就只有三千人。

可是他們其實並沒有在參禪，只是把打坐當作是學禪、修禪，大多數人只是把念佛當作是在學佛，但畢竟他們已經努力在學佛了。而其中有許多人認爲自己在學佛，其實只是在學羅漢。那麼，其餘所謂的佛教徒，他們所謂的學佛，就是到處去行善，每週只要到了週末、週日休假就說：「好啦！去行善。師父說去哪裡，我們就去作事，這樣就是學佛。我們只要快快樂樂地行善，一生都很快樂行善，這樣死後就是證得初地。」但這樣眞的叫作學佛嗎？完全不是，所以連佛法的基本知見都沒有。這樣加加總總三千人，就算他們全部都是學佛人好了，也只有三千人，還不如我們同修會裡每週都來聽經的人數多。他們這三千人，比起一千二百萬或者號稱一千四百萬的佛教徒，究竟是多還是少？少啊！少到可憐。可是這三千人，你再把他們探究看看，他們眞的在學佛嗎？沒有！其實都沒有，因爲佛法的道理，他們完全不知道，都只是在摸索而自認爲很懂而已。

所以，眞要說到學佛的就是諸位，我們同修會從北到南，所有的學員加起來，也不過幾千人，到底有沒有超過三千人，我也不知道，沒有去算，我看是不到，也許是超過了，因爲聽經的人眞的不少啊！那你想想看，這一條五百由旬險難惡道是不是「曠絕無人」？只有我們幾千個人大家手牽著手，戰戰兢兢亦步亦趨，沒有走入惡道中，所以成佛之道眞的處處都是「曠絕無人怖畏之處」。我們知道是「曠絕無人」，他們卻覺得熙熙攘攘，路上都是人。我們覺得是「險難惡道、怖畏之處」，他們卻說學佛多快樂、法喜充滿。是什麼法的喜充滿心中呢？只是去行善時，大家嘻嘻哈哈，是這樣的世俗心而法喜充滿，眞是可憐啊！所以，當大家都想要通過這「五百由旬險難惡道」時，得要先檢查一下：自己所走的路是不是「曠絕無人怖畏之處」？如果你已看見這一條路是「曠絕無人怖畏之處」，那你就走對了。

說起來好像很悲哀呵？如果你走在這一條路上的時候，大眾無量無數，全都嘻嘻哈哈，走得很爽心，具有很多世俗法中的快樂，那你就知道走錯路了。譬如說，你如果到某個大山頭學佛，大家都讚歎說：「哎呀！你跟上了名師。哎呀！你們道場好大啊！這麼多人在學佛，沒有問題啦！平坦大路。」你就該知道說，這條路已經錯了！因爲佛法之路是「險難惡道」而且「曠絕無人」，他們竟然才一號召就能有幾萬人、十幾萬人、二十幾萬人，還號召說有四百萬徒眾，顯然那不是曠絕無人怖畏之處，那是熙來攘往、摩肩接踵，那就不是佛菩提道，一定只是世間道。

也許有人心想：「經文才這二句，你講那一大堆幹什麼？」老實說，我是有感而發；因爲講到這裡時，不能沒有感慨。台灣還算好，因爲這裡是一個多元社會，言論自由，沒有人管你；你只要不毀謗人，據理而說，就沒有人管你。可是，你如果過了台灣海峽，現在可還不能如此想說便說，還得再等十年吧！但我說的日子漸漸近了，一天一天漸漸地近了，但目前還不行。所以目前對岸仍然是熙來攘往，去那些名山古刹參訪的人可多了，何曾看見「曠絕無人」的景象？

所以，我們要作的事情很多，為了迎接十年後的時光，那時要去利樂我們古時的許多同修們，大家現在就得要作很多事；我們必須現在就開始努力去作前期的工作，如果等到那個時候再去作，可就來不及了。想一想，大家有幸，在佛菩薩安排下，往生到這個地方來，佛菩薩是圖個什麼？難道那麼辛苦安排大家來到台灣受生學法，就只是圖你每天三杯清水、一炷清香嗎？圖的正是將來大家可以齊心合力，再回去幫助我們上輩子、上上輩子的那些同修們，應該如此。因為這一條「五百由旬險難惡道」，大家必須互相幫助，不能夠只管自己。也許十年後，你們回去大陸的時候會發覺：「哎呀！這某某師兄怎麼好熟、好熟。」告訴你，他是你上一輩子最要好的師兄弟，你們將來就會遇到。

所以，這麼少的人走在這一條「五百由旬」的「險難惡道」中，大家真的要互相扶持，千萬別作自了漢；因爲再走到下一公里，也許換這一世被你幫助的師兄來幫忙你。在成佛之道上，有很多岔路，有很多懸崖、惡水、群山峻嶺難行之處；還有很多虎狼野獸，萬一不小心，暗處跑出一個俊男美女把你拉走，進了他的山洞才知道那是一頭老虎，但你已經來不及了。那隻虎精到底是誰？當然是密宗。諸位不曉得那個嚴重性，可是隨著你在佛菩提中的了義正法漸漸深入以後，就會發覺那一種虎精很厲害的。可是虎精厲害，小白兔更厲害；那些小白兔看起來很可愛、很純潔，不會傷害人，那麼一大堆兔子跟隨牠；你如果不小心跟著走，走久了也會變成兔子，然後就被牠引到某一個地方去，沒辦法脫離。那些看起來很清淨的小白兔又是什麼？就是那一些大法師們，看起來道貌岸然，很清淨的模樣，而且他們說的看起來也都是佛法，然而都是相似佛法。一旦相似佛法開始流行了，正法就開始消滅了，這就是 世尊在《阿含經》中告訴我們的道理。既然走在這一條「**五百由旬險難惡道**」中，得要走上整整三大阿僧祇劫，大家一定要互相提攜，不要妄想自己單獨一個人可以通過，所以我們也得設法扶持前世的師兄弟們，他們如今還留在大陸等著我們把 世尊的正法帶回去。

那麼，如來是大導師，很清楚知道這個道理。世尊就告訴我們說：「如果有許多眾生想要通過此道，到達大珍寶所收藏之處，就得要依靠導師的充分領導。」這就是說，如來善知整個成佛之道，從因地到果地的一切內涵與轉折，當然包括所有的岔路；所以 如來是眾生導師「聰慧明達，善知險道通塞之相」；這一條險道什麼地方可通，什麼地方阻塞，如來全都知道，可以指導眾生避開阻塞之處，換一個方向，拐一下彎就有通達之道，於是又可以繼續進發，這樣子攝受了眾人來通過這一條險難惡道。可是眾生畢竟不同於 如來，沒有 如來的那個大雄猛之心，於是往往「中路懈退」。

依現在的佛教界來說，諸位算是很精進的了。可是初學人畢竟是多數，所以有許多人在各大道場快樂地學佛；他們所謂的學佛就是打坐、念佛、行善，都還很容易退轉，何況是正覺這種精苦修行的道場。所以在那些名山道場等大山頭中，他們所謂的禪坐會或所謂的般若共修會，凡是跟禪有關的他們那一些會員學員們，眞的叫作川流不息。河川的水流流過去，又有一批流進來，可是流過去的不會回流，川流不息啊！到哪個道場都一樣，只有我們這裡不是川流不息，水滿了有一小部分會流掉，大部分都留住，但我們正覺這個佛性之海愈來愈寬廣，將來還會容納更多，所以只有我們這裡跟人家不一樣。那麼，那一些人即使沒有像正覺同修會中修學這麼辛苦，他們每天就是去行善，嘻嘻哈哈快快樂樂去過日子，號稱學佛，都還會退轉。在正覺同修會學佛，眞的很辛苦，每週要來上課；爲了快速提升知見，週二還要來聽經，每天還得作看話頭的功夫，眞的辛苦啊！而且不是聽完就沒事，回去要思惟，上了課，回去要努力作功夫，好辛苦啊！你們竟然留下來沒走，這就値得佩服了。

可是你們看看會外，他們即使是快快樂樂念佛，不也是有一個順口溜很有名嗎：「**念佛一年，佛在心田；念佛二年，佛在眼前；念佛三年，佛在西天。**」是不是這樣？是啊！念佛算是很快樂的，還不是像參禪打坐那麼痛苦，都還會如此。諸位想想看，在正覺同修會學佛是這麼辛苦，要很努力精進，但是諸位都還能夠堅持不退，這不簡單。這表示諸位過去已經修行很多劫、很多劫、很多劫了，就只差還沒有超過一大阿僧祇劫，那到底是幾萬劫、幾百萬劫、幾千萬劫、幾億萬劫就不知道了；總而言之，能在這麼辛苦的修學過程中而堅持下來，這很不容易；若是一般人，早就退失了；因爲學得不辛苦的都會退轉了，何況是像諸位這麼辛苦的修學？所以這一條路不容易走。

那麼，以往也有人學到一個階段，寫一封信給我，附上一萬塊或者二萬塊錢來說：「謝謝老師！我要休息一陣子。」我就把它轉來護持正覺同修會，請財務組把收據寄給她。這樣的供養和請長假，我也接受，因爲你不能要求每一個人都那麼精進；所以有的人腳力差一點，應該讓她休息一會兒。可是沒超過五年又寫信來，說要回來了，再奉上供養，我又把它轉給同修會護持正法，收據寄給她，順便把她增上班的上課證準備好，沒有一絲絲的不悅。爲什麼呢？因爲本來就應該如此，這一條成佛之道，眞是「險難惡道」岔路處處、險惡萬端。可是險惡的地方看起來往往卻很平坦，看來好像風光明媚，這才是最險難的地方。

因此，如果有人「中路懈退」也是正常的，特別是告訴你說未來世要精進實修三大阿僧祇劫，一般人聽到這裡，腳底都涼了，不能再像以前熱血奔騰活力無窮，於是有一些懈怠。眾人在這一條路上就是這樣，所以就向導師說：「我等疲極而復怖畏，不能復進；前路猶遠，今欲退還。」因爲才走到一半就已經恐怖到極點了，而且覺得沒有體力了，心裡面也覺得好累、好累，所以開始打起退堂鼓了。可是，這位導師怎麼可能就這樣作罷？而且他有很高的證量，於是心裡面想：「這些人眞的可悲愍，已經走到一半了還要退回去，不如把退回去的那一些心力體力來往前走剩下的另一半路，那不是更好嗎？」可是大眾沒辦法信受，怎麼辦呢？只好以方便力在這個險道中間，已經過一半了，就是二百五十由旬了，就在這個地方再往前一點的三百由旬之處；換句話說，大家走到二百五十由旬了，在前面五十由旬的地方化作一個大城，因爲要使他們休息，又要使他們再走一段路，卻比回去原地要近得多。

所以至少得讓大眾再走一小段路，不能馬上給他們休息；就用這個化城來誘惑他們再走一小段路，前方有個大城已經稍微可以看得見了，若再回頭去看，原來出發的地方根本都看不見了，顯然那個大城比較近；所以大導師就在那裡化作一個大城，讓大家看見了，就告訴他們：「你們不要再恐怖了，也不要想再退還了，如今這個大城，你們可以在其中止息；住了進去以後，你要睡覺、要沐浴按摩，或者想要怎麼樣都行，可以隨意所作。」這個大城叫作什麼？（有人回答：犍闥婆城。）不是犍闥婆城，當然這導師也有可能在裡面化作一些犍闥婆來歌舞娼伎讓他們娛樂，但我們現在說的這個大城是說佛法中的大城，是成佛之道中間的大城，就是阿羅漢果。因爲努力修學苦集滅道、八正道、十二因緣，可是什麼時候可以出三界，還有猶疑，就鼓勵他們先證得解脫果再說。先證解脫果，等於是告訴他們說：「你們只要努力把八背捨完成，努力把最後最難斷的五個上分結，或者是我慢斷除，就可以成爲大阿羅漢了，那麼你便可以在阿羅漢境界裡面好好止息吧！」於是大家接受了，往前努力，所以這個大城就是解脫果。

那麼，這個大城，爲什麼譬喻說在這個五百由旬的險道「中過三百由旬」？就是中間再過去三百由旬的地方，到達這一條險道的三百由旬處，化作一個大城。也就是說，斷了我執成就解脫果，那就是第三大阿僧祇劫的開始。等大眾都入城了，再告訴他：「你看，你距離成佛，剩下一大阿僧祇劫，已經過二大阿僧祇劫了，你難道還要回去凡夫地嗎？」大家決定了，好啊！我們繼續走。下定決心要繼續走了，告訴他們：「可是第二大阿僧祇劫有好多東西，你還沒有得到，你要設法得到啊！」這一下知道上當了，可是想一想，幾經思索還是得要上路，畢竟以前已經過去那一大阿僧祇劫，原來是世尊以神力來幫助才過得去的，可是自己沒有親自走過，那路上的珍寶都沒有得到。那路上的珍寶沒有得到，你前面就沒辦法走。玩那個網路遊戲不是這樣嗎？你要得到這個寶物才能開啓那個，開了那個得到另一個寶物才能再往前得到什麼，是不是這樣？聽說網路上有人在賣那個網路寶物。奇怪！那虛擬的東西也可以賣。現在法律說，如果那個虛擬的東西，你拿人家的錢以後賣了出去，可是你沒有交貨給人家，也算詐欺，現在法律也進步蠻多。

這表示什麼？表示說大家經由 佛陀的開示，幾經思索之後，確定往回走是不智之舉，一定得要繼續努力向前走，所以 佛陀就教導大家成就解脫果之後，開始爲這一些阿羅漢們解說道種智、一切種智之學，十地之道就是十度波羅蜜，開始廣爲演述。這時從初地來看整個成佛之道，五十二個階位已經完成四十個階位了；雖然距離佛地還有二大阿僧祇劫之遠，卻是只剩下十二個階位，看來還眞的是中路二百五十由旬再過去一些的三百由旬之處的大城。於是從七地滿心的解脫果退回來，死心塌地把大乘無生法忍好好修學，同時把三界愛的習氣種子一起斷除。這個過程是什麼呢？就是讓這些阿羅漢們在 佛陀的幫助之下，退後一大阿僧祇劫開始把路上應該得的珍寶，一樣一樣開始收拾回來，大家都能確定不再退回聲聞解脫果中，佛教才能繼續流傳，否則度了那些阿羅漢們，大家死後都入涅槃去了，能靠誰繼續住持如來正法呢？

第一代聖者入涅槃，剩下第二代的阿羅漢就更少了，品質也會差一些；到了第三代、第四代、第五代，阿羅漢就愈來愈少。所以，佛陀入滅才多久？聲聞法中就沒有阿羅漢了；眞的才不過幾代，聲聞法中已經幾乎沒有阿羅漢了。剩下的阿羅漢叫作寥寥無幾，少得可憐，於是上座部裡的凡夫漸漸佔了多數，阿羅漢可就是極少數。凡夫們人多勢眾，於是開始產生部派分裂了，本來只有一個上座部，含容著大眾部，後來開始分裂，到後來總共有十八個部派，這十八個部派都是聲聞法，卻都已經沒有證果的人，更沒有阿羅漢了。

了義的、實證的菩薩法中從來沒有分裂過，就是這樣一直傳下來，只有凡夫位的出家菩薩僧們在搞分裂。你想，如果那些阿羅漢們沒有迴小向大成爲菩薩，也不會有今天台灣的佛教正覺同修會存在；因爲當時全都是阿羅漢，而每一個人證得阿羅漢果以後，捨壽都入無餘涅槃去，沒有人再來人間。那你說，這一條佛菩提道好走嗎？還好佛世那一些大阿羅漢們大多不想走人，才會有今天的正覺菩薩僧團繼續把正法弘傳起來。因此這個大城指的就是解脫果，已經能夠出離三界生死苦了；八地初心或者七地滿心者，也是已經斷盡分段生死的菩薩。可是佛世的阿羅漢們同樣已斷盡分段生死，爲什麼迴小向大修完般若以後，他們還得要從初地開始走？因爲初地開始所應該得到的寶物，他們都沒有得到。那個寶物講的就是所知障中一部分的斷除，以及煩惱障中習氣種子的全部斷除。阿羅漢們還要回頭從這裡開始收拾，這些寶物還沒有收拾圓滿，就不能稱爲八地菩薩。可是阿羅漢的解脫果看起來畢竟很像八地初心，因爲同樣是可以出離三界生死。所以 佛陀就用這個辦法勸誘大眾趕快證得解脫果，住在化現的大城中休息，等大家身心力氣恢復了，再把它滅掉；那時大眾的身心安息了，佛陀再把它滅掉時，這一看，怎麼沒有大城了？再一看，我怎麼不是八地呢？

本來以爲說，得解脫果就等於八地初心，現在一看：「原來我還不是眞的證得八地菩薩的解脫，這解脫的大城已經不見了。」原來那個解脫果是假的，只是方便施設的；眞正的解脫果是八地心，已經斷盡很多的無始無明所知障，同時也把煩惱障所含攝的一切三界愛有漏習氣種子斷盡了，這才是眞正的解脫果——雖然也還有變易生死尚未斷除。所以這時候一看大城不見了，怎麼我所以為的解脫果不見了？我還不是八地菩薩，只好從初地又開始修行了；因此就乖乖地從斷除習氣種子方面，一分一分去修行。這個斷除習氣種子要多久呢？要一大阿僧祇劫，就是第二大阿僧祇劫的修行，不但要修無生法忍等道種智，還得同時修除煩惱障所攝的習氣種子。一大阿僧祇劫到底是幾劫？不會說啊？但我也不會說，你要問諸佛的話，諸佛也說：「**就是一大阿僧祇劫**。」阿僧祇就是無量數劫的意思，是因為不太好計算。那麼有善知識指導，這個第一大阿僧祇之中的諸劫就容易過完；因為有的人一生可以過一劫，有的人是一年過一劫，乃至有人以月、日、時、分過一劫，這樣過完第一大阿僧祇劫，則是《解深密經》中說的「**長劫入短劫**」。

所以，佛陀是大導師，善有智慧，先化作這一個涅槃大城——二乘涅槃，讓大家有了基礎與希望，就會繼續趕路，往前進入那個變化出來的大城去；等過了一段時間覺得很安隱了，心境與身力都恢復了，再把這個大城滅掉，佛陀就說：「**你們證得這個無餘涅槃，其實不是究竟的涅槃，這只是方便的施設。**」於是大家看一看，果然是如此，因為這個大城是化現的，不然怎麼會突然消失了？因此說，化作這個大城是必須的，如果不化作這個大城，大眾會覺得身心疲累而退卻。因為先化了這個大城以後，大眾一看：我們得安止，不用在這個險難惡道繼續辛苦前進了，心中安定了下來，才能再為大家作進一步修行的開示。

所以大眾證得二乘涅槃而安定下來之後，佛陀開始教導他們應該修什麼、應該作什麼；這就是為阿羅漢位的弟子們設想，因此 佛陀開始為他們演講般若、唯識種智方廣諸經的義理；當大家對般若有實證了，也有初分道種智了，然後 佛陀就把變化的大城滅了，這些阿羅漢們才知道說：「之前佛陀給我們很多東西，我們都隨意亂丟，不以為意……」當阿羅漢們還沒有迴心大乘，在 佛陀授記之前對般若、種智等法都有一點什麼？叫作……有一句成語叫什麼，就是「不在意它」的意思，（大眾笑…）你們這些國文老師也不知道？就是不在意那些寶物；照網路遊戲的語詞來講好了，就是不在意那些寶物（編案：「不以為意」之意）。然後，佛陀把所變的大城滅了以後，大家才發覺：「原來佛陀為我們講的那些般若與唯識，全都是我們的寶物；而我們一直以來都輕心大意，沒有注意把它們保管好，也沒有好好留心在那上面勤修。」這下知道糟了，原來成佛之道都要依靠這些妙法，得要重新再去撿回來。於是乖乖地重新去撿回來，這就是阿羅漢們迴小向大以後的所修。

諸位比他們幸福。也許有人又抗議：「哪有幸福？佛陀很快就讓他們證阿羅漢果。」可是他們在過去已經追隨 佛陀修學多久了？有沒有想過？沒有！你們就這樣子直接走上菩薩道，所以你們其實是比他們幸福；他們在因地修證的過程裡面，曾經在凡夫位待了很久；多劫以來努力在修行，可是大多在凡夫位中；後來證悟以後，也歷經多劫的胎昧而在三賢位中修行，現在是依靠 佛陀這樣拉拔起來的，這時終於知道應該回去把 佛陀給的那一些三賢位寶物一一去撿回來，於是大家開始努力溫習般若及道種智，也開始努力斷除習氣種子等等，同時也眞的發起十大願，願意盡未來際行菩薩道。這時就是他們已經知道成佛之道所在不遙——已經不很遙遠了，但也知道這些都是依靠 佛陀的方便施設才能達成。

所以，佛陀知道大家已經身心止息而不再疲倦了，就把這個化城滅掉，告訴大家：「這個羅漢果不是究竟的解脫，究竟的解脫是佛地，才是究竟解脫。究竟的安樂不是這個化城中的境界，而是前去不遠的那個寶藏之處。」換句話說，大家已經完成十信、十住、十行、十迴向位了，如今只剩下十地與等覺、妙覺位的修行內容，就可以成佛而得究竟解脫了。於是「即滅化城，語眾人言：『汝等去來，寶處在近。向者大城，我所化作，為止息耳！』」

把這個譬喻說完，世尊告訴比丘們：「如來亦復如是，今為汝等作大導師，知諸生死煩惱惡道險難長遠，應去應度。」只有到達佛地才是究竟了生死，因為阿羅漢只不過是分段生死斷除而已，可是廣大無邊的變易生死還沒有絲毫斷除，與煩惱障相應的三界生死習氣種子也還沒有斷除。那麼這樣看來，「生死煩惱惡道」確實「險難長遠」；可是終究「應去」——終究應該去走上這一條路。就是說，那一些煩惱應該去除，如果那些煩惱不去除，這個「險難」的「惡道」就無法度過。現在大家終於眞的知道佛菩提的大道該怎麼走了，這就是 如來的方便善巧。

那麼，世尊就用這個譬喻告訴我們說，初轉法輪所講的二乘解脫是 如來的方便施設，不是究竟的解脫；所以證阿羅漢果是一個方便施設，是針對畏懼久遠劫修菩薩道的人方便演說的，不是眞實的究竟法。但是 佛陀在幫助阿羅漢們成就解脫果——除掉分段生死以後，二轉法輪時期開始宣講般若，想要幫助大家快速走完五十二個位階的前面四十個位階；於是在阿羅漢

們隨從 佛陀行道的過程中，佛陀就常常有教外別傳的機鋒，幫助迴心大乘的阿羅漢們開悟明心。明心的人漸漸增加以後，開始宣講般若諸經，才會有第二轉法輪般若諸經裡面的阿羅漢們與 佛陀的對答，因此成就了第二轉法輪的般若系列經典。這就是說，他們證得阿羅漢果之後，心中很快樂：「**我不必再輪迴生死了。**」心中得以止息，然後 佛陀開始把寶物塞給他們，就是明心、見性、般若的種種別相智，幫大家完成三賢位中應修應證的智慧，就是《成唯識論》中說的非安立諦三品心，以及安立諦十六品心、九品心等。

當那些大阿羅漢們都已經完成三賢位的修證而入地了，接著第三轉法輪時期又開始演講方廣諸經及唯識妙法，幫助大家開始發起道種智，這些大阿羅漢們才能快速完成「**中過三百由旬**」的道業，把五十二個階位完成了四十個階位；又經過十幾年修學一切種智，如今被 佛陀授記成佛。可是，大阿羅漢們座下的阿羅漢弟子們，卻還得繼續實修三賢位中的種種法，要等未來佛才會為他們授記。話說回來，當時的大阿羅漢們有沒有覺得很珍惜？大部分人沒有。直到講授《法華經》而開始授記了，才知道說：「**原來這一些珍寶都是我們未來想要到達佛地的過程中，必須仰賴的各種工具；若沒有這一**

些珍寶作憑藉，無法獲得最大的佛地珍寶。」所以，到三轉法輪即將完成的最後時期才發覺：佛陀給的那些寶物實在太重要了。

佛陀親自來度眾，尚且這麼難，那麼諸位想想：我們距離 佛陀的境界還那麼遙遠，程度相差太多了；證量差太多了，智慧又差更多，那我們度眾時可能比 佛陀容易嗎？這不必用腦袋想，自然就已經知道了。所以，大家都不用抱怨說：「**我們是了義正法、究竟正法，爲什麼弘法這麼困難？**」其實這個困難，不是現在才如此，佛陀在世時已經如此。當時常常有外道謗佛，於是 佛陀聽聞之後，就在次日托缽之時，提早去尋覓外道論法；佛陀是以人天導師之尊，親自去找那些外道凡夫們論法。然後有的外道有因緣，因爲往世曾經追隨過佛陀，當時就被度化了。也有一些外道根本就是追隨 佛陀無量數劫了，聽到 佛陀出世時，他們馬上就來 佛陀座下受學實證了。但有的外道，佛陀去找他論法，他還要狡辯；這時 佛陀就會化現金剛神來恐怖他，讓他不得不承認自己的錯誤，但是這種人慢心深重，依舊無法度成功，當年也有這樣的事。

所以度化眾生本來就很困難，爲什麼難呢？因爲這個了義法很難學、很難懂、很難修、很難證，這是對諸位說的。如果是對外面那些流轉於相似像法中的人來講，就得說這個法是難信、難知、難解，他們根本就沒辦法相信。所以佛菩提道的妙法弘揚時，一定要有許多的方便善巧，也要善觀時節因緣；然後善知抉擇：什麼階段你該作什麼，不該作什麼。必須如此，否則正覺就會成爲人家嘴裡講的新興宗教，曇花一現就不見了。

新興宗教的定義是什麼？是依附於佛教，依附於基督教，依附於回教的新興教派；不管是依附於什麼教，總是好像曇花一樣，當他們大鳴大放時非常興盛，可是十幾年後就開始消失不見了。佛教界也有很多人在等待：等著佛教正覺同修會消失。十五年前，我聽到有人說我們是新興宗教時，我就說過：「**我們永遠不可能消失。**」我們這個法是了義的，也是究竟的；我們很清楚知道，正覺跟新興宗教完全不一樣。因爲我們這個法是 釋迦如來的了義而且究竟的正法，連當代佛教界各大山頭都無法思議的勝妙正法，當然不是新興宗教。可是他們不懂 如來的正法，自己落入相似像法中，竟還自以爲是正統的佛法，所以他們有許多人就罵正覺是新興宗教。可是我們弘法到今天已經超過十五年了，現在已經邁入第二十個年頭；依照他們的定義，我們當然不是新興宗教；新興宗教的壽算，一般的定義是十五年，但我們將會延續幾百年住持了義正法。

所以說，「生死煩惱惡道險難」裡面有什麼地方是可以通過，什麼地方是險阻難過，只有 如來全部知道。入地以後知道這條路怎麼走，可是能夠克服那些艱險阻難的能力，遠遠不如 佛陀；但是入地以後已經大略知道應該如何對治了，這才能成爲入地菩薩。如果十地之道有些什麼內涵都還不知道，三賢位滿心應該有的現觀也都還不知道，就自稱他入地了；他所說的那個「入地」，定義就不一樣了，那個地是地獄的地，不是十地的地。可是有多少人知道呢？知道的人太少了，所以我們有義務要把它詳細說清楚，讓那一些誤犯了大妄語業，錯悟而不是故意的人，也是誤導眾生的人，可以趕快改正而滅除大妄語的重罪，這就是我們正覺應該作的事。我們要作這些事，就要度更多的同修們實證佛法，所以這個週五，咱們又要繼續辦禪三；雖然辛苦，卻是一場勝會，要作勝會想。可是如果不能施設種種方便善巧來讓大家實證，你一開始就講佛地的境界，而你所說的是如實的，不是虛妄的，眾生將會很害怕，不敢走上這條長遠辛苦的路。所以，佛陀怎麼樣對治這個狀況？佛陀對這樣的現象是怎麼說的呢？請大家繼續來看下文：

經文：【「若眾生但聞一佛乘者，則不欲見佛，不欲親近，便作是念：『佛道長遠，久受懃苦乃可得成。』佛知是心怯弱下劣，以方便力，而於中道為止息故，說二涅槃。若眾生住於二地，如來爾時即便為說：『汝等所作未辦，汝所住地近於佛慧，當觀察籌量所得涅槃非眞實也。但是如來方便之力，於一佛乘分別說三。』如彼導師為止息故，化作大城；既知息已，而告之言：『寶處在近，此城非實，我化作耳。』」】

語譯：世尊又向諸比丘們開示說：【「如果眾生不曾先聽聞二乘解脫道，而只聽聞如來宣說唯一佛乘的話，就不想要面見佛陀，也不想要前來親近，心裡面就會這樣子想：『成佛之道這麼長遠，要經歷很長很長的時間，接受了很多的懃勞苦痛才可以成就。』佛陀知道這一些大眾心中是畏怯懦弱而心志下劣，於是以方便善巧之力，就在這成佛之道的中間處，為了讓大眾先獲得止息的緣故，解說了二乘的二種涅槃。如果眾生已經能夠住於聲聞地的涅槃或者緣覺地的涅槃中，如來在那時就為大眾說：『你們在修行成佛之道的過程中，所作的那一些事情還沒有具足成辦，你們所安住的解脫境界雖然是靠近於佛陀涅槃的智慧，但是應當要觀察並且一一加以比對和思量，你們所得到的涅槃並不是眞實的涅槃。這些都只是如來以方便善巧之力，在唯一佛乘之中加以分別出來方便說有三乘菩提。』猶如那一位在五百由旬惡道險難中的導師，爲了讓隨從的大眾們獲得身心止息的緣故，而化作一個安樂的大城；既然知道大眾身心都獲得止息以後，就告訴大眾說：『收藏大珍寶的處所已經在前面不遠的地方了，而現在這個寶城並不是眞實有，只是我變化所作罷了！』〕】

講義：這就是說，眾生的心量小，不能夠一開始就宣揚唯一佛乘。如果一開始就宣揚唯一佛乘，眾生就不想要來覲見佛陀，不會想要來親近的。譬如我們正覺同修會好了，如果我一開始就說：「來到同修會要開悟明心，得要三十年。」會有多少人來？很難啦！大部分人聽了就想：「三十年！那時我都不知道還有命沒有？」對不對？是如此啊！如果我一開始就這樣，我今天可就沒有人可以用，誰來幫我把這個正法給弘傳下去？所以我們剛開始時（當然也因爲我有濫慈悲的習慣，這也算是個惡習，應該要改），我們讓大家一開始很容易就開悟了，大家一看就知道：開悟不是不可能的，眞的可以。於是開始有人願意來修學。

可是還有更多的人說：「那個開悟一定是假的，如今已是末法時代了，哪有可能？」可是看見那些被印證的人，一個一個寫出來的報告、文章，以及他們講出來的法義不可思議，於是有愈來愈多的人信受。接著就有一些同修開始出來幫助我說法，漸漸地，到了二十年後的今天，才有現在規模的正覺同修會作爲大家的法依止。所以我如果一開始就說：「成佛之道三大阿僧祇劫，來正覺修學想要開悟，至少要三十年。」我可能不到一年就能退隱山林優遊自在了，因爲一定是迥絕無人。因此，弘揚佛法時不能一開始就講唯一佛乘，一定要先讓大家輕易可得證悟；得了以後發覺開悟不困難，那時的同修們來到正覺半年、一年半、二年半就可以開悟，而且是眞的；於是大家有信心了，漸漸地再把整個佛法的脈絡次第內容說清楚；這時因爲大家有信心了，雖然知道說：「原來成佛之道是那麼遙遠。」然而畢竟是可以實證的，不是想像而不可及的，於是正覺同修會就立足於群雄窺伺之中而能屹立不搖。

正覺只是一個小小的佛教團體，竟然拳打北山虎，腳踢南山龍，膽子好大！身量那麼小，膽子卻這麼大，對不對？你們算算看，正覺才多少人？人家大山頭動不動數十萬徒眾、數百萬徒眾，正覺跟人家比起來可就太小了；可是正覺的寶劍厲害，這個劍氣一掃出去，方圓幾十里都死光，就沒有人敢來捋虎鬚。但是，我們弘法卻是有次第性的，我們總是觀察時節因緣：現在可以作什麼，不可以作什麼。一定要先觀察好，我們就這樣安排著一步一步走上來。

佛陀來人間弘法就更困難了，比我們現在更難，眞的比我們更難上無數倍，因爲那時候還沒有佛教，所有修行人都是外道。我們現在比起 佛陀那個年代已經太好了，大家想想看：很多人都宣稱是佛教徒，我們可就好辦事了，因爲佛教徒至少認同佛法嘛！是啊！因爲同樣是佛教中人，他們最多只能夠說我們不是佛教，但他們不會否定佛教。接下來，我們把佛法開始弘傳，也有佛經作依靠，舉證出來時人家可就無法推翻了。當年 佛陀有什麼可以依靠？只有自己可以依靠。我們還有佛經作依靠，當人家否定說你這個法不對時，得要舉出經文證明說爲什麼不對？但是舉出來時一定會證明我們正確，因此佛經可以作我們的依靠。所以我們現在弘法，比起　佛陀那個時代，是好過百千萬倍。

因此，雖然如今仍然是很困難，但大家都不用抱怨；因爲　佛陀遺留給我們的已經夠多了，佛陀幫我們準備好的勝法菜餚已經夠豐盛了，足夠大家吃上一萬年，沒有問題啦！所以，我們弘揚正法要有方便施設，把短期目標、中期目標、長期目標定下來，方便施設以後便去作。但是我們畢竟還有很多聖教上的依靠，佛陀卻是完全沒有的，從一無所有當中要建立三乘菩提，從一無所有當中而去度化眾生，竟然也能成就了佛法在人間的種種基業；因此佛陀必須是具足各種方便善巧，才有辦法施設三乘菩提，這個施設眞的很不容易。也許有人說：「三乘菩提，一定要這樣施設，不然怎麼弘法？這是必然的。」可是諸位有沒有想一想，以前你有覺得這是必然的嗎？沒有！是來到正覺同修會熏習久了，然後才知道說這是必然。

但是，你再去觀察會外那些大法師們，他們對三乘菩提的內涵都還分不清楚。不然的話，你們去瞧一瞧：有哪個大法師出來演講眞正的二乘菩提內涵，以及大乘菩提的內涵？沒有啊！甚至於我們已經發行三乘菩提的　DVD

了，都還沒有人願意出來說明二乘菩提、大乘菩提有什麼異同。什麼地方差異？什麼地方相同？至今都還沒有人出來講。由此可以瞭解，施設三乘菩提是很困難的，並不容易，但 佛陀能從一無所有當中去施設出來，所以顯見 佛陀的智慧勝妙到何種程度，顯然 佛陀很清楚看見說：「眾生但聞一佛乘者，則不欲見佛，不欲親近。」因為眾生什麼都還沒有實證，一開始就聽聞到出離三界生死得要到三大阿僧祇劫以後，全都沒有興趣了；因為二大或三大阿僧祇劫都是不可期待的，而人壽不過百歲，那三大阿僧祇劫根本不是眾生所能看得見的，他們不免懷疑：「你這樣說，我要如何相信？」所以必須先給眾生有一個可信的法，就是出離生死現前可證、一生可得，所以他們實證了出三界的涅槃以後，就不會再這樣想：「佛道長遠，久受懃苦乃可得成。」因為出離三界生死的法已經實證了，現前看見、現前證實，證明 佛陀都不欺人，也就願意接受 佛陀所說的「這只是個化城」的說法，就願意老老實實、本本分分走上三大阿僧祇劫的成佛之道。

《妙法蓮華經》上週講到八十八頁，今天要從第一行「佛知是心怯弱下劣」這一句開始。這是說，眾生無法想像唯一佛乘，也就是無法想像佛菩提道實證成就的長遠，因此假使聽聞一佛乘的妙法，他對於成佛是沒有信心的。那麼 大通智勝佛知道眾生的心對三大阿僧祇劫的實修是畏怯儒弱，而且心志不夠高廣，是下劣的，就以方便智慧之力，在三大阿僧祇劫的中間再過去一些的地方，爲了讓大眾得以止息的緣故，宣說了聲聞、緣覺的涅槃；如果眾生已經住於聲聞、緣覺涅槃之中，又已確定自己在佛菩提中是可以實證的，他心中就有了信心，這時 如來就爲大眾說明：「你們對於眞正解脫之道其實還是所作未辦，而你們現在所住的解脫境界、智慧境界，已經接近於佛地智慧了，所以你們應當要觀察籌量，你們目前所得的這個涅槃都不是眞實的，只是如來以方便善巧的力量，把唯一佛乘加以區別出來而宣說三乘菩提，讓你們可以證得出離三界生死的果報。」

這意思就是說，在佛菩提道中，從初住位開始到達佛地是三大阿僧祇劫，再加上剛開始時信位修行的一個大劫乃至一萬大劫才能夠成就；可是人的一生壽命有限，即使讓所有眾生壽命都可以達到一百大劫，比起三大阿僧祇劫仍然是如同白駒過隙，好像一匹白馬快跑而通過一條很窄的線一樣，一呼就過去了。

也許諸位想：「我們現在人壽百歲，有的人都嫌自己活得太久，要鬧自殺；他活一百劫，你還說他人壽太短嗎？」是的！如果以三大無量數劫來比的話，根本不成比例；這樣比較下來，一百大劫的壽命仍然是太短、太短。你告訴他，要三個很大的無量數劫才能成佛，他一定跟我們大眾一樣，腳底都涼了，沒力氣了，一定腳痠腿軟。想想看，主持禪三，我只不過三天的勞累而已，可是到後面二天我通常都在大殿裡面，也是腳底板痠得要命。如果要走三大阿僧祇劫，你想想看：也許身子不累，心可都累了。所以你如果不先講二乘菩提，不先讓大家實證二乘涅槃，直接就講大乘菩提，大家一聽就想：「我又不是瘋子，爲什麼要相信這個說法？三大阿僧祇劫以後才能成佛的事，誰知道呢？」他們心裡面會這樣想。所以，這時諸佛以方便善巧從唯一佛乘裡面，分析出二乘菩提來，方便引導眾生進入佛法中來。其實本來沒有二乘菩提，就只是成佛之道；但是要先讓眾生有所實證，他們心中才能證實佛菩提是可以完成的。就好像說，父母親交代孩子：「你今天要把某些工作完成，我才會給你糖果。」可是孩子不信：「因爲工作完成是要到晚上，我怎麼知道眞的有糖果可得？」所以，有智慧的父母親就拿出一包糖果來：

「我現在先給你一顆，但你今天要全部作完，我才能全部給你。」他相信了，因爲有一顆已經到手，又看見那一包在那裡。

就好像說：「聲聞菩提已經實證了，緣覺涅槃我也實證了，現見佛陀的智慧與福德無邊廣大，這是可以期待的，因爲佛陀已經先給我一小部分了。」同樣的道理，當眾生追隨 世尊一個無量數劫之中，努力勤行菩薩道，可是來到這一世，眼看著 佛陀的智慧與福德如此廣大，眞是遙不可及，心想：「我什麼時候才能到達佛陀的地步呢？沒什麼希望。」所以，這時就要趕快幫他們實證二乘菩提，然後佛菩提之中應該有的，他們過去熏習過的，現在就趕快繼續塞給他們，然後他們在這一世就可以入地了。入地了就有把握，因爲自己很清楚知道未來成佛之路該怎麼走，有哪些內涵；他已經知道了，所以他就有把握，不會再想要入無餘涅槃，這就是 佛陀的方便善巧。如果都沒有辦法實證，大家就沒信心了。

所以，在弘法度眾的過程裡面，一定要有實證的結果出來，眾生才會信受。不但剛開始時如此，證悟後開始進修的每一個階段也都要是如此。就說我們正覺同修會好了，七年之中都沒有人可以眼見佛性，大家都認爲自己沒希望了，都想：「我沒希望看見佛性的，所以明心就好了。」大家都這樣想。可是去年有人看見了佛性以後，大家又開始有信心了，又開始拚福德及定力了。所以現在又有人努力前仆後繼，也許明年春天、明年秋天又會有人見性，這就很難說了。所以，度眾生不能夠一開始就講「一佛乘」，一定要講三乘菩提的內容。

大迦葉他們已經明心了都還會如此，何況是眾生完全沒有實證，當然更是如此；所以一定要區分爲三乘菩提，把容易證的先讓大家實證，成爲初果、二果、三果、四果以後，再繼續演講佛菩提，這時陸陸續續把他們走上成佛之道時應該有的智慧繼續給他們，於是他們入地以後就可以發起大心了。但是，雖說已經有佛菩提的聖種性了，有大心了，大家終究覺得還不是很有把握，因此得要演講《妙法蓮華經》爲大家授記；授記了，這總不是假的，連未來多少劫以後值遇多少佛，將來成佛是什麼佛號，連國土的名號、住世多久、弟子眾的狀況都已確定了，當然心得踴躍，於是大家都信受了。這當然也包括還沒有被授記的人，眼看著這些大阿羅漢菩薩們都被授記了，他們當然跟著信心十足。所以，到他們也成爲阿羅漢的時候，他們就更有信心，就必須要告訴他們說：「你們所得的涅槃其實還不眞實。」他們才會懂得還沒有成佛，還得繼續進修。

爲什麼說二乘菩提所證涅槃不眞實呢？這當然要說清楚，總不能夠隨便說人家不眞實就不眞實吧？以前沒有人演講涅槃的義理，偶爾有人講的時候，又是東拉西扯一堆莫名其妙的說法，然後就說：「實際上，涅槃是不可思議、不可說明的。」但是我們已經把它講清楚，所以很簡單的一本薄薄的《邪見與佛法》，很多人讀了以後就說：「原來涅槃是這樣！以前都不懂，現在已經知道了。」但讀過以後也只是知道二乘涅槃，也還無法實證。可是二乘涅槃爲什麼不眞實呢？當然要爲大眾說明，不然未來世還是會有人講：大乘涅槃是施設，二乘涅槃才是眞的。

就像十幾年前，歐美還有一些信奉一神教的學術界人士在毀謗說：「釋迦牟尼佛不是歷史上眞正出現過的人物。」這麼明確的歷史證據、法義證據都還存在時，他們都還可以這樣硬拗了，當然這個道理一定要講清楚：爲什麼二乘涅槃不眞實。譬如說阿羅漢所得涅槃使他們生起了解脫的智慧，但他們仍然不曉得因緣法的內容，所以他們縱使得了有餘涅槃、無餘涅槃，也仍然不眞實，因此他們無法獲得辟支佛的功德。那麼 佛陀就爲他們演述因緣法，於是阿羅漢們聽聞之後繼續作觀行，把因緣法一一加以現觀而實證，因此他們才具有辟支佛的功德，就稱爲緣覺；他們不可以稱爲獨覺，因爲是從佛陀聞法而悟得因緣法，不是自己悟入的，所以仍然稱爲阿羅漢，叫作聲聞。

但是，聲聞地與緣覺地所證的涅槃，仍然是有餘涅槃、無餘涅槃。他們捨壽之後把五蘊十二處十八界滅盡，入了無餘涅槃中，永遠「不受後有」，三界中再也看不到他們了，因爲他們都只剩下本際如來藏無形無色而離見聞覺知，不再於三界中顯現身口意了，都沒有五蘊身心存在了；那麼請問，這時候還可以說他們有證涅槃嗎？有誰證涅槃呢？有誰入了涅槃呢？沒有啊！無餘涅槃中是沒有人證的，不論是阿羅漢或辟支佛都如此。他們入了無餘涅槃之後，那個無餘涅槃裡面沒有阿羅漢身心，也沒有緣覺的身心存在，那麼，請問是誰證涅槃、住涅槃？這時候還能說有涅槃嗎？當然沒有涅槃可證可說了。因爲如來藏不覺知自己住於無餘涅槃中，而聲聞、緣覺的蘊處界也已滅盡，無人、無我、無一切法，那樣的涅槃怎能夠說是眞實的呢？所謂眞實，一定是能夠觀察的人繼續存在，而且有一個眞實不壞的法——一個不生不滅、不生不死的常住法存在而被觀察著，那個涅槃才能說是眞實的涅槃。他們入了涅槃滅盡五陰十八界，已經無人、無我亦無法，一法不存，連能觀的人都不存在了，怎麼能說他看見涅槃？怎麼能說那樣的二乘涅槃是眞實的呢？

現在應該有人會這樣子想：「我知道了，就是咱們明心後，證那個本來自性清淨涅槃。那當然是眞實了，因爲我的五蘊仍然存在，但是我的五蘊已經現前看見我的涅槃；因爲我的如來藏不生不死，如來藏本身的境界不生不死，就是涅槃。」對啊！看來是不錯，其實仍然是錯了，爲什麼呢？因爲二乘聖人—那些無學聖人—已經斷盡了思惑，可是你明心之後思惑還沒有斷盡，那又如何能夠說這個涅槃是眞實的呢？因爲下一世還得要繼續生死。這樣想起來，又好像二乘涅槃眞實了？其實也不然！因爲二乘涅槃，他們阿羅漢入了無餘涅槃以後，無人、無我亦無法，縱使不入涅槃，迴向大乘繼續修學，也只是斷了分段生死，可是他還有許多三界習氣種子存在，那些習氣種子都得要繼續斷除才行。

當他們有一天把三界習氣種子都斷盡了，不再有煩惱障來引生他的生死了，又因為修學佛菩提而有無生法忍，可以進入第八地了，八地境界就是「五百由旬中過」的「三百由旬處」；這個地方是遠比阿羅漢的涅槃更勝妙的，這是八地菩薩的境界，也還沒有成佛。阿羅漢同樣是斷盡了思惑，同樣是可以入無餘涅槃的，但是阿羅漢們得要回頭去走完那一段斷除習氣種子的過程；而八地菩薩不必回頭，八地菩薩在斷盡思惑前，已經同時把煩惱障所攝的三界習氣種子都斷盡了，但阿羅漢們習氣種子還沒有斷盡，所以這時 佛把那個化城滅了說：「你們這個涅槃不眞實，還要回去把以前所得的寶物去撿回來運用。」他們想：「我還是得要回去，再從斷除三界習氣種子開始。」至於入地所須要的那一些智慧，佛陀在第二轉法輪、第三轉法輪時就已經塞給他們了，所以他們所得的有餘、無餘涅槃雖然與八地菩薩相同，當他們明心後也通達般若了，假使眞的要走上成佛之道，都得要回到初地重新開始，把煩惱障的習氣種子一一去斷盡，才算是重新再回到「五百由旬中過」的三百由旬處。

可是將來進入到第八地了，就是眞實的涅槃嗎？也還不眞實，因為仰望佛地猶在遙遠，因為還有許多無記性的種子以及業異熟的法性仍然不很懂；所以談到某某人他這一世如何，他過去世無量劫前的因果是如何，還是無法具足了知，如來藏中的各類種子也還沒有全部實證，得要諸佛才能具足了知，所以八地時的涅槃，仍然不能說是眞實，還得要繼續進修一大阿僧祇劫；把這一大阿僧祇劫的道業完成後，再加上一百劫努力專門修集福德，具足三十二大人相、八十種隨形好及無量好所應有的福德時，才終於成爲妙覺菩薩，成爲一生補處最後身菩薩，在某一尊佛座下幫忙攝受聲聞相與菩薩相的出家菩薩們，被授記當來下生成佛；然後往生兜率天宮爲有緣人說法，觀察因緣成熟時再下生人間來成佛。成佛時，大圓鏡智、成所作智都具足生起了，妙觀察智與平等性智也都圓滿了，不再有任何的無知了，這時四智究竟圓明，才能夠說是眞實涅槃。

這樣想想看，二乘所得的涅槃，利根的人一世就能完成，鈍根的人如果很精進在人間修行，四世也能完成；這比起成佛之道的三大阿僧祇劫，如何能夠相提並論？所以二乘涅槃當然非眞實，因爲成佛之時應該斷的還沒有斷盡，應該去除的無明還沒有全部去除，應該發起的大圓鏡智、成所作智都還沒發起。那麼到了佛地，不住生死也不住涅槃中，卻是究竟的解脫，連如來藏中的種子變易都不再有了，這樣的解脫才是究竟，這樣的無住處涅槃才是究竟，才是眞實；此後永遠於十方三界中利樂眾生無窮無盡，但是沒有絲毫的生死種子存在，不論是分段生死或者習氣種子的生死，乃至無始無明的異熟種都沒有了，如來藏含藏的一切種子全都究竟不變，成爲常樂我淨，這樣才是眞實涅槃。

所以，如來最後說：「**但是如來方便之力，於一佛乘分別說三。**」也就是說，這都只是 如來的方便之力，本來就是只有唯一佛乘，除了一佛乘以外，沒有三乘可言。但是，爲了眾生心志怯懦下劣，不得不先給眾生一點甜頭，實證了二乘涅槃而證實不生不死的境界，不必再於十方三界中困頓生死，於是大家具足信心願意修行；這時候才來說明一佛乘，才爲大家說明：本來就是只有一佛乘，三乘菩提是方便說。這其實就像那位在五百由旬的險難惡道中引導眾人通行的導師一樣，爲了令大眾得以止息的緣故，在中過的三百由旬之處化作那個涅槃大城，讓那個大城成爲大眾暫時休憩之地；等到大眾心得安隱，身心的疲累消除了，這時就把化城滅掉。

從表面看來，滅掉化城好像很殘忍：竟然把化城滅掉，不讓眾人繼續在那邊安樂了。但這完全是大慈大悲才作得到。化城一旦滅掉，大家瞧一瞧：我來到這個地方已經距離因地很遠了。距離初發心的時候眞的很遠了，現在來到這個地方看到佛地在那邊，又好像不是遙不可及，似乎是可以到達的；於是化城雖然滅了，也願意繼續往前走，所以世尊告訴大眾說：「**寶處在近，此城非實，我化作耳！**」說明了大寶藏的所在，也顯示佛地距離現在這個地方其實已經很近了，就說：「**這個讓大眾暫時休息的寶城眞的不眞實，只是我變化所作。**」

以往有很多人對《法華經》的所說不太信受，因爲實在無法想像。以人類百年的壽命而言，經中說的諸佛這些境界確實無法想像，然而無法想像並不代表就是假的。例如以前人家說我們的大地其實是圓球形的，那時的地圓說沒有人願意相信，只有科學家相信，天主教會大力反對。又如哥白尼的日心說，直到死時才敢發表出來，他主張地球除了自轉以外還是圍繞著太陽運轉的；教會與信徒們一樣大力反對，教會甚至把極力推廣日心說的天文學家布魯諾處死。以前若是說人類有可能到月球去，也沒有人相信，後來也成功了。以前有人讀到佛經講的十方虛空有無量的世界，當時的科學家們也不相信；但現在科技發達，太空望遠鏡拍攝出來時，證明無邊虛空中眞的有無量無數的世界；可是現代科技所見，終究還無法超出我們這個蓮華藏世界海中的這一層；連這一層的全部世界都還無法具足看到，所看見的才不過這麼多而已，可是無邊的虛空中還有很多的世界海，都是像蓮華藏世界海一樣的廣大。

也許有人會說：「既然還沒有拍攝出來，我就不相信，我只相信已經證實的。」那麼人類登陸月球，信不信？信啊！可是，同樣的情形，在還沒有人類登月之前，就有很多人不相信。地球是圓形的，信不信呢？以前的人不能講地球，若講大地是球形的，要被教會砍頭；因此以前只能說大地是平的，又是四方的，因爲當時的信仰就是這樣子。然而地球世界顯然是處在虛空中，不是平面的。所以，不能想像的不代表它不存在，就好像正覺同修會出來弘法之前，大家都無法想像如來藏，對眞如都只能想像而說那只是一種思想，不可能有如來藏，眞如是不可證知的，便主張是方便說。但是，事實上如來藏眞的存在，如來藏顯示的眞如法性也眞的可以現觀，不單單是方便說。所以經中有許多法，咱們不知道的時候不能夠就說那是假的。

但是，如果是僞經呢？它的內容自相矛盾，也不合邏輯，當然要說它們是假的，密宗的密續等經典，例如《大日經》、《金剛頂經》、《佛說一切如來眞實攝大乘現證三昧大教王經》……等，當然都是僞經。眞正的經典不會有前後矛盾的情形發生，也不會有自相矛盾或者跟別的經典矛盾的情形發生，當然不會違背邏輯學的檢驗；但是，密續等僞經自己所說就已前後矛盾，還不必提到跟別的經典互相矛盾。所以，如果有能力分辨眞經、僞經的時候，對於眞經裡面某一些我們所不知的內容，不應當否定；因此，在正覺弘法之前，有許多的山頭也說只有唯一佛乘，但也說沒有佛菩提，主張唯一佛乘就是阿羅漢所證的解脫智慧和果位，倡導者是印順法師，日本人也加以呼應，然後台灣佛教的許多大山頭跟進，同樣不承認有如來藏，也公開承認唯一佛乘，卻只是聲聞菩提。可笑的是，連他們提出來的聲聞菩提，法義也是錯誤而不能實證的。所以《法華經》的所說，雖然難以思議，不容易想像，但它完全是如實說。可是講到這裡，恐怕有的人忽略了某一些道理，因此 世尊想要重新把它用偈頌再講一遍，這叫作重頌。我們

來看 世尊怎麼開示：

經文：【爾時世尊欲重宣此義，而說偈言：

大通智勝佛，十劫坐道場；佛法不現前，不得成佛道。
諸天神龍王、阿修羅眾等，常雨於天華，以供養彼佛。
諸天擊天鼓，并作眾伎樂；香風吹萎華，更雨新好者。
過十小劫已，乃得成佛道；諸天及世人，心皆懷踊躍。
彼佛十六子，皆與其眷屬，千萬億圍繞，俱行至佛所；
頭面禮佛足，而請轉法輪：「聖師子法雨，充我及一切。」
世尊甚難值，久遠時一現；爲覺悟群生，震動於一切。
東方諸世界，五百萬億國；梵宮殿光曜，昔所未曾有。
諸梵見此相，尋來至佛所；散花以供養，并奉上宮殿，
請佛轉法輪，以偈而讚歎。
佛知時未至，受請默然坐；三方及四維、上下亦復爾，
散花奉宮殿，請佛轉法輪：「世尊甚難值，願以大慈悲，

廣開甘露門，轉無上法輪。」】

語譯：【此時世尊想要重新宣達這個義理，於是以偈頌這麼說：

大通智勝佛證悟之後，整整十劫坐於道場中；佛法竟然還不曾現前，因此不得成就佛道。

這時諸天神、龍王、阿修羅眾等，常常以天華從空中散放下來，用以供養大通智勝佛。

諸天同時在這十小劫中不斷地敲擊天鼓，並且由忉利天的犍闥婆神們演奏種種的美妙音樂；還有香風徐徐地吹著，凡是已經枯萎的天華就把它吹走，再從空中散下新而妙好的天華。

諸天這樣子供養了十個小劫以後，大通智勝佛方才成就佛道；這時諸天以及世人心中，都懷著踴躍之心。

大通智勝佛出家前所生的十六位王子，全都與他們的眷屬共有千萬億人，圍繞著他們十六位王子一起來晉謁大通智勝佛；

大眾以頭面頂禮佛陀足下，而請求大通智勝佛轉法輪，他們這樣想：「神聖的佛法獅子，以法雨來充潤我們及一切的眾生。」

諸佛世尊非常難以值遇，總是經過久遠的時間才偶然有一尊佛出現；大通智勝佛正是因爲如此，爲了要覺悟諸群生，讓大家知道已經有人成佛了，所以震動於十方無量世界。

這時東方無量世界中，有五百萬億佛土都被震動了；並且諸大梵天王的宮殿都蒙大通智勝佛的殊勝光明照曜，這種景象是過去所不曾見過的。那東方五百萬億國土的所有大梵天王看見這樣的相貌，立即來到大通智勝佛的所在；一起散花來供養大通智勝佛，並且全都奉上自己的宮殿，同時也請求大通智勝佛轉法輪，也同時以偈頌來讚歎大通智勝佛。

然而大通智勝佛知道說法的時機還沒有成熟，因此受請之後依舊默然而坐；然後其餘西方、南方、北方，以及東南、西南、東北、西北方，和上方、下方各五百萬億國土的所有大梵天王們也都來到了，

大家同樣都散花和奉上宮殿來供養，同時請求大通智勝佛轉法輪：「世尊非常難以值遇，願世尊以大慈大悲，廣爲眾生打開甘露門，運轉無上的法輪。」】

講義：這是重新把前面講的道理，以偈頌再作一次比較簡單扼要的說

明，讓大家不容易遺忘。這首偈的前四句，大慧宗杲曾經拈提出來說。克勤圓悟大師在世也曾拈出這四句，請問諸方證悟的大師們說：「大通智勝佛，十劫坐道場；爲什麼佛法不現前，不得成佛道？」祂明明已經證悟了，爲什麼繼續坐於道場十劫，而佛法還不能現前？爲何仍然不能成就究竟佛道？當代沒有哪一位大師能夠答覆他，因爲當代沒有別人可以知道其中的原因。不能知道其中的原因，是因爲不知佛性的境界，所以無法通達。以前我們也講過這個道理，可是後來整理在書中流通出去，會外的人其實讀了也是不懂的。這就是說，明心跟眼見佛性是不一樣的，因地時如此，到達佛地時仍然如此。開悟明心時只是知道如來藏的所在，能夠現前觀察祂確實眞實而如如，還具有各種法性；可是這如來藏的本覺性，卻可以在山河大地上看見；絕對不是妄知妄覺，而是如來藏的本覺性，眞的可以看得見，祂跟八識心王和合在一起，跟見聞覺知性和合在一起。這就沒有人能知道，只有我們正覺同修會能演說這個法，能教人實證這個法，才會懂得「大通智勝佛，十劫坐道場」，爲何「佛法不現前，不得成佛道」的道理。問題來了，《大般涅槃經》說：有些菩薩一直修到第九地，不曾看見佛性，他就無法進入第十地，他還得回來把十住位這個眼見佛性補上了、實證了，才有辦法入第十地。如果現在有眼見佛性，將來九地時自然可以順理成章前進，想要轉入十地就很快速。

同樣的道理，大通智勝佛悟了才能說是「坐道場」，「坐道場」就是證悟的意思。問題是，祂證悟而坐於道場中，為什麼十劫之中佛法不現前？現代佛教界都沒有人知道。千年前如此，現在依舊如此，因此我們還得把它講解一下。這就是說，明心之後，大圓鏡智現前了，可是還欠缺一個大神用。那個大神用，屆時還得要眼見佛性了才能夠發起，而且是佛地開悟後的眼見佛性才能發起。當最後身菩薩開悟後，坐在那裡好像已經成佛了，因為大圓鏡智現前了，妙觀察智、平等性智也已經圓滿了——上品的一智圓滿了；然而，若是沒有眼見佛性的時候，成所作智不會現前；這個智慧若不現前，就沒有諸佛應該有的實質。諸佛是可以六根互通的，也是八識心王可以各自獨立運作的，連妙覺菩薩都無法想像；也就是說，連最後身菩薩都還無法想像，一直到即將成佛「坐道場」了，也還是無法想像，所以說「佛法不現前，不得成佛道」，還不是真的成佛。只因為這時還沒有眼見佛性的緣故，成所作智便不能現前，就無法成佛。

所以，明心與見性是完全不同的法性，然而佛教界自古以來有多少人知道？可以舉一個例子來說。將近一千年，天童山宏智正覺大師，他被大慧宗杲公開數落了一、二十年，不曾回過一句嘴；那些無知的人都說：「哎呀！這天童禪師眞的是修養好。你看，大慧宗杲把他罵到臭頭，他都不曾回過一句話。」然而，天童宏智是聰明人，因爲教界都會互通訊息的，大慧宗杲有時候會講一點眼見佛性的法，他聽不懂，無法想像。這麼一來，再看看大慧在明心上所講的法也都完全如實，與自己所證無絲毫差異，但卻說出了那個眼見佛性的內涵，是自己完全不懂的。天童宏智是聰明人，一聽就知道層次不一樣，所謂高下立判，這時他能說什麼嗎？當然不能。但是大慧禪師說他，也是說得很有道理，天童自己也很清楚這是事實。明心這個法，教人家打坐默照，是很容易誤會的，連他的得意弟子——那個當大官的鄭昂，也都還弄錯了，所以大慧說的不無道理。他當然知道大慧終究不是無理辱罵，也不是輕視他。所以，大慧宗杲被宋高宗從嶺南放回來的時候，他第一件事情不是去住持育王山，而是去拜訪天童宏智，想要幫他弄清楚，因此二人就成爲莫逆之交。

諸位想想，千年前眞正明心的人都已經如此；千年後的今天，連斷我見的人都找不到一個，明心就更甭提了，何況是眼見佛性之法，他們怎能理解？還有誰能夠知道這個道理呢？可是，克勤老和尚那時候早就說了，他往往會提出來問諸方證悟者，總是沒有人能回答他。這是因爲若沒有最後的眼見佛性，就不會有成所作智現前，佛地的無量無邊不可思議功德，非妙覺菩薩之所能思議的功德，就不會現前，就無法具足佛道。這個道理難聞、難知、難證，很多人不懂，就說：「這是不可能的，已經開悟坐道場，當然這時已經成就佛道了，怎麼會十劫不成佛道？」就說：「這都是後人胡思亂想亂編造經典，《法華經》也是後人創造的僞經。」其實不然，這是有道理的；而且這個道理，古來少人知。所以說：「這一次眼見佛性了，看起來是有功德受用，但是我這個佛菩提的智慧好像不是增長很多。」有人往往會這樣感覺，可是在未來，特別是到了第十迴向位開始，那差異可就很大了！因爲這個眼見佛性，對於未來的如夢觀有很大的作用，可是卻沒有人知道，因此我們特地把這個部分再作一些增說。雖然前面已經有講過一次，這裡無妨再講一次，讓大家加深印象，就好像 佛陀的重頌一樣。

那麼，這一段經文說的是：說法以前當觀察時節因緣。東方五百萬億國土的所有大梵天王來請轉法輪時，大通智勝佛只是默然，因爲祂已經看清楚了，總共十方各五百萬億國土的大梵天王都應該前來，他們是有緣可以聽聞妙法的，他們都應該來聽法，所以默然而坐；一直到全部都到齊了，才是開始轉法輪的時機。那麼，世尊接著又說：

經文：【無量慧世尊，受彼眾人請，爲宣種種法：四諦十二緣，

無明至老死，皆從生緣有；如是眾過患，汝等應當知。

宣暢是法時，六百萬億姟，得盡諸苦際，皆成阿羅漢。

第二說法時，千萬恒沙眾；於諸法不受，亦得阿羅漢。

從是後得道，其數無有量；萬億劫算數，不能得其邊。

時十六王子，出家作沙彌；皆共請彼佛，演說大乘法：

「我等及營從，皆當成佛道；願得如世尊、慧眼第一淨。」

佛知童子心，宿世之所行；以無量因緣、種種諸譬喻，

說六波羅蜜，及諸神通事；分別眞實法，菩薩所行道。

說是《法華經》，如恒河沙偈。】

語譯：世尊開示說：

【無量智慧的大通智勝佛，接受了那麼多大眾的請求，於是為大眾廣為宣揚種種的佛法：所謂四聖諦、十二因緣，無明乃至老死，都從生緣於有而開始的；像這樣的種種過失與災患，你們都應當要知道。

當大通智勝如來宣揚到淋漓盡致的時候，六百萬億姟的眾生，可以窮盡諸苦的邊際，而全部成為阿羅漢。

大通智勝佛第二次再宣演四諦、十二因緣法輪的時候，有千萬恒河沙數的大眾；於諸法都不再接受，因此也都同樣證得阿羅漢。

從這時開始仍然有許多的眾生繼續證得阿羅漢道，他們的數量沒有辦法計算；假使以萬億劫的時間用算數來計算，也是無法算出正確的邊際數目來。

當時十六位王子，都出家作沙彌；他們也都共同請求大通智勝佛演說大乘法，他們這樣請求：「我們十六個人以及所有追隨的侍從們，未來也應當成就佛道；希望我們可以如同世尊一樣，智慧之眼是世間第一清淨。」

大通智勝佛知道童子們心中的願望，也知道他們過往無量世以來所修行的內容；於是以無量的因緣、加上種種不同的譬喻，爲他們演說六度波羅蜜多，以及種種的神通事相；

這樣子爲大眾分別眞實的佛法，就是菩薩的所行之道。演說了這一部《法華經》，如同恆河沙數那麼多的偈頌來加以說明。】

講義：這一段是重新說明，大通智勝如來爲大眾宣演種種法，同樣是剛開始時先轉聲聞、緣覺法輪度化眾生，講的就是三轉四諦十二行法門。三轉四諦十二行法輪之後再說明因緣法，所謂十二支因緣法，從無明緣行、行緣識、識緣名色，乃至取緣有、有緣生、生緣老病死憂悲苦惱。但是，特地說明這十二有支，從無明乃至老死都是因爲有生，有生的原因都是因爲緣於後有，這意思是說無明緣行，乃至生緣老死憂悲苦惱，都從後有而來，如果不是因爲後有，就不會有十二有支。但是，後有指的是什麼？爲什麼人們取了種種法以後，必然會有後有？這就是說，因爲業果的異熟。對於業果的異熟無所知，所以在世間不斷地造作善業與惡業，以及造作各種不同的無記業，同樣加以執著；造作惡業不是執著惡業，而是執著造那個惡業所得到的不正當的利益，於是被業果所拘繫，不得不下墮三惡道。有沒有人願意下墮三惡道呢？一定沒有。可是為什麼總是會有人下墮三惡道？因為有惡業的異熟種子，自然就會產生後世的三惡道果報，卻是沒有人願意去受；但因為惡業種子的異熟果本來就如此，這就是因果律，而如來藏自然地就實行這個因果律。

如果造作善業呢？一樣會有後有，因為想要在後世生天受樂。一般人的想法是：「生天受樂，好多天女陪著我，多享受！」於是他就去造作善業，死的時候一心一意想著：「我這一世作了多少善事。」於是欲界天的景象現前，他想：「好多美女在那邊，我過去瞧一瞧，欣賞欣賞啊！」然後知道她們原來都是在等他，於是他就生到欲界天去了。乃至他執著清淨業，於是修得禪定，上生到色界天去，還是後有啊！當他對色界定有了愛樂之心，就會有後有；於是捨報的時候，色界境界現前，他就生到色界天去了。若是對無色界有愛樂之心，貪著於四空定的境界，於是死後就生在無色界了。

所以，對三界的種種有，只要有取——喜歡取三界的種種有，他就會有後有。所以，每天打坐修定，如果他修得未到地定，並且也有修十善業，他一定會往生去他化自在天；如果有欲界定，修十善業，可能是化樂天，若沒有欲界定，乃至可能只生到四王天中，這就是因為他對「欲界有」有所喜樂。

如果他證得禪定，每天得要入初禪坐一坐才行；他很喜歡那個境界，厭惡人間和五欲境界，保證他死後會生去初禪天，通常是在那裡當梵眾天，這就是後有，那個對初禪境界的喜悅愛樂就是後有。那麼，其他的禪定境界就不談它，因爲同樣都是後有。只要他有貪著、有喜樂，就是後有，就是取了——取後世的色界有或者無色界有。

接著，例如有人想：「我對生天沒興趣，我也討厭三惡道，我只喜歡人間，那我不造惡業了，可以吧？」行啊！他每天熏習一些世間的技藝、各種技術。有的人說「我喜歡烤麵包」，有的人說「我喜歡當名廚」，有的人說「我喜歡製造交通工具」，「我喜歡什麼、什麼……。」這些都不會傷害人，他們做出來賣錢，這都是無記業，就會維持他原來的異熟果——繼續當人。有的人說：「我喜歡藝術，我研究應該怎麼生活才有高尚而且美好的韻味。」這叫作生活的藝術，都不害人；但是叫他來利樂大眾，他也沒興趣，他一天到晚就在忙這些生活上的事情，都屬於無記業。這無記業的愛樂或者執取也是後有，保證他下一世還會生在人間，繼續當個藝術家或者當個工業家，當各種的行家，全都是後有。

總而言之，只要是三界中的法——一切三界有，只要他對三界有裡面的某一個法有所愛樂，就成爲取得後有；這個後有的獲得就是因爲取，就是取各種三界的境界，取各種三界法。可是，之所以會有十二支因緣法不斷地現前，都是因爲出生了，緣於種種有；如果不是因爲出生在三界中，緣於三界中的有，就不會有十二因緣等有支。大通智勝如來吩咐說：「**像這樣的種種過患，你們都應當要知道。**」三轉十二行法輪不是講了很多過患嗎？接著再從十二有支來講，說一切都是從「**生緣有**」開始的；那當然就顯示了很多很多的過患，告訴大家說：「**你們都對此應該要知道。**」

爲什麼要從「**生緣有**」來講？因爲一切有情受生以後就會執著有我；縱使是佛門修行人，他口中再怎麼說他不執著自我，也還是執著。例如應成派中觀師，他們號稱是所有佛法中最殊勝的，認爲別人都不值得一提，所以他們都要加以評判；可是他們有沒有中道觀的實質呢？沒有！例如他們說斷我見（因爲佛法裡面一定要講斷我見，因此他們也宣稱有斷我見），但他們的斷我見跟佛法中的斷我見卻是不一樣的。他們另外施設一個我見——與佛法中說的我見不同的另一個我見，再把那個施設的我見斷除了，便叫作斷我見。就好像說，人們依舊住在人間，有可能下墮三惡道；但他們不談那個三惡道，卻另外施設一個別的三惡道，然後說：把那個三惡道砍了以後就沒有三惡道了，這就是應成派中觀的妄想。

斷我見是應該把意識觀空，了知意識的緣生：其性無常故空。乃至對色陰、想陰、受陰、行陰也都是如此，才能夠說他是斷我見。可是，應成派中觀師們宣稱斷我見以後，卻出來主張說：「色身眞實，覺知心意識眞實，淫樂的觸覺也是眞實不壞的，所以我們要修樂空雙運。」所有應成派中觀師都說已斷我見，卻又同時都修樂空雙運，永不棄捨雙身法；然後再主張說意識心是常住的空性，宗喀巴更明白說淫樂的觸覺是常住的空性，他又把淫樂觸覺叫作俱生樂，認爲也是空性。因爲他們如果不主張說意識心常住，他們的樂空雙運就不能成立；既沒有意識心的常住性可說，他們要怎麼去領受樂空雙運的快樂境界呢？因此就主張覺知心意識與淫樂觸覺都是空性。但是那樣根本就是沒有斷我見，落在色陰、識陰以及受想行陰裡面，五陰我具足存在。五陰的一一陰，應成派中觀師都認爲是常住不壞的，所以我見中的所有內涵沒有一個是被他們否定的。可是他們依舊宣稱已經斷了我見，原來宗喀巴等人自稱斷了我見，只是在五陰之外另外施設一個我見而去把它斷掉，就說那樣叫作斷我見；於是他們就可以堂而皇之繼續搞樂空雙運，繼續主張意識常住。像這樣荒誕的虛妄說法，也有許多人相信！

再說一個譬喻好了，大家都說某甲是死刑犯，應該要被殺掉；因爲依據法律判刑確定了，已經定讞了。然而有一個監獄，他們怎麼樣處決某甲這個死刑犯呢？他們另外去製作一個假人，寫上某甲的名字，然後把「他」槍斃了，就說已經對某甲執行死刑完畢了。那麼諸位接受嗎？當然不能接受。然而密宗就是這樣子，在宗喀巴的《菩提道次第廣論》中，就是另立一個我見（編案：詳見《正覺電子報》〈廣論之平議〉連載），不是佛陀所說的我見內涵，他說只要把那個被設立的我見除掉了，就是斷我見了。

所以我說密宗的法，全都是以假代眞，他們的那些法就是取欲界有；不但取欲界有，他們還取畜生有、地獄有，爲什麼呢？這是因爲他們自己所講的：母親、女兒、舅媽都可以拿來當空行母。這不是「畜生有」與「地獄有」嗎？對嘛！就是畜生有。可是我告訴你，有很多畜生，牠們卻不會這樣亂倫的，那牠們的層次顯然遠高於密宗的上師們。牠們不這樣亂倫的，你若不信，可以看那些小公獅，牠們只要是即將長大了，就被母獅群力趕出去，不讓牠們留下來，都不會亂倫嘛！結果生而為人，而且號稱是清淨的修行人，竟然這樣亂倫，已經成為畜生有，將來死後一定會去當畜生；並且當不了那一種不亂倫的畜生，一定是成為層次很低的畜生，才會不辨尊親。如果他們進而主張第八識如來藏是假名施設而非有等破壞大乘法的言論，那可就是地獄有，這也是取後有；那他們將來就要生到什麼地方去呢？生到他們所取的後有，也就是地獄有、畜生有之中。可是未來很多劫以後地獄有回來之時，還沒辦法馬上回到畜生有之中，因為他們在人間欺騙了多少善心人的錢財，一定要去餓鬼道經歷過很多劫。這眞的很恐怖啊！可是他們一點都不知道恐怖，還夸夸其談而說自己已經成佛了。

譬如說，如果人家拿了一把寶劍，那把劍叫作吹毛劍；只要把寶劍的劍鋒向上，拿了一根毛髮跨在劍鋒上面，用嘴一吹，毛髮就斷成二截了，這夠鋒利了吧？如果人家拿了這一把寶劍，往你這邊眉心一直靠近，而你被綁在這裡不能動，你是躲不開的，那你會不會覺得很毛？會不會覺得很緊急？一定會嘛！可是一個剛出生、剛會坐的嬰兒，你把那寶劍無論怎麼樣逼近，他都無所謂，因為他對寶劍的厲害完全無知。密宗這一些喇嘛上師們，就等於那個才剛會坐的六、七個月的嬰兒一樣，他們根本不懂後有與因果律，然後騙大家說「我全部都懂」。如果有一個剛剛學會坐著，那個坐在地上的嬰兒告訴你說：「你們都不必去學什麼謀生技術，你們只要跟我學習就行了。」你信不信？不信！可是現在很多人信那些亂學而不懂佛法的喇嘛們，都跟著他們一樣落在各種不同的後有裡面。

這些後有都是從生開始的，有生就緣於後世的五陰有，都是一出生就開始緣於後世的五陰有了；然而後世的五陰有，卻是這一世活著時就不斷在取著的。所以十二緣起最重要的道理就在這裡，都是從活著時不斷地執取後有，於是有來世的生；未來一出生，就開始緣於後世的五陰有，所以十二有支就輪轉不斷。大通智勝佛吩咐大家說：「有這樣多無量無邊的過失與災患，你們都應該知道。」那麼，釋迦世尊就是慈悲，特地把這裡點出來；也就是說，受生執我，就是眾苦的根源。因此，只要單指「生緣有」，讓大家特別注意這個部分，只要有出生就會緣於五陰有；若不受生，就沒有後世的一切有，就不會有後世五陰有等種種眾苦。

人。可是，在密宗假藏傳佛教中，有誰主張要滅掉五陰的？自古至今無有其人。從來沒有見過哪一個密宗祖師是否定五陰、否定十八界的，他們從來不講無餘涅槃，從來不講有餘涅槃，一向執著五陰及我所所攝的淫樂觸覺。他們從來不告訴你斷見惑與斷思惑是什麼，因爲這些法義只要一細講，他們的雙身法就破功了，就必須要自我否定了。是可忍，孰不可忍？他們當然不可能來講這個。但是我們應該提出來：「你們喇嘛教不是說密教勝於顯教嗎？不都說想要修學密教的人，應該要先修學顯教，學好了顯教才可以學密嗎？那麼就請你們先把顯教的二乘解脫道學好。」我們就來要求他們這一點。假使他們眞的把解脫道學好了，還可能學密嗎？對不對呢？不必用腦袋想，（此時導師指著膝蓋說）用這個想就知道了。其餘三個講堂的同修們！有沒有看見這個？我舉高一點，有看見了呵！用膝蓋想就知道了，換句話說，就是不必想就知道了。所以，我們要努力把解脫道的法義弘揚出去。

本來在佛世，連解脫道的實證，也算是佛法中的祕密；但是佛法傳到今天，我要說的是：兩利相權，要取其重；兩害相權，就取其輕。現在佛門有大害，就是那一隻密宗吸血鬼，把佛法的頸動脈緊緊咬住，吸了一千年的血還不肯放。那我們該怎麼辦？既然割也割不掉，沒有辦法，我們就用法毒來對他注射。一定把這隻吸血鬼注射法毒，最好的法毒不是大乘法，而是二乘法的斷我見、斷我執；我們得要說明見惑與思惑該怎麼斷，這二惑的內容是什麼。把最淺的佛法的法毒往這隻吸血鬼身上一注，他們就會開始生病，多多爲他們注射這種法毒，他們的五陰邪見最後就會死亡，然後佛教就可以自由了，以後不會再被那一隻吸血鬼繼續咬住頸動脈。

這就是我們在台灣最重要的任務，大家要努力共同來奮鬥；因爲這個功德無量無邊的廣大，只要你有參與，未來世你的福報無量無邊。功德無邊廣大，是因爲這個事情，我們奮鬥了一千年，都是失敗的。四百多年前，我們是功敗垂成；那時幾乎要成功了，結果最後還是失敗了。現在我們有機會了，因爲現在是資訊發達的時代，也是自由民主的時代；我們要把握機會，努力把解脫道的正理宣揚出去，並且要從各個層面救護眾生免於再被密宗所殘害；然後這隻依附佛教的吸血鬼漸漸萎縮消失了，佛教就自由了，眾生就有福了。而我們是有希望成功的，只要你願意去參與，都會有大功德。這是佛教有史以來，最大的豐功偉業，要在我們這一代把它完成。所以我現在求生的意願非常強（大眾笑…），我希望：我還活著時就可以看到密宗被趕出佛教。因爲他們不願意轉變，不願意回歸三乘菩提，那就把他們趕出去。

本來五、六年前，我還抱著一絲希望，因爲那時候有幾個密宗喇嘛來講堂拜訪，他們當時也認同我們，可是後來就沒下文了，好像他們回去也沒什麼發酵的力量。所以現在唯一之路，就是把他們趕出佛教界。只要他們承認自己不是佛教，就可以與我們佛教和平共存。但是談何容易？因爲密宗各大教派，他們是各個都想要當山頭大王，現在他們不是成立一個密宗什麼聯合會想要整合嗎？目的就是想要聯合來打擊正覺。結果達賴喇嘛出來反對、抵制了，達賴那一派人不願意參加，因爲他們不想被納入，想要站在最高的領導位置上。密宗哪有那麼容易整合？連他們自己都整合不了，我們正覺想要說服他們放棄外道法就更難了。

總而言之，密宗喇嘛們利之所在，而且可以免費玩很多女人，何樂而不爲？密宗就是這樣，所以你要他們轉變是不可能的，那我們就用解脫道之法毒來幫他們注射。現在他們一直在抗拒：「不要再注射了。」但我們要繼續注射，這樣子佛法的未來就可以鞏固了。只要那隻吸血鬼開始萎縮，佛法就鞏固了。也許有人覺得說：「老師！您用吸血鬼來形容他們，會不會太——」怎麼說？（有人回答：太客氣了）太客氣喲？（大眾笑…）我們的老師們說，我叫他們吸血鬼是太客氣，可是我想一定有人覺得說：「你這樣講人家，太尖銳了吧！太刻薄了吧！」實際上沒有刻薄，因爲他們一千多年來，就是不斷地吸取佛教大動脈的血，然後佛教就開始萎縮，正統佛教萎縮以後就是：密宗興，佛教亡。天竺佛教就是這樣子被密宗取代了，然後密宗假佛教才被回教軍隊消滅。所有佛教學術界研究出來的結論都一樣，都是說「密教興而佛教亡」，所有人的研究結論都相同。現在他們又想要在大陸與台灣重演，我們當然不能讓他們再來重演一遍。

有一些人不瞭解，就罵：「什麼護法神？我都不相信啦！你看，佛教在天竺不是被回教消滅了嗎？當時護法神都跑到哪裡去了？」可是說實在的，回教來滅掉佛教時，那時的佛教已經不是佛教，學術界特地改稱爲坦特羅佛教，是披著佛教外衣的外道。以現在的譯法叫作譚崔佛教，譚崔是什麼？諸位知道嗎？譚崔，幾年前不是有一個教授叫作簡上淇？他不是公開搞譚崔嗎？藝術大學的教授，他不是搞譚崔、宣揚譚崔嗎？他說那是譚崔第一次來台灣。其實他說錯了，譚崔早就在中國蔓延，也在台灣蔓延很久了，只是那時名稱不叫作譚崔，叫作坦特羅。其實坦特羅就是譚崔，只是古時候的翻譯跟現在的新譯不同，英文還是同一個字。

那麼，他們在天竺把佛教從裡面質變成功之後，正統佛教的實質已經不存在了；當時菩薩們沒辦法，只好往南方去弘法；繼續再往南方去，最後去到海邊時，也沒有什麼資源了，不得已又開始往尼泊爾方向傳，大乘法就這樣走下去，最後翻山越嶺來到中土（中國人說的中土，不是佛法說的中土。但現在中國已是佛法的中土了，因爲佛法只在中國才有）。這是事實。一九八九年我去印度朝禮聖地時，在遊覽車上入定，那時我看見的往世：一世在南方海邊，一世在尼泊爾那邊的山區。我那時候不懂，心想爲什麼我會是在這二個地方？後來從佛教史上閱讀時，證明當時就是這樣，就是這樣子奮鬥過來的啊！

但是，世俗人無法瞭解眞正的佛法；一般世俗人的心性怎麼樣，大家都瞭解嘛！就好像水，水往低處流，你不必去推動它，它自然會向下流動；可是水若是想要往高處去，必須要有壓力去擠壓它，而且要約束著它，水才能往上走；但是水往低處去時，你根本不必去幫忙作什麼，它自然就會往低處流。一般眾生的心性就是這樣，凡是可以享樂的，可以免費玩人家的妻子、女兒、丈夫、兒子時，他（她）們都願意玩，這就是世俗人的劣根性、動物性。可是你若是要叫他把我見斷掉，要否定自己，哪有可能？而且叫他還要把自己滅掉入無餘涅槃，那更不可能了。

所以你們看，末法時代大師教人家說：「要作自我，要當自己，要把握自我。」有沒有？對啊！可是同樣教人要把握自我、要作自己的人，才不過幾年前，他還有另一個說法，又說要「消融自我」。你們不覺得可笑嗎？同一個人，前二年、後二年講的不一樣，自己牴觸。前二年說要把握自我，後二年說要消融自我，最後回頭又再重新要大家一起來把握自我，這二種說法等於是同時在講的。奇怪的是，那些跟著他學的人竟然沒有精神錯亂，（大眾笑…）信受他的說法者，本來就應該要精神錯亂的；一方面要把自我給消融掉，同時又要把握自我，這道理怎麼講得通？我都不知道。

但是其中有一個不會錯亂的地方，就是消融自我時，只是要求自己不堅持己見，不是眞的消融掉自我，自我還是繼續存在不滅的，所以他只是用錯了名詞，不是眞的消融自我，他的信徒們對此也是了然的，才不會出現精神錯亂的現象。也就是說，眾生隨順於世俗法時都是很自然的，但你若是要教他違背世俗法來否定五陰自己時，就顯得很困難，所以二乘菩提不好弘傳，但密宗的意識境界及識陰我所的樂空雙運，就是很容易弘傳。但是他們都不曉得什麼叫作「取後有」，才會樂於我所的樂空雙運境界；我們現在最重要的，就是把聲聞菩提廣泛地傳揚出去；當大家都知道應該斷我見，而斷我見的內容是什麼，那麼密宗的樂空雙運就沒有存在的餘地。如果大家都不知道斷我見的內涵是什麼，他們就有繼續發揮的空間，所以我們應該要在這上面努力去作。

「**從生緣有**」，就是十二因緣從現象上面的一個發起根源。我們如果瞭解了這個部分，那麼二乘菩提也容易通，因爲可以不取後有，只要能夠不取後有，就可以得解脫。只要懂得不取後有的道理，那麼實證佛菩提就成爲理所當然，因爲當你把五陰都否定了以後，一定會去尋覓一個不生不滅的本住法。當你開始尋覓不生不滅的本住法時，你就必然要走上佛菩提道這一條路。走上佛菩提道這一條路，親證實相而證得如來藏的眞實法性，這是遲早的事。如果不是今年就是明年，不是這一世就是後一世，不是這一劫就是後一劫，總之就是遲早必證的事；因爲種子已經種下去了，未來就會跟這個法相應。

所以在這個時候，大通智勝如來特地吩咐大眾：「無明至老死，皆從生緣有；如是眾過患，汝等應當知。」只要知道了這個過患，二乘菩提的實證就理所當然了。以　佛的威德之力和智慧力，廣說種種譬喻因緣，當然三轉十二行法輪之後，一定是度得很多萬億的阿羅漢。然而十六位王子出家作沙彌，他們是過往無量劫前就追隨　大通智勝如來在修學佛菩提的；所以他們雖然聽聞二乘法，當場也證得阿羅漢了；可是他們對阿羅漢的實證沒有興趣，他們希望成爲　如來世尊，得到「慧眼第一淨」，不想得少爲足。對他們而言，阿羅漢的果證不值得珍惜，所以他們不但爲自己求，也爲所有的「營從」向　大通智勝如來代求佛菩提道。當然，大通智勝佛很清楚知道，十六位童子心中的所思所想，也很清楚知道這十六位童子和他們的「營從」過去世的所修所行，於是爲大眾演說六度波羅蜜多。

六度波羅蜜多可就不容易演說了，因爲其中的法義和法門無量無邊，當然不容易說明，得要藉無量的因緣和施設種種不同的譬喻，才有辦法說明。也許有人想：「不一定如此吧？佛菩提道的實證，不就是明心跟見性二個法嗎？」在我們把佛菩提道鋪陳出來之前，很多大師小師都這麼說：「明心就是開悟了，見性就成佛了，你看《六祖壇經》不也這麼說嗎：一悟即至佛地。所以如果誰說悟後起修，他就是沒有開悟。」還說得振振有辭呢！然而大家可以看看，單單一部《如來藏經》，世尊用了多少譬喻來解說如來藏？單單是演述如來藏心自體的功德，只是三賢位裡的般若，就要第二轉法輪講了十幾年，都還沒有談到唯識增上慧學的一切種智。由此可見，六度波羅蜜多不是那麼容易說的。單單一個般若，還沒有談到布施、持戒、忍辱、精進、禪定，單單般若就是第二轉法輪的所有般若經典，也得講那麼久；那還只是從如來藏的法性來說而已，還沒有談到如來藏所蘊藏的一切種子，所以般若一度就已經不容易講了。如果六度要具足說，那當然要藉用無量的因緣而施設種種的譬喻。

在正覺弘法之前，曾有多少人講過六度波羅蜜多？不多。不管去到哪裡都是講四聖諦、十二因緣，不然就是講禪。過來也是禪，過去也是禪，誰在講六度波羅蜜多？沒有。那時大家都在講禪，都沒有出來說「禪就是般若」，你們有沒有聽過人家說禪就是般若？都沒有啊！偶然有法師講了六度波羅蜜的內涵，可是語焉不詳；究竟六度的內涵是什麼？也是各說各話。然後，般若就解釋成緣起性空，看來般若跟禪宗的禪是無關的。所以有好多的禪寺，這裡有某某禪寺，那裡也有某某禪寺；都市裡有禪寺，偏遠小鎮也有禪寺；鬧市裡有禪寺，山區窮鄉僻壤也有禪寺，眞的到處是禪寺。當時講禪的不講般若，講般若的也不談禪；可是般若的智慧是從哪裡來的？是從禪宗的開悟來的。你們看般若度，那麼多的地方在講，也宣稱他們在研修般若，卻都是在口頭上、文字上在研修，他們從來都不參禪；而參禪教禪的禪寺裡，每年打禪七的禪寺也不講般若。那麼你們說，這樣的般若能修得成功嗎？能聽得懂《般若經》中的義理嗎？當然不懂。所以，講般若講到最後時，就說是「放下，一切法空」，說這就是般若了。要不然就說：「你不要執著嘛！人家講錯了也就講錯了，你也不要評論人家嘛！你評論人家講錯了，那你就是執著嘛！」就變成這樣了！原來般若是不許摧邪顯正的，那你說，還有誰能懂六波羅蜜？

然後，且不說禪這個靜慮波羅蜜，單說禪定好了。那邊也講禪定，這邊也講禪定；這邊宣稱他證得初禪，那邊宣稱他證得三禪；可是禪定的實證都有功德，例如初禪五支功德，二禪開始則有四支功德，他們有沒有呢？也都沒有。從來都沒有人講出禪定實證應有的功德。甚至還有人宣稱：「我們是先證得第四禪的，然後再來修三禪、二禪、初禪。你們正覺同修會只能教人家證初禪、二禪，那太淺了。」這又顯示他們完全不懂禪定了。因爲沒有修得未到地定的人，就不可能得初禪；沒有得初禪就不能得二禪，乃至沒有得三禪就不能得四禪。他們竟然可以顚倒證，還眞厲害！原來他們家是先生了兒子，然後再出生父親的。這表示什麼呢？表示他們對靜慮波羅蜜多是完全不懂的。且不說這個，單說布施波羅蜜多，布施爲什麼能到無生無死的彼岸？他們都說不出一個所以然，因此說，六度波羅蜜多是不容易講解的，在剛開始演述六度波羅蜜多的時候，當然要以無量因緣施設種種的譬喻，才有辦法說明。那麼，如果諸神通事呢？那當然要擺在六度波羅蜜的後面才可以說，否則眾生又會走上岔路去了。在菩薩道中，修學神通是三地即將滿心前的事了，還沒有深妙智慧之前，先修得神通以後，就會招來很多鬼神干擾，不得不與鬼神們常常往來而耽誤了道業，甚至被鬼神牽引而走上岐路。

《妙法蓮華經》上週講到八十九頁倒數第四行，接下來是剩下的四句：**「分別眞實法，菩薩所行道。說是《法華經》，如恆河沙偈。」**這是說，大通智勝佛當時接受從十方來的各五百萬億佛土大梵天王們的請求之後，先演說聲聞法，接著演說六度波羅蜜多，以及諸佛所得的各種不可思議神通之事。當這個部分說完時，就詳細分別一切成佛相關的眞實法，以此而具足演述了菩薩所行之道。這裡特別說是「**分別眞實法**」，而不是分別性空法；在經典中遣詞用字都是非常嚴謹的，如果佛法就只是緣起性空（其實應該說他們講的佛法就只是「緣生」性空，扯不上「緣起」性空），那就等於說阿羅漢就是佛，因爲實證聲聞解脫道的阿羅漢們所證的就是緣起性空。既然經文說諸佛爲大眾所分別的一切法是「眞實法」而不只是緣起性空法，就表示不是一切法空、緣生性空；因爲如果是一切法空、緣生性空，那麼佛法顯然不是「**眞實法**」。所謂的藉緣而生，其性無常故空，顯然沒有「**眞實法**」，死後滅盡五陰「**不受後有**」而入涅槃以後，必然是落於斷滅空中。

就好像這百年來的佛教，談的所謂般若，都是說緣起性空，但他們的緣起性空卻是說諸法能共生其他的法；意思就是說，他們認爲單憑根、塵以及無明、業力諸法，共同合集起來就能出生有情來輪轉生死，不必有根本因如來藏持種受生，這其實正是龍樹菩薩所破的諸法共生一切法。他們推崇龍樹，也弘揚龍樹的八不中道，然而龍樹說：「**諸法不自生，亦不從他生，不共、不無因，是故知無生。**」「**諸法不自生**」，例如意識今晚眠熟中斷以後，不可能在明天早上自己出生自己；意識也不會是由別人所出生，所以上帝創造我們的身心，是一種無智慧的邪說，愚癡人才會相信；諸法也不會由別的諸法來共生，也不會無因出生。由於知道諸法的不自生、不他生、不共生、不無因生，如此深入觀察、思惟以後，就知道必定是有一個無生之法存在，才能「有因有緣世間集」，世間就是五陰；必定是有一個本來就存在而不曾有生的常住法作爲根本因，才能產生諸法因緣生的現象，由此就知道有個無生之法恆而常住，性如金剛永不可壞。哲學界也主張「**假必依實**」，原因也在這裡。

共生，就是由幾個法共同來出生色身或意識覺知心，例如六根、六塵、業力，有人主張只要有六根、六塵、業力，就可以出生有情的五陰身心，就是印順派的那些愚癡人。現在問題來了，他們所說的是，眾生是藉無明、業力、根、塵為緣而出生，把根本因持種識如來藏排除掉，只說根塵等諸緣和合就可以共生有情身心，顯然有情就只是藉世界上的無常諸法而能共生；這樣藉諸法就能被共生出來，其實是無因論的說法，正是龍樹在《中論》所說「**諸法不共生**」的道理所破的邪說，並不符合 世尊在四阿含諸經中所說的諸法「**因緣生、因緣滅**」的道理。因為 世尊說的是「有因有緣世間集，有因有緣集世間」，不但集是如此，而且說「有因有緣世間滅，有因有緣滅世間」，五陰世間的生滅，都得有因也有緣。世尊不是很平淡地說由因緣出生世間，而是特地說「有因」而且「有緣」，連著四句說「有因有緣」才能集與滅掉五陰世間，必須要因與緣具足。世尊把因與緣分開來，連著說了四個「有因」，這很顯然在告訴大家說，有情眾生世間的集與滅，都是要因和緣二者具足；單單有眾緣不足以成就五陰世間，單單有眾緣亦不足以滅除五陰世間。換句話說，單有眾緣不可能有人出生於人間而得到這個五陰世間，也不可能單單有緣而無因，就可以捨阿羅漢身心永滅五陰世間，所以才說「有因有緣滅世間，有因有緣世間滅」。

這幾百年來，密宗那一些應成派中觀師們，都說不必有第八識爲因，只要有無明、業種，只要有根、有塵、有父母等等眾緣，就可以由這些來共生，就能出生有情的五陰世間。可是當無明滅了、業也受報而消滅了，而且父母也滅了，自己死的時候根與塵也滅了，成爲阿羅漢而入涅槃以後，那不就是斷滅空嗎？這就成爲「無因有緣滅世間」了，那麼阿羅漢所證的涅槃顯然就跟斷見外道的主張一模一樣，完全無差別。這樣怎麼能符合四阿含中，佛所說的緣起性空呢？他們說的，實質上是緣生性空。因爲緣起性空這「緣起」兩個字裡，已經告訴我們「藉緣而起」；可是諸法不無因生，總不能沒有因而單憑眾緣就能生起五陰世間吧？所以緣起的意思，是有一個根本因，由祂藉著眾緣而生起五陰世間，這樣演說，才是正確的緣起性空觀。這樣有因有緣來滅世間，捨報的時候仍然是「有因有緣世間滅」，成爲無餘涅槃卻是「常住不變」、「眞實、清涼、寂滅」，不是斷滅空，這才是眞實法。即使是定性聲聞阿羅漢入無餘涅槃，都不是斷滅空，何況佛菩提道所成就的究竟如來境界，怎麼可能是斷滅空呢？所以近代的佛教界，把佛菩提道眞實法，用誤會後的二乘菩提斷滅空法來取代，他們的「所分別」就成爲虛妄法，並不是「分別眞實法」，當然不是「菩薩所行道」。

因此，「菩薩所行道」永遠都是「眞實法」，不可能是虛妄法。可憐的是，末法時代的所謂大師們，宗奉密宗的應成派假中觀，以意識爲中心，落入六識論的常見外道見中，他們所悟的眞實法本質卻是緣生性空，卻是龍樹所破的諸法共生的邪見，因此都不是「菩薩所行道」。在這一句話之中，其實 世尊已經很清楚點出一個事實：世尊在無量劫前的師父 大通智勝如來，就已經是爲大眾「分別眞實法」，不是分別虛妄法，這才眞是「菩薩所行道」。反觀近代這百年來，海峽兩岸的佛教界，大部分人談到唯識增上慧學時，都說那叫作虛妄唯識，印順與日本的佛學學術研究者就是具體的代表。原來本是「眞實法」的增上慧學，到了他們手中竟然被轉變成虛妄法了；可是仍然有一派依照經典繼續修學，老實安分地說：「眞實唯識是我們所不懂的，但是眞實唯識門所說的第八識如來藏應該是確實存在的，只是我如今尚未能證，因爲一切假法都必須依於眞法才能生滅不斷。」還是有不少這樣具有正見的人，所以他們就起來反對印順與那一派日本人，反對那些虛妄唯識論的六識論者所說的虛妄法；但是諍論始終不曾停止，無法得出一個最終的結論而使另一方閉嘴。後來我們藉著二〇〇三年那批退轉的人，藉他們發動法難否定第八識的機會，我們就把二千年來一直存在的這個諍論作一個總結：「所有人類，凡是正常的人，一定都是八識心王具足，不多亦不減。」我們已經把它作出這麼一個結論，並且也寫了很多書，從聖教量、現量、比量來證明了這一點。

可是我們寫了那些書，不過一、二年就完成了；然而 大通智勝如來當時為眾生所說的法非常之多，第一說法時度了無量無邊的聲聞阿羅漢，第二說法時又度得許多人證阿羅漢；緊接著還有十六位王子出家作沙彌，不求阿羅漢道，一心只想求菩薩道，因為他們要的是「眞實法」，「眞實法」是「常住不變」的，所以將來的果報不是入無餘涅槃，而是成為究竟佛，並且利樂人天永無窮盡，永遠沒有入滅之時。正因為這個緣故，所以 大通智勝如來為大眾解說往世的所行，並且使用種種譬喻，在各種因緣之中廣說六度波羅蜜，以及種種神通之事，讓十六位王子了知：「菩薩所行道」全都是「眞實法」，而不是緣生性空。這樣把所有佛法都說完了以後，然後才說這一部《妙法蓮華經》。

換句話說，「此經」就是佛法的總稱；而且這部《法華經》也說了很久，因爲 大通智勝佛所說的《法華經》中「如恆河沙偈」那麼多，得要講很久。且別說「如恒河沙偈」，假使是「如三芝鄉白沙灣那一些沙數」那麼多的偈，諸位想想大概要聽多久？這還不是「如恒河沙」，我們叫它作「如白沙灣沙數偈」，這樣你要聽多久？已經不知道怎麼算時間了，但是祂說的是「如恒河沙偈」。爲什麼祂所說的竟會「如恒河沙偈」那麼多？因爲祂所說的過去諸佛數目很多，而祂所度的弟子數目很多，祂應該授記的弟子也非常之多。他們的時間又不像我們這麼短的人壽百歲，所以演說完的時候就是「如恒河沙偈」。我們如果以這樣的境界來看，現在的人間，這百年之久，其實只是如同白駒過隙，一剎那就過去了，其實不足道哉，不足以看重這一世的名聞利養。

從這個地方來說，我們是不是可以把它作爲一個境界，來反觀自己在這一世裡面，能夠成就什麼樣的護法大福德？以此相較於那時的十六位王子所度的無量無邊有情，其實我們是應該遠勝於他們才好。因爲在他們那個時代人壽很長，都是善根很好的人，沒什麼機會可以讓你來修行護法大行；而我們現代有許多的破法惡行正在進行中，我們可以藉那一些人的破法惡行來摧邪顯正、救護眾生，這個福德是在很短的幾十年之中便可以成就。如果換到當時，一定沒有機會成就這麼大的福德。但是再從現代人類這個時間，以我們的短劫來看待大通智勝如來那個時代，他們有那麼長的人壽，我們就覺得時間是很快、很短暫的，不需要斤斤計較；因爲努力於護持正法都來不及了，努力於修道都來不及了，怎麼還有時間可以浪費而來互相計較呢？這樣子截長補短，那麼向道心切，佛道進步就快了。從《法華經》裡面就可以額外學到這一些觀察的智慧，對自己的道業應該有所增益。那麼，接下來世尊又如何告訴我們呢？

經文：【彼佛說經已，靜室入禪定；一心一處坐，八萬四千劫。
是諸沙彌等，知佛禪未出；爲無量億眾，說佛無上慧。
各各坐法座，說是大乘經；於佛宴寂後，宣揚助法化。
一一沙彌等，所度諸眾生；有六百萬億，恒河沙等眾。
彼佛滅度後，是諸聞法者，在在諸佛土，常與師俱生。

是十六沙彌，具足行佛道；今現在十方，各得成正覺。
爾時聞法者，各在諸佛所；其有住聲聞，漸教以佛道。
我在十六數，曾亦爲汝說；是故以方便、引汝趣佛慧。
以是本因緣，今說《法華經》；令汝入佛道，愼勿懷驚懼。】

語譯：這一段經文中 世尊開示說：

大通智勝如來說完《妙法蓮華經》以後，就走入安靜的房屋中進入禪定境界；一心不亂而在一處安坐，經過了八萬四千劫之久。

在這八萬四千劫之中，這十六位沙彌等人看見如來進入禪定中不會很快就出定；於是就爲無量億的眾生，演說諸佛所證的無上智慧。

這十六位沙彌，每一個人各自都坐於法座上，爲大眾演說這一些大乘經典；於大通智勝如來入定寂靜宴坐之後，宣揚大通智勝佛所說的一切大乘經典，來幫助大通智勝佛以法度化眾生。

這十六位沙彌，每一位沙彌所度化的所有眾生，各有六百萬億恆河沙數那麼多。

當大通智勝佛後來示現滅度以後，那一些聽聞十六位沙彌菩薩說法的人們，每一個人各自在諸佛的淨土中出生，他們總是一世又一世常常與教導的老師共同生在一個世界中。

這十六位沙彌，都具足修行佛菩提道；如今在十方世界中，各個都已經成爲無上正等正覺了。

而當時在十六位沙彌座下聞法的人們，如今也都各在諸佛所在的世界中；那一些人如果有人是住於聲聞地的話，諸佛就漸漸地教授他們修學佛菩提道。

我釋迦牟尼當時正是在這十六位沙彌之數中，以前我也曾經爲你們講過這件事情；由於這個緣故，如今以種種的方便善巧，來接引你們趣向佛菩提的智慧。

由於這樣的本生因緣，如今也同樣爲大眾演說《妙法蓮華經》；要教導你們同樣進入佛菩提道中，所以你們聽完了這部經典時，要謹愼小心聽受而不要在心中懷著驚懼的心情。】

講義：這是以偈頌重新再說明一遍，是說 大通智勝佛最後演說《妙法蓮華經》之後，就在安靜的靜室中進入禪定境界中，一心不亂而在同一個處所安坐歷經八萬四千劫。想想看，八萬四千個小劫，這是不是人間的境界？當然不可能是；因為人間首先有火災，火災劫來的時候，一個太陽、二個太陽、三個太陽乃至七個太陽，大地都燒燃，哪有可能讓你靜坐八萬四千劫？除了火災很頻繁，接著還有水災，然後還有風災，所以人間不可能如此，一心一處靜坐八萬四千劫。八萬四千個小劫時間是很長的，當然不屬於我們此時的人間境界，也許無數劫前的那個世界時劫很長，不像我們現在的狀況。但是，這一種久遠劫以前的狀況到底如何，釋迦世尊沒有詳細說明，我們不便猜測。

這八萬四千劫是個很長的時間，為什麼　大通智勝如來具足演說了佛菩提道，而且也把《法華經》演說之後，就入靜室一坐八萬四千劫呢？因為　佛陀來人間示現時，應該演述之法已經講完了；可是講完的時候，應度的眾生所應修證的法還沒有具足修證，就是說，應證阿羅漢的人還沒有親證，應證菩薩智慧與果位的人也還沒有親證，因此　大通智勝佛當然不應該入滅，所以就入定去，讓這十六位王子菩薩繼續演述。這十六王子菩薩當然知道這個道理，也知道　大通智勝佛講完《妙法蓮華經》以後就不會再演說其他的經典了，所以「各各坐法座，說是大乘經；於佛宴寂後，宣揚助法化」，他們每一個人就這樣講上八萬四千劫的佛法，所度的眾生當然很多。

我們二十年說法度化，度得諸位已經不算少數了，因爲我們說的是度化而不只是信仰。如果是信仰，那不能叫作度眾生；因爲信仰的層次同於外教的信徒，差異不大。可是度化就不同了，所度的人是必須深入於三乘菩提的法義之中，並且有不少人已經實證，才能稱之爲度化。我們僅僅二十年，度得諸位實證聲聞菩提與佛菩提，這樣已經算是很多人了，比起那十六位沙彌菩薩八萬四千劫的所度，這已經不算少了。如果以我們現在所度的數目，來依同樣的時間比例，一樣說法八萬四千小劫，應該度得多少眾生？諸位想想看。所以以前有人說：「老師！你二十年度眾才度這麼多人。」我說：「夠多了！因爲我們是實證上的眞度，不只是信仰。」如果只要信仰的層次，我就每年辦一些大法會，多辦一些大場的演講，北中南每年各辦一場，再請廣告公司來策畫宣傳，二十年後一定是幾百萬眾。

但是，幾百萬眾能像諸位這樣眞得度化嗎？不可能！絕大多數都是屬於信仰者，那不能叫作度化。因此，以我們這樣的成績而言，已不算少了，因爲我們弘法以來只有二十年；而且我這一世不穿袈裟，這樣已經很不簡單了。所以諸位別老是抱怨，說正法團體爲何老是這麼小？其實我覺得已經很夠了，而我們現在的目標，所要作的是救眾生，不是度眾生。救眾生遠比度眾生更重要，因爲能得度的不會是多數人；畢竟現在是五濁惡世，而且是末法時代，只要大多數的眾生不會被邪教誤導而下墮惡道，余願足矣！所以得度的人不應該是大多數人。如果我們接下來，譬如以三十年的時間，大家努力去宣傳，然後度得—不必一百萬眾—只要十萬人明心就好，那麼佛法將會像曇花一現，看不到天亮，等不到太陽生起也就消滅了；這樣並不是好事，因爲現在是五濁惡世，大多數的人，證悟的因緣都還不具足。我們要怎樣使多數人能夠漸漸具足未來世證悟的因緣，這就是我們今天要作的事；所以我們就是一方福田又一方福田，不斷地開闢出來，讓眞想學佛的大眾去種植。

證悟般若不是小事，這得要有大福德，還得要有菩薩的大心大量。想想看，佛世那一些不迴心的阿羅漢們，佛陀都還不讓他們證悟佛菩提，何況都沒有基本定力而不能降伏性障，慢心具足而且菩薩性還沒有發起，成日裡只想要名聞、利養、眷屬的薄福凡夫們？所以我們必須要把福田一方又一方不斷開闢出來，讓大家去種；福田種多了福德就足夠了，那時菩薩性也已經發起來了，當然就有證悟的因緣。現在最大的一方福田，就是救護眾生不要被骯髒的假藏傳佛教密宗誤導，救護大眾未來世不下墮三惡道。豈不聞俗語說「救人一命，勝造七級浮屠」？浮屠，知道嗎？就是供佛的寶塔。比如供養一顆佛舍利，以七級的舍利塔隆重供養起來，就是造了一個七層的寶塔。這個功德已經很大了，可是又說救人一命，比造那個七層的寶塔功德更大。

話說回來，救人一命功德很大，但也只是救他這一世的一命；但你如果救民眾不走入密宗，那可不只是救他們一命；因為他們如果走入密宗去搞雙身法，死後下墮三惡道是很多劫的。且不說很多劫，單說一劫就好，假使常淫人妻女的喇嘛們，下墮地獄一劫之後就可以從地獄回來人間；跳過餓鬼道、畜生道，一劫就從地獄直接跳回來人間受生，只說是人間的一劫就好，究竟是幾世？以人命來說，是幾世？就算每一世都一百歲好了，一劫是幾世呢？那你想想看，你這樣救一個人不墮三惡道很多世，到底勝過造多少的七級寶塔？你們自己算算看。因為你不是只有救他一命，一劫是無量世，你不太容易計算；現在電子計算機很發達，應該還是可以算，就以人壽百歲來算，一劫看是多少世？那就是多少條性命。

那麼你想，這樣救護大眾不要被骯髒的假藏傳佛教四大派誤導而下墮三惡道，能夠救得一個人就已經是救他很多很多條命了。而且你這一世救護的人又不只是一個人，那你說，這個福田大不大？當然大呀！特別是，如果救了出家眾，只要一個就好，那福德更大，因為他的罪比在家人更重；他如果走入密宗裡修雙身法，他的罪更重，但你如果救了這麼一個人，比起救世間的世俗人，那功德又更大了。諸位想想，咱們破斥密宗救護眾生，這個福田是好福田、良福田？還是劣福田呢？（有人答：良福田。）對啦！這樣諸位就想通了。

所以，救護那一些被無明籠罩而不慎被誤導走入密宗的人，是很重要的事，不必想要他們轉入正覺修學正法，只要他們不下墮三惡道就夠了。在這上面努力去作，這個福德非常之大。那麼，這樣子努力去作了以後，福德自然會漸漸圓滿，因為救護這些人就等於護持正法，也因為這些人再也不會走入邪法之中，邪道的勢力就會漸漸削減，正法當然就可以跟著弘揚起來了。這就是最好的一方福田，而這個福田正因為我們有這二十年打下的基礎，所以現在我們能作，也是我們應該要作的時候。而且現在是我們有可能成功的時節因緣，過去世沒有成功過的。

這樣想一想，我們無緣生在 大通智勝佛那個年代，而生在 釋迦如來這個年代，若說不幸，其實亦不然；因爲我們可以在短時間裡，去成就大福德以及快速地增長道業，一世之中超過一大阿僧祇劫的三分之一，至少三十分之六，這算是很快了；所以各有利弊，應該取法乎長而截乎短，我們道業的增長就會很快速。所以，大通智勝佛雖然說完了一切成佛之道，但是入涅槃的時間還沒有到，也要保留修集大福德的機會給那十六位沙彌菩薩，不能夠把一切福德的修集都攬在自己身上，已經成佛了，更不應該這樣。所以，如果度化眾生的時候出生了什麼大功德，師父竟然說：「這都是我的功勞。」那他就沒有資格當師父了！因爲他應該創造許多讓徒弟們成就大功德的機會，而不是自己攬功。這時候，大通智勝佛正是如此，把佛法全部講完了，隨後就入定去了，把這一段時間全都留給十六位徒弟們去發揮，去度化眾生，由他們去把佛菩提的正法深植於人心之中，這樣讓他們也講了八萬四千劫佛法。

這十六位沙彌菩薩，講了八萬四千劫，各度了六百萬億恆河沙等眾生。這數目眞多，可是這個數目，如果把它分散在一百個三千大千世界裡面，也就不算多了，算起來已經少了。這一些事相，當初 世尊都沒有詳細去說明，很多人沒有辦法置信，總是懷疑：「怎麼有可能這樣子？我們這個世界才多少人？」他們所見的範圍很小，因爲他們所見的世界是平的、是四方形的，不是地球，更不是銀河系，當然是不通。然而，有智慧的人就仰推說：「如來之所能知，我們尚非境界。」這樣就不會懷疑而隨意毀謗，也就沒有過失了。

沒智慧的人，就以他自己的所知來測度如來的智慧，然後就虛妄批評，造下謗佛謗法的大惡業，於己大大不利而無所知。這種人是很多的，這樣的眾生，我們就稱之爲愚癡無智者。但他們在世間法上是很聰明、很伶俐的，都是被大眾所尊敬的；而眞正實證者在世間法上，往往被人看作癡癡呆呆、都不懂得計較的傻瓜。可是從表相上來看，世間最大的傻瓜是誰？是 佛與諸大菩薩們，祂們都不求名聞利養等等，而祂們給眾生的，遠超過眾生的回報，但祂們從來都不計較；甚至於人家毀謗祂們，死後下墮地獄了，佛陀還叫人去地獄裡看望他，甚至於還要爲他授記成佛，這不是天下第一號的大傻瓜嗎？豈止天下？還包括天上。可是正因爲「傻」，才能成爲大菩薩，最後才能成佛。

這十六位沙彌，好好的王子不當；而且這個「王子」還不是只有當一百年，是可以當很多萬劫。但他們不想當王子，寧可出家，代佛宣化，不求世間的財利名聞恭敬等等，只是爲了要利樂眾生；所以他們這樣子努力各自度化六百萬億恆河沙數等眾生，當然他們未來世成佛就成爲理所當然了。因此，大通智勝佛滅度以後，這一些聽聞十六位沙彌菩薩說法的眾生，當然會追隨他們，於是一世又一世，師徒相聚也就勢所必然。

這就好像說，那一些喜歡雙身法的人，「魔力所持」，於是一世又一世常常修欲，努力去弘揚雙身法，去從眾生身上騙財騙色，少則九世，最多可以達到一百世，是因爲「魔力所持」；天魔的力量是希望人間不斷地有雙身法一直傳下去，眾生就會永遠被繫縛在男女欲中，都會生在他的管轄範圍之內，永遠成爲他的眷屬，這就是天魔最喜歡的事。但是，天魔不會永遠當下去，他未來總會捨報。他總有一些管不到的時候，那時沒有「魔力所持」，那些專修雙身法的徒眾們將來會怎麼樣呢？就是墮落三惡道。如果他們只騙財騙色，不否定菩薩藏妙法，他們可以九世、幾十世繼續在人間搞雙身法，同時也作善事來保住人身；可是他們一旦謗菩薩藏、謗如來藏妙法，就沒有第二世可以在人間繼續搞雙身法了，因為第二世一定在無間地獄或阿鼻地獄。

所以，在世間行菩薩道的時候，往往就像世俗成語說的「物以類聚」。極貪的大眾們會一世又一世相聚在一起，極瞋的大眾也是一世又一世相聚在一起，這本來就是三界中的常態。同樣的道理，極清淨的大眾、極大心的大眾，也會「**在在諸佛土，常與師俱生**」。這一些被十六位王子度化，一心一意求佛菩提道而不想修聲聞解脫道的人，就這樣在諸佛國土中，總是跟隨著他們的師父，一世又一世轉生，這是勢所必然。所以我們往世也曾追隨釋迦如來，一世又一世轉生而來到這一世。曾經有人說：「**那《本生經》裡面說，某某人是釋迦牟尼佛過去世的什麼因緣、什麼因緣，每一個人都有因緣，這個寫經的人眞會編造。**」所以，他們不承認那是經典，就說那些經典叫作《本生譚》。也就是應成派中觀等六識論者，他們都說那叫作《本生譚》，不是經典。

然而，且不說佛的境界，單說每一個世俗人就好，是不是過往無量劫有無量的眷屬？必然啊！無可推翻啊！既然過往有無量劫、無量世、無量的眷屬，一世又一世受生，總不會跟完全沒有緣的人相聚吧？一定過去世曾經有什麼因緣才會今生相聚。例如有個民間故事叫作七世夫妻，有沒有？其實每一個人每一世的配偶，在過去無量劫以來，都不只七世當過夫妻；你隨便娶一個妻子，過去無量世以來都不只七次跟你當過夫妻；因爲你過去有無量劫，當過夫妻的機會太多了，她並且還曾經當過你的母親、女兒呢。一個普通的人都已經如此，何況諸佛有宿住隨念智力，可以無限制地觀察過去的宿世因緣，又怎麼能夠說那一些往世的因緣是後人編造的呢？所以說，他們連世俗智慧、世俗邏輯都不存在，你說他們還能談得上佛法的智慧嗎？這就很容易判斷了。所以「**彼佛滅度後，是諸聞法者，在在諸佛土，常與師俱生**」，這是絕對的，也是必然的；因爲往世在世間法中種下的因緣，未來世中尚且會不斷地一世又一世相聚，何況在世出世間法中的關係是非常緊密而不能破壞的，當然在未來無量世的生死流轉中，一定是跟著他的師父在諸佛世界中來來去去的。這樣瞭解了以後，《法華經》的經句也就沒有什麼值得懷疑的了。

「是十六沙彌，具足行佛道；今現在十方，各得成正覺。爾時聞法者，各在諸佛所；其有住聲聞，漸教以佛道。」世尊又說：「這十六位沙彌，具足勤行佛菩提道之後；如今在十方世界中，每一位都已經成就無上正等正覺了。當時聞法者，在諸佛的所在；假使有人還住於聲聞種性中，沒有完全把聲聞種性斷除，諸佛就漸次教他們成佛之道。」這也是必然的。所以，近代應成派中觀等六識論者，以聲聞的解脫道來取代成佛之道，是完全錯誤的，更何況他們所說的解脫道又是錯誤的；這是因爲聲聞的解脫道，只要智力夠，又很精進修行，一生就成辦了；他們過去無量劫以來值遇過很多佛，難道此世不能證阿羅漢果嗎？一定可以證的。那些人往世只要在一佛座下證阿羅漢果，就沒有現在的菩薩們了；如果成佛之道就是解脫道，那就會是這樣。

他們也知道自己的說法有這個漏洞，於是又提出另一種主張：凡夫的人菩薩行。諸位聽過這一句話沒有？聽過嘛！誰講的？印順法師講的。因爲他知道自己的說法是有紕漏的，人家一定會提出質疑，所以他就提出「人間佛教的人菩薩行」，以人間凡夫的人身一世又一世不取證阿羅漢果，這樣來行菩薩道，說這樣無數劫修行凡夫位的菩薩道而不入滅，久了就可以成佛而不會中途入涅槃去。然而，以凡夫的人身行菩薩道，能夠懂得三乘菩提嗎？如果他這個說法可以講得通，那麼救世軍或者說世界展望會那些人，也都可以稱爲菩薩了。事實上是嗎？當然不是！所以，印順他們的說法是漏洞百出的，只是沒有人去戳破他而已。

因此諸佛—特別是這十六位王子已經成佛—所度化的眾生，經過那麼多不可計算的恆河沙數劫之後，一樣還是在人間示現爲凡夫身時，其實不是他們不能證得阿羅漢果，而是他們不想證，所以當他們證悟佛菩提以後，有能力取證阿羅漢果時也都故意不取聲聞果，繼續在三果位中留惑潤生，一世又一世轉生，但是因爲胎昧的緣故，所以一時或忘。當這一個地球的眾生有人得度的因緣成熟了，他們就生到這裡來，然後 釋迦如來與諸大菩薩隨後就一起來這裡共同演出一場無生法忍的大戲，於是他們成爲被度的大阿羅漢，然後在 世尊前後三轉法輪的過程中迴小向大成爲菩薩。爲什麼這樣呢？因爲也有一些人的聲聞種性尚未斷盡，所以才會說「其有住聲聞，漸教以佛道」，最後才是幫他們證得無生法忍，再爲他們授記將來成佛。這個說法很合理，從佛菩提道來看是完全合理的；但是，從六識論者主張的凡夫的「人菩薩行」，從他們那種不懂聲聞菩提也不懂佛菩提的凡夫智慧來看，就變成不合理了。

譬如，假使你有神通，你變現爲一隻螞蟻，去跟另一隻螞蟻說：「我其實不是螞蟻。」（大眾笑…）牠根本不信。然後你接著再說：「其實我在人間擁有什麼樣的產業，我是一家大公司的董事長，有多少員工，我們每年賺多少錢，我吃的一粒米就可以壓死你。」牠更不信：「哪有這回事情？螞蟻的世界裡沒有這些事情。」因爲牠無法想像。同樣的道理，以六識論的凡夫心來想像諸佛菩薩與其弟子無量世以來，世世轉生相逐不已、勤行菩薩道的事，他們當然不能想像。所以，我們想要把這些事情說給他們相信，是很困難的。可是，如今我們一一加以剖析解說，完全沒有不合理之處，因爲這是法界中本來就一定如此的。

例如釋印順的書中就認爲說：宇宙中，終究只有一個地球有人類，而釋迦牟尼佛在人間成佛也是一個偶然，不必然有過去世的因緣。這就是釋印順的思想。不信的話，你們仔細去讀他的《妙雲集》，你們會發覺他就是這樣的思想；這就是以一個凡夫人類的想法去想像諸佛菩薩的境界，但他眞的無法思議，於是就加以推翻了。但事實不然，法界中的諸佛世界等事實是他們無法想像的。其實要眞正推究他們的心性，他們連聲聞種性都還不具足，說他們是聲聞種姓都還太過高抬他們，更別說是菩薩種姓，才會落入意識或識陰中，認定細意識是常住法而斷不了我見。聲聞種性都不具足的人，是無法信受聲聞法的；你告訴他，在聲聞法中四阿含諸經所說的，涅槃是「常住不變、眞實、寂滅……」等，他們是聽不進去的。這表示，釋印順的聲聞種性還不具足，不歸聲聞種姓所攝。如果聲聞種性都還不具足，怎能奢望他有菩薩種性呢？無怪乎他會謗佛、謗法、否定地獄的存在，這就不奇怪了。

那麼接下來說的，他們當然更不信了，世尊說：「我在十六數，曾亦爲汝說；是故以方便、引汝趣佛慧。」是說：「我釋迦牟尼是在這十六位沙彌菩薩數中，我曾經也爲你們講過我的本生因緣，」他們對這個說法當然更不相信，就認爲：「這是後人爲了對佛陀的永恆懷念，才寫出這麼多的本生譚。」結果，過去無量劫以來的事實，到了他們心中就變成只是一種本生譚，也就是互相談論的茶餘之資。但諸位能信入，不像他們那樣生疑，這表示諸位的根性大異於那一些人，這就是菩薩種姓中的成員。

可是成爲菩薩之後，就完全沒有聲聞性了嗎？不然，只是或多或少的差別；因爲菩薩們偶然還會起念說：「入無餘涅槃也不錯，免得再有生死苦惱。」諸地菩薩都如此，沒有到七地滿心轉入八地心之前，都會如此，只是起念的時間長短差別而已。這就表示還有一點點聲聞性在，因爲對無餘涅槃還是有欣樂之心，只是有人或者出生幾刹那、或者出生幾秒鐘、或者幾十秒之後，自己又把這種愛樂無餘涅槃之心滅除了，只是這樣而已。這表示聲聞性還是沒有完全斷盡，於是就必須一世又一世在自度度他之中，繼續把聲聞性度盡，也就是在七地滿心轉入八地心的時候，這聲聞性才全部斷盡。

所以，要說他們是聲聞種性的人，那還是高抬對方了；因爲聲聞種性也不容易發起，一般人的心性都是凡夫種性。譬如說，你隨便看見哪個學佛人，你告訴他說：「證得阿羅漢果，捨壽入涅槃時，就是把自己滅盡，不再受生。」他接不接受？諸位去問問看，看接不接受？百分之九十九點九的人都不接受。台灣號稱一千二百萬佛教徒，你可以去作問卷調查試試看。這表示什麼？

表示他們還沒有聲聞種性，還是具足凡夫種性；他們只是聽說阿羅漢是人天應供，心中好羡慕而已，那是因爲他們無知，所以羡慕。等你告訴他們說，阿羅漢入無餘涅槃是什麼狀況，你爲他說明：「六根六塵六識，這十八界在你身中，你總共有這十八界；當你入涅槃的時候，全部要滅掉，永遠不再有身心存在了。」他們聽完時又不接受了。釋印順和他的門徒也是如此，那你說他們能有聲聞種性嗎？當然沒有！他們只有凡夫種性。世間人也是如此，表示他們的聲聞種性還沒有眞的發起，所以只好爲他們演說苦、空、無我、無常；當他們相信了以後，對苦聖諦有瞭解，也觀察確實如此了，於是才終於可以發起了一分聲聞種性；也才只有一分，因爲他們心裡面還會想：「雖然苦，可是我有這麼多五欲享受，我財產這麼多，老婆這麼美，兒子這麼孝順。」心中又捨不下了，所以這時他們的聲聞種性也才只有一分，不足的九分還要繼續去培養。

像釋印順這種連聲聞種性都沒有的人，卻號稱他懂得成佛之道，那你說，他講的話能信嗎？這就是說，對一般人以及對於正覺的人，我們說法是不一樣的，不可能一樣。進了正覺的人，我對他說：「你還是個聲聞，你有聲聞種性。」這是罵人。可是到了會外，我說：「你有聲聞種性。」那是稱讚人，表示他已經離開凡夫種性了。這是眞的事實，這也叫作「法無定法」。就好像對一般層次的人來說，見聞覺知是見分，七識心是沒有相分的，六塵才是相分。可是，對於已經明心的人來講，要進修一切種智的時候，我卻說八識心王的一一識都各有四分。所以，法眞的沒有定法，對不同層次的人會有不同的說法，但是凡夫們不懂，就說：「哎呀！你亂講，一下子說那樣，一下子說這樣。」就好像達賴喇嘛在批評說：「佛陀三轉法輪前後相違，互相矛盾。」這就表示，他連聲聞種性都沒有，他只是一個凡夫種性的人；那麼加上這個謗法，就加上一個什麼種性？（有人回答，聲音很小。）大聲一點！地獄種性嘛！可是他自己還洋洋得意。所以，有很多 世尊所說的法，不論是《本生經》或者是三乘菩提，其實都是事實如此。

釋迦世尊已經成佛了，是不妄語者，祂既然說「我在十六數」，我們爲什麼要懷疑呢？也因爲祂教導給我們的，實證初果到四果的法，我們今天證實都是眞的；祂教導給我們的，證得辟支佛的因緣觀等法，我們今天也已經證實都是眞的；然後祂教導的成佛之道佛菩提，所說的如來藏、眞如，所說的眼見佛性以及入地後的無生法忍等，我們也都證實是眞的；既然到目前爲止，沒有一項曾經是騙我們的，那麼這些我們所看不見的，我們還不知道或不理解的，爲什麼還需要去懷疑？應該說：「仰推於如來，非我所知。」這樣就行了！因爲至少我們一一加以實證，已經證明 世尊所說，而我們現在所能到達的那一些層次都是眞實的。

所以對於大乘三寶，特別是大乘賢聖三寶的所說，具足信受才是正確的選擇。那麼，既然 世尊有宿住隨念智力，能夠隨時看見過去無量劫一切眷屬的事情，在平常相處的時候，難道都不曾提起嗎？一定有時會提起，對於有緣的人就會提起，沒有因緣的人就不需要講。所以「我在十六數，曾亦爲汝說」，這也可以信之爲眞。因爲只要看見了過去劫的事情，有時候在某一些事情發生的時候，是應該說明了，就會同時把往世的因緣提出來加以說明，這沒什麼可懷疑的。那麼，世尊作了一個小結論說：「就是因爲這樣的緣故，因此我以各種的方便善巧，來引導你們大家趣向佛地的智慧。」

我近來聽說後山那位大比丘尼也準備要講《法華經》了，我不曉得她要怎麼講解？她既沒有見過 釋迦牟尼如來，也不曉得當時的時空背景，也許又會像她講十地的境界那樣亂講吧！大家就洗耳以聽吧！但是，我說她很快就會講完了，也許我先講的人還沒講完一半，她後講的人早已經講完了；這是末法時代的正常現象，大家要習以爲常；否則未來世換你來當法主的時候，你一定會義憤塡膺。其實用不著，一點點氣都不用生，因爲你已經習以爲常，這娑婆世界的末法時代本來就是如此。

世尊接著說：「以是本因緣，今說《法華經》；令汝入佛道，愼勿懷驚懼。」

這就是說明，釋迦如來爲什麼要講《妙法蓮華經》的根本因緣，就是因爲當時有　大通智勝如來座下的學法以及度眾的因緣，以及當時追隨十六位王子菩薩學法的因緣，才有今天娑婆世界的這一些眾弟子們；於是藉這一個本生因緣來演述這部《妙法蓮華經》，目的是要讓大眾擴大眼光、放大心量，然後次第修學佛道，最後才能夠成佛。所以，吩咐大眾說：「大家要謹愼小心深入理解，我釋迦牟尼所說的《妙法蓮華經》的意涵，大家要小心，要有信心，千萬不要在心中懷著驚畏恐懼的心情。」因爲事實上就是這樣，雖然凡夫們很難想像這個情境。接下來說：

經文：【譬如險惡道，迥絕多毒獸；又復無水草，人所怖畏處；
無數千萬眾，欲過此險道；其路甚曠遠，經三百由旬。
時有一導師，強識有智慧，明了心決定，在險濟眾難；
眾人皆疲惓，而白導師言：我等今頓乏，於此欲退還。
導師作是念：此輩甚可愍，如何欲退還，而失大珍寶？
尋時思方便，當設神通力，化作大城郭，莊嚴諸舍宅；
周匝有園林，渠流及浴池，重門高樓閣，男女皆充滿。
即作是化已，慰眾言勿懼，汝等入此城，各可隨所樂。
諸人既入城，心皆大歡喜；皆生安隱想，自謂已得度。
導師知息已，集眾而告言：汝等當前進，此是化城耳。
我見汝疲極，中路欲退還；故以方便力、權化作此城。
汝等勤精進，當共至寶所。】

語譯：接著世尊又開示說：

【譬如有一條長達五百由旬的險惡道路，這條路上迥絕人跡，而且有非常多的毒獸遊行；這條險惡道中又沒有飲水乃至生草，這是人們所驚怖畏懼的處所；

這時有無數千萬大眾，想要通過這一條險惡道；又因爲這一條險惡道非常的空曠而遙遠，而大眾走到這時候已是經歷過三百由旬之遠了。

這時有一位導師，他記得很多很多的事情而且很有智慧，他明了大眾心中所想之後，就在這一條險道中救濟眾人的苦難；

可是眾人都已經很疲倦了，就向這位導師稟白說：「我們這一些人如今已經很困頓而疲乏，無法繼續往前走了，所以到了這裡還是想要退還。」

此時這位導師就生起了這樣的念頭：「這一輩人是很可憐的，已經到了這裡，爲什麼還想要退還，而失去了所應該獲得的大珍寶呢？」

於是立刻思索方便善巧，知道此時應當施設神通力而化現作一個有大城牆的城市，並且把這個大城中的一切舍宅都加以莊嚴；

使每一個舍宅四面都各有園林，以及流著清水的渠道並且還有沐浴的大池，每一間舍宅也都有內外多層的門樓，裡面又化作了高廣的樓閣，有預備要服侍他們的許多男女住在其中。

立刻作出了這樣的神通變化以後，接著導師就勸慰大眾說：「你們大家都不需要恐懼，只要進入這個大城之中，每一個人都可以隨著自己的所樂而享樂或休息。」

大眾們既然進入了這個大城之後，看見這樣安適的居所，心中是皆大歡喜了；於是就生起了安隱之想，自己認爲已經度過險難惡道了。

過了一段時間，這位導師知道大眾已經休息好了，疲勞消失了，恐懼遠途勞苦之心也消失了，於是集合大眾而告訴他們說：「你們大家應當要繼續前進，這個大城只是我變化所作的城市，並不是眞的。我是因爲看見你們大家很疲勞，沒有辦法再支持下去了，在這中路就想要退還了；所以我用方便善巧的力量，權且變化出這個城市來。你們應當要精勤的生起精進心，應當要和我共同去到那一個藏有大珍寶的所在。」】

講義：這就是說，成佛之道就像一條長遠的險惡之道，而且這條險惡道既寬廣又長遠，不容易弄清楚道路所在。這條險惡道裡面還有很多的岔路，一不小心就是粉身碎骨，不然就是天災地變等等，不容易走得，而且路上迴絕人跡。諸位也許想：「可能嗎？」也許有人還沒有想到這個問題，那我們就來說說看。也許有人想：「台灣有一千二百萬人是佛教徒，這不是都走在成佛之道上嗎？」應該有人這樣想吧！問題是，他們有走上了成佛之道嗎？沒有，絕大多數人都還沒有走上成佛之道。這一千二百萬人，有眞正走上成佛之道的人，我判斷不會超過十萬人。其他的那一些人，只是打著成佛之道的名號在修集人天善法；但他們是安全的，因爲修人天善法雖然名爲修成佛之道，其實無妨。可是眞正在修學佛法的十萬人之中，當他們開始走上成佛之道，才剛踏進這條路來，遇到的是「多毒獸」。這一條路上眞的迥絕人跡，眞正安穩地走在這條路上的就是你們諸位，其他的人不是遇到毒蛇就是遇到猛獸。

遇到猛獸是遇到什麼人？大聲一點！（有人回答：藏密。）那個是毒蛇。猛獸是什麼？告訴你：「我們是大師，我們是大道場，我們是最偉大的法；」然後就是一天到晚開口：錢來！他們一天到晚就是跟你哭窮：「我要建設人間淨土，我要建設人間佛國，需要多少億元。」提出來的都不是幾十億元，至少都是一、二百億元，然後再追加幾十億、幾十億元，就這樣追加上去，是要你把所有財產都捐給他們。當你全部捐了以後，自己身無分文，乾脆就去那裡出家算了。出了家以後，你能得到什麼？只得到一個冬瓜印，往額頭蓋上去，成就大妄語業，這不叫作猛獸嗎？這是猛獸，他沒有眞正的法給你，然後宣稱有法——是錯誤的法，這就是猛獸。然後這一世就被害命——法身慧命就完了，這當然是被害命。那麼遇到毒蛇，就是遇到**髒密**，因爲他們很髒；既要害你的法身慧命，而且不止害你一世，這其實是遇到毒蛇。於是跟隨的人們才剛踏上成佛之道，立刻無法繼續前進了，這一世就死了，這不叫作「**多毒獸**」嗎？

所以成佛之道不容易走，走上一小段路以後，你會發覺：眞的迥絕人跡。在這個地球上眞正走上成佛之道的，就只有咱們正覺同修會這麼幾千人。但是走上來以後還得要有人將護；並且走上這一條路的人，還得要自己願意被攝受。如果有人不願被保護、被攝受，他認爲說：「**我比你導師更行，我自己走自己的路，你導師教的還不如我。**」那就完了，他其實既遇到猛獸，可能又會遇到毒蛇，於是法身慧命又死了。諸位想想，這條五百由旬而且很寬的枯木叢生的成佛之道裡面，只有咱們這麼多人走著，你想，是不是「**迥絕**」？眞是「**迥絕**」啊！走在枯木叢生而且寬廣的五百由旬成佛之道上面，就只能看到這麼幾個人。有一些人在之前才剛走上來，已經被猛獸吃了、被毒蛇咬了；在他們後面繼續跟上來的，也有許多人仍然會遇到猛獸跟毒蛇，你說這一條成佛之道是不是險惡道？因爲岔路無量無邊，毒蛇猛獸非常之多。

然後說「又復無水草」，你得要自己把資糧帶著，還得預備拉車牛羊的草食；因爲在這條路上，你如果沒有資糧，就會餓死；也因爲路上沒有水草，就代表沒有水而會渴死，拉車的牛羊也沒得吃喝；所以要走這一條路，自己得要準備很多的飲水、糧草，在我們佛法中稱之爲資糧——行道的資糧。那麼這樣的難行之路，當然是「人所怖畏處」，一定不好走。如果這一條路好走，古來就不會有許多講經的大座主罷講，入了叢林參到老死還不能開悟的事；這種人很多，自古以來就很多。如果有因緣，去南投縣國姓鄉，你們去看看，有好多茅棚小磚屋，好多法師們在那裡面努力精進修行。我十五年前所見是如此，不曉得現在還有沒有這樣？當年我看到好多法師那樣勤苦努力精進修行，不求名聞與利養，這不是正好在險道之中嗎？他們總是自己一個人去摸索，在無明漫漫長夜之中自己摸索；要很小心呵！否則到了懸崖邊還不知道，不小心掉下去了，可就沒辦法救了，都因爲沒有人指導。所以說，這條成佛之道眞的叫作「險惡道」。成佛之道正是如此，且不說古時候，單說這幾十年來的台灣，有多少人落入大妄語業中？數之不盡！正統佛教裡面還少一些，自以爲是佛教的密宗裡面可是其數無量。

像他們這樣被人家誤導走上歧路修學了邪法，犯下了未來世三惡道的業因，本意卻是想要學佛而走上成佛之道，這難道不是「險惡道」嗎？他們本來都是善心學佛，結果在這條險惡道中遇到了毒蛇猛獸，本身又沒有水草而無法活命。他們如果自己有資糧就知道馬上退離，懂得離開那些岔路和遠離毒蛇猛獸，也就沒有問題。可是他們如果沒有水草，想要活一天都活不了。一天就譬喻一世，連一世都活不了，如何能夠度到中道過去的三百由旬暫時歇息處？連那個地方都到不了，更何況要到達佛地五百由旬之遠？所以說，在這樣的險惡道中，當然必須要有人來指引；佛陀就像這樣的大導師，當無數千萬大眾想要通過這條險道時，確實非常辛苦，於是 佛陀先在這個曠遠之道，「中過三百由句」之處化作一個化城，那叫作二乘菩提的涅槃。

大家在經過這麼遠的三百由句，從解脫三界生死來說，已經到達中間的地點了，已經走過一半的路程了，其實是應該繼續走下去；可是實在太累了，因爲菩薩道就是一世又一世不畏懼胎昧，世世留惑潤生這樣努力去行，當這一條路走上一半的時候，實在也眞的很累，累到沒辦法說了，因此心裡面想一想（因爲對於即將要到來的佛地境界，到底還有多遠，心中沒有把握，想想前面經過這一半的路程是那麼辛苦，眞的是在搏命，未來的這一半路程，大家心中沒有把握，當然身倦了、心也倦了，於是有一點退心了），還是退回去好了。這時　佛陀當然先讓大家趕快先證阿羅漢果再說，這時不讓他們證得解脫可就不行了。以前是叫他們不要證解脫果，大家都要留惑潤生，一直留在三果裡面行道，縱使都還不離胎昧，也要這樣一世又一世、一劫又一劫努力去修菩薩道；可是這麼久而行道以來，眞的累了，不得不叫他們先證阿羅漢果再說了，這個證阿羅漢果的解脫境界也就是化城。

證阿羅漢果、證緣覺觀，這都叫作化城。當他們在二乘菩提的極果上面實證了，有些人還有神通自娛，這就等於那個化城中「莊嚴諸舍宅；周匝有園林，渠流及浴池，重門高樓閣，男女皆充滿。」就等於是這樣，有種種解脫道的法可以自己娛樂，於是就沒有恐懼了。然後，再告訴他們說：「你們證得的這一些二乘果，只是我從佛菩提中方便抽離出來，先給你們實證而已；其實本來就是佛菩提很多法中的局部而已，你們這時還不是眞的究竟得度。」所以，告訴大眾說：「汝等當前進，此是化城耳。我見汝疲極，中路欲退還；故以方便力、權化作此城。汝等勤精進，當共至寶所。」既然佛陀把化城滅了，說原來這個不是究竟解脫，原來只是方便的解脫；雖然也是解脫，但只是個方便，而我們本來無量劫以來求的是究竟解脫，不是二乘涅槃等方便解脫；這時知道原來還不是究竟解脫，也就只好繼續走了；反正休息一陣子以後，現在身體的疲勞也沒了，心中的倦怠也化解了。「好嘛！既然已經走過一半了，何不繼續走？退回去是不只一半的路程，前進則是不到一半的路程；這時若是退回去，所有的辛苦所得統統要失去了，大約同樣路程的前進，雖然一樣辛苦，卻是法寶全部都可以具足獲得，那何不往前走呢？」於是大眾只好收拾身心繼續往前走了，這就是 佛陀的方便善巧；阿羅漢們雖然知道被騙了，也被騙得很歡喜，於是繼續走向成佛之道。

《妙法蓮華經》上週講到九十一頁第五行，今天要從第六行開始講起：

經文：【我亦復如是，為一切導師；見諸求道者，中路而懈廢；
不能度生死，煩惱諸險道；故以方便力，為息說涅槃；

言汝等苦滅，所作皆已辦。既知到涅槃，皆得阿羅漢；
爾乃集大眾，為說眞實法。
諸佛方便力，分別說三乘；唯有一佛乘，息處故說二。
今為汝說實，汝所得非滅；為佛一切智，當發大精進。
汝證一切智，十力等佛法；具三十二相，乃是眞實滅。
諸佛之導師，為息說涅槃；既知是息已，引入於佛慧。

語譯：世尊說：

【我釋迦如來也像是這樣子，為一切求佛道的人而作導師；看見許多求證佛菩提道的人，在半路上就鬆懈而廢弛了；

他們都不能度過具足生死、具足煩惱的所有危險道路；所以我運用方便智慧之力，為了息滅大眾的苦惱而演說二乘涅槃的境界；

就為大眾說：「你們如今已把三界生死苦滅除了，出離三界生死苦之中，所應作的事情都已經成辦了。」大眾既然知道已經到達無生無死的涅槃境界了，也知道全都已經證得阿羅漢的解脫了；這時我才召集大眾聚在一起，來為大眾演說眞實之法。

諸佛同樣是以善巧方便之智力，分別所有佛法而演說三乘菩提；其實是只有唯一佛乘的妙法，爲了化作暫時歇息之處的緣故，才把佛菩提分析出來而說有二乘菩提。

如今爲你們大家演說眞實法，就說你們現在所得到的二乘涅槃並非眞正的寂滅；爲了證得佛地的一切智，你們應當發起大精進心。

等你們將來都證得佛地的一切智，具足了諸佛所有的十力、四無所畏……等佛法時；同時已經具三十二種大人相、八十種隨形好，顯示佛地應有的福德也已經具足圓滿了，才能說是眞實的寂滅。

像諸佛那樣的成佛之道上的導師，都是爲了大眾得以暫時歇息勞苦而說有二乘涅槃；如今既然已經知道這只是中途暫時歇息之處以後，就爲大眾開示引導而轉入於諸佛的智慧中。】

講義：「我亦復如是，爲一切導師；見諸求道者，中路而懈廢；不能度生死，煩惱諸險道；故以方便力，爲息說涅槃；」這是說：「我釋迦如來也是像這位險難道中的導師一樣，我作爲一切眾生的導師，凡是看見有人在求證佛道的過程中，如果走到一半了，卻開始覺得勞累而懈怠了，想要中途廢棄而退還；那麼他就不可能究竟度過這一條生死的險道，也不能夠度過這一個具有無邊煩惱的成佛之路的險道；所以才以方便的力量，爲了息滅大家這個中路懈廢的狀況，而演說二乘的有餘及無餘涅槃。」

度生死，一般都說斷了我所執、斷了我見與我執，就是已度生死。在正覺同修會開始弘法之前的佛教界一直都是如此，所以就有許多人主張阿羅漢就是佛。但是他們都沒有想過的是：一個佛教歷史中很明顯可見的事實，就是 釋迦世尊入滅後，還在世上的那麼多阿羅漢，爲什麼沒有一個人出來紹繼佛位呢？他們都沒有想到這一點。如果阿羅漢就是佛，顯然 釋迦如來入滅後，應該馬上會有阿羅漢出來紹繼佛位，接著繼承佛位來住持佛法，可是他們都對這個歷史事實視而不見。他們還沒有想到的第二點是：縱使有阿羅漢想要成佛或者說想要宣稱成佛，釋迦世尊所授記的當來下生成佛的 彌勒菩薩還在人間，都不敢立即紹繼佛位，阿羅漢們有誰能有資格宣稱自己已經成佛？他們對這一點也是視而不見的。還有第三點是他們沒有注意到的，就是阿羅漢們假使有人想要宣稱已經成佛，當時在世的那麼多菩薩，都是位在阿羅漢之上的大菩薩們，他們的禪定、神通、無生法忍智慧都遠勝於阿羅漢，他們都不敢自稱成佛，阿羅漢們又有誰敢自稱成佛呢？

所以，從聲聞上座部分裂出來的後代部派佛教中，那一些凡夫僧落在六識論中，不懂三乘菩提的相異與相同之處，也都還在凡夫我見中，才會說出那麼荒唐的話，而那一種說法同時也是嚴重破壞菩薩藏的說法。可憐的是現代台灣四大山頭諸大法師們，都沒有人能看出其中的過失，所以對印順法師那種邪說，竟然沒有一個人出來反駁過。由此看來，佛菩提道的證悟是很困難的；等而下之，乃至連聲聞初果斷我見、斷三縛結的實證，對他們而言都已經很困難了；所以各個統領一方的台灣四大法師們，竟然沒有一個人可以斷我見。台灣佛教界被四大法師所割據，北部是法鼓山，中部是中台山，南部是佛光山，東部呢？是那位慈濟比丘尼。他們把台灣的佛教界割據了，各自割據一方，可是竟然沒有一個人能斷我見，但是卻又往往自稱是證悟的聖人；他們沒有一個人不在書上暗示說他們都是證悟者；甚至後山的比丘尼還宣稱已經成佛，所以才敢自稱是宇宙大覺者，卻是未斷我見、更未開悟明心而不懂般若的凡夫。

那麼諸位由這個事實來觀察，聲聞菩提已經如此難證，何況是佛菩提？

所以在成佛之道的三大無量數劫之中處處歧路，時時都會遇到險難，一不小心便成就大妄語，所以成佛之道眞是迴絕人跡的曠遠險道。在這樣的曠遠險道之中，當然得要有諸佛如來攝受大眾；必須要仰仗諸佛作爲眾生的導師，這一條路才能夠走得安全而快速，否則眞的要以一劫當作一劫，這樣長遠來度過三大阿僧祇劫。但如果有諸佛如來作爲導師，而大眾完全無慢、無私、無我的如實履踐，把正確的佛法付諸於實行，就有可能把一生當作一個大劫來過完，也就是在一生之中過完一個大劫；乃至有人以一年、一個月、一天就過完一個大劫，這樣來過三大無量數劫。但是，如果沒有諸佛如來作爲大導師來引導大眾，那麼這一條成佛之道，可就眞的是迴絕人跡，而且是極爲曠遠的「險難惡道」，一不小心就走入歧路粉身碎骨，也就是落入三惡道中，然後久劫受苦才能回到人間重新再來，當然得要三大無量數劫。所以學佛之時一定不能有慢，連慢都不應該有，何況是過慢、慢過慢、增上慢等等。

那麼諸佛大慈大悲，只要看見成佛之道中，有人「中路而懈廢」，他就不可能度過成佛之道中的一切生死——無法度過分段生死與變易生死，落於煩惱障的現行或者習氣現行中，或者乃至無始無明的上煩惱，一樣度不過；

因爲這個緣故，想要中路懈廢，這時　如來就以方便善巧的力量，爲了息滅大眾身心的疲累，就從佛菩提道中先抽出有餘涅槃、無餘涅槃來爲大眾宣說。大眾獲得聲聞果、緣覺果，心中的疲累消失了，於是在這一世之中獲得休息，也聽完　世尊對佛菩提道的說明了，漸漸能夠瞭解原來自己的佛菩提道已經快要完成了，於是願意繼續往前進發，成佛之道就必定不會再退轉了，這就是　如來爲眾生導師的方便善巧施設，所以二乘道絕對不是究竟道，只是個化城。

諸位如果明心後繼續修學，有一天你就會發覺證二果並不難，可是那時候你不會想要快速取證阿羅漢果，你願意繼續在初果、二果、三果的位子之中，以菩薩道作爲你的主要修行內容，繼續往佛地邁進；因爲你已經知道那對你而言並不難證，阿羅漢果只要一世就可以實證；只要有人正確的指導並不難，只要自己同時具有願意實證的決心，而能放捨一切、放捨自己也就不難了。可是等你深入瞭解以後，你就不會急著想要取證阿羅漢果，願意老老實實安安分分地爲護持正法、爲菩薩之道而努力，一世又一世勤行不輟。可是不能保證你會無量劫都如此，未來終究會有某一劫某一世，你突然覺得好累好累，到那個時候，你曾經追隨過的善知識一世又一世與諸位同行，那時他來示現成佛，那一世他就會幫諸位快速證得阿羅漢果。

諸位還沒有想到如何證阿羅漢果，因爲還沒有離開胎昧，所以 佛就來幫你快速證阿羅漢果，告訴你：「你可以在這個涅槃階段中休息身心。」但是經過十年、二十年或者三十年了，佛陀卻又告訴你：「你這個涅槃並不究竟，只是一個化城。」於是告訴你：「你這個不是究竟解脫，還應該繼續前進，才能獲得究竟的解脫。」那時你願意發起大心繼續往成佛之道前進，也就是 佛陀爲你授記的時候到了。所以到那個時節，也許你成爲阿羅漢，也許是三果，也許是二果，也許還只是初果，都不一定；但是你已經證悟佛菩提了，那時候深入修學般若，了知三乘菩提的內涵，已經心得決定永不退失了，佛陀就爲你授記，說你將來會如何成佛等等。這樣再來看，《法華經》中講的內容和諸位有沒有關聯？有呵！以前讀《法華經》時都覺得和我們沒有關聯，對不對？還有更多、更多、更多的人，讀《法華》、拜《法華》的時候，仍然覺得《法華經》跟他們沒有關聯；可是他們不知道《法華經》跟每一個修學成佛之道的菩薩們，其實是自小至大而全面息息相關的，只是沒有人把其中的眞實義爲大家宣講罷了。

所以，二乘涅槃絕對不等於大乘涅槃，二乘菩提當然就不是大乘菩提，那麼阿羅漢當然就不可能是佛。二乘人所證的苦滅也不是眞正的苦滅，因爲習氣種子的變易生死沒有滅盡，異熟愚的種子變異也還沒有滅盡，所以都還有這些變易生死存在，當然不能說是眞正的苦已滅盡，因爲變易生死的苦仍然持續著。在這樣的情況下，當然不能夠說是「**所作已辦**」，所以阿羅漢們斷盡了我執而自知自作證，知道自己確實可以入無餘涅槃時，他們所說的「**所作已辦**」，只是在分段生死上面來說，可是變易生死的斷除都還沒有開始作，何況能說已辦呢？因此，釋迦如來當時爲二乘聖人說：「**汝等苦滅所作已辦，只是方便說，不是究竟說。**」當大眾都知道自己已經親證到不生不死的涅槃境界了，都已獲得阿羅漢果位了，佛陀也已經把大乘法說完了，當然就應該要召集大眾，爲大眾「**分別眞實法**」。「**眞實法**」就是成佛之道，是說一切法眞實而不是一切法空。

所以，每當有人宣稱他已證悟般若而且成佛之時，大家一定要從二個方面來加以檢驗，然後決定要不要追隨他修學；第一個層次就是他宣稱證悟後所證得的眞實法，是不是仍然落在五陰十八界中的法？那他就不離常見；如果不是，他是不是落於斷滅空中？要這樣從這二方面來檢查。如果他所謂的「眞實法」是落在五陰十八界中，那就是未斷我見，仍然落在生滅法中，還沒有找到「眞實法」，那麼他只是凡夫，尚且不是證悟的菩薩，何況能夠成佛。如果他否定常住不壞的本住法、眞實法，而說一切法空，那就表示他的本質是斷滅論者，這個人一定同時是個六識論邪見者，不可能是八識論的正見者。如果落入一切法空，那就是斷滅空，不論怎樣狡辯說滅了就是眞如、眞實，仍然是斷滅空。因此，「分別眞實法」是世間修道人很常見的現象，但是我們卻必須要加以簡擇，他所說的「眞實法」是否眞正的眞實法，或者只是假名言說的「眞實法」。凡所說法不是眞正的「眞實法」，那些法即使講得天花亂墜，都只是戲論而已。

所以，眞正的「眞實法」就是唯一佛乘，就是佛菩提道；然而佛菩提道非常難以理解，非常難以言說，非常難以弘傳，如果直接演述佛菩提道，直接演述唯一佛乘，眾生必然無法瞭解而處處誤會。於是諸佛就以方便善巧的威德力，將佛菩提道區分不同的內涵出來，而爲大眾演說三乘菩提之道。這只是諸佛的方便善巧，是依於佛地的大智慧而方便施設。所以二乘菩提的施設與建立，目的只是爲了令長遠劫來修習佛菩提道的菩薩們暫時獲得休息，以便消滅大眾的身心疲勞而方便施設，才說有二乘涅槃可證。那麼到達演述《法華經》的時候，其實是三乘菩提都已經演說圓滿了，所以應當爲大眾說「眞實法」。

也就是說，大眾所得的二乘涅槃還不是眞正的苦滅，而佛菩提道所說的苦滅卻是「眞實法」，並不是一切法滅盡的斷滅空。所以，這時 釋迦如來勉勵大眾說：「你們今天獲得的二乘涅槃解脱境界並不究竟，解脱智慧也不究竟，因爲還有變易生死尚未斷盡；而斷盡變易生死時所需要的智慧也還沒有證得，爲了實證佛地的一切智，諸位都應當要發起大精進心。」世尊說明什麼才是眞正的滅一切苦呢？世尊說：「你們未來證得佛地的一切智了，也就是已經具足了聲聞、緣覺的一切智，菩薩們的道種智，佛地的一切種智了；並且發起了處非處智力等等佛地的十力，以及十八不共法等等。這些佛法都具足了，然後再於等覺位中，整整一百劫之中修集福德而發起三十二種大人相等，最後以妙覺位下生人間成就佛道；這才是眞實滅盡一切苦，因爲分段生死、變易生死全部都斷盡了，這才是滅盡一切苦。」

世尊接著開示說：「諸佛是一切眾生的導師，稱爲諸佛的所有眾生導師，都是爲了息滅眾生的中路懈廢之心，才方便演述二乘涅槃。既然已經知道大眾無量劫以來行菩薩道而引生的身心疲累已經息滅了，當然就要引導大眾全部進入佛菩提道的智慧之中。」那麼到這裡，《法華經》卷三就講完了，接著要進入卷四。

《妙法蓮華經》

〈五百弟子受記品〉第八

經文：【爾時富樓那彌多羅尼子，從佛聞是智慧方便隨宜說法，又聞授諸大弟子阿耨多羅三藐三菩提記，復聞宿世因緣之事，復聞諸佛有大自在神通之力，得未曾有，心淨踊躍。即從座起，到於佛前頭面禮足，却住一面，瞻仰尊顏目不暫捨，而作是念：「世尊甚奇特，所爲希有！隨順世間若干種性，以方便知見而爲說法，拔出眾生處處貪著。我等於佛功德，言不能宣，唯佛世尊能知我等深心本願。」】

語譯：【接著是〈五百弟子受記品〉第八，當世尊在上一品的重頌說完了，這時富樓那彌多羅尼子，從佛陀口中聽聞到這個智慧方便的隨宜說法，又聽聞佛陀授記諸大弟子們無上正等正覺的佛菩提記，並且又聽聞佛陀在授記時說明被授記者以及佛陀自己過去無量世以來的種種因緣等事相上的事情，而又聽聞世尊說諸佛都有大自在、有大神通的力量，這是他從來不曾聽聞過的深妙的境界，於是富樓那彌多羅尼子尊者心中清淨而且踊躍而不能安住。於是他這時就從座位上站了起來，走到佛陀前面以頭面來觸地而禮拜佛陀足下，禮拜完了就退在旁邊，一心專注、目不暫捨地瞻仰釋迦如來的尊顏，他心裡面就這樣想：**「世尊非常地奇特，世尊所作的事情也是非常地希有！隨順於世間有情的各種不同種性，而運用種種方便，以所知所見而爲眾生說法，拔出眾生在每一個地方的貪著。我們這一些佛弟子們對於佛陀的功德，雖然能夠說話但是卻無法加以宣揚說明，只有佛世尊能夠知道我們這一些佛弟子們於內心深處的本願。」**

講義：這意思是說，說法第一的富樓那尊者，都還覺得自己無法宣示佛地的智慧與威德境界。聲聞十大弟子中，說法第一的富樓那最擅長說法；《阿含經》中說他於七佛座下都是最會說法的人，可是他竟然還認爲：「這麼會說法的我，根本無法宣示、無法演述諸佛如來的智慧與威德之力。」那麼我們想一想，現在末法時代，竟然有許多附佛外道個個自稱已經成佛了，說他們具足了知佛地的智慧和威德。其誰能信？可怪的是，卻有一大堆人信，連大法師們也信，才會跟著他們走入密宗裡面。所以，你們看密宗那些喇嘛們，個個都說他們證得佛地的境界，而且高調地說是證得報身佛果，還嘲笑說：「釋迦如來只是化身佛，不如我們是證得報身佛。」只因爲釋迦如來不修和破斥雙身法，就有這樣的怪事啊！而這樣的怪事還有一大群愚癡人會信受。我們說「其誰能信」，可是那一大群人卻信得一塌糊塗，完全不想改變他們原來的信仰。有智慧的人，何妨把富樓那尊者說法的內涵來問問那些自稱成佛的人，看他們懂不懂？結果當然是完全不懂、完全誤會。

也可以拿富樓那尊者所演說的二乘菩提那些經典內容來說，在四阿含諸經中的粗淺法義，我們如果舉出來問問後山那位宇宙大覺者，看她懂不懂？因爲自認是宇宙大覺者，就表示她已經成佛了；慈濟的信徒在不少法會及大陸的佛教文物展覽時，也常常擺出她的宇宙大覺者雕像大肆讚頌、崇拜；但你們如果只拿阿含部的經典讓她讀讀，還不必談到大乘經典，結果她顯然也不懂；因爲她還繼續主張說「意識卻是不滅的」，尚未斷我見，至今還不曾爲這類誤導眾生的事情向佛教界道歉過。最近聽說她宣布要講《法華經》，我不曉得她將來講《法華經》的時候要怎麼說？因爲說法第一的富樓那尊者都還自稱不懂佛地的智慧與功德，所以自稱「言不能宣」。後山那位自稱爲宇宙大覺者的比丘尼，到時候應該可以具足宣揚才對，那她應該比富樓那尊者講得更妙才對，但我眞的不曉得這位宇宙大覺者要怎麼演講《法華經》。

話說回來，既然成佛了，她座下應該要有很多大菩薩、大阿羅漢們，然後等她捨報前才能講《法華經》而不是現在，因爲她還沒有宣稱將要捨報；而且她所講的《法華經》也應該依自己的所知去講，不能照著 釋迦如來所講的《法華經》來照本宣科。並且，她也還沒有講過《無量義經》，不該就先講《法華經》，因爲她已經成佛了，要講自己的《無量義經》和《法華經》。當她開始講自己的《法華經》時，也得要爲弟子們一一授記成佛的事，所以她講的《法華經》也不可以用這一部《妙法蓮華經》照本宣科；因爲她的《法華經》必須要先爲她的弟子們授記，然後才能夠講她自己往昔無量劫前是隨從哪一尊佛證得入地的智慧，也不該講 釋迦世尊與往昔的 大通智勝如來之間的因緣；也不該依照本經的〈從地踊出品〉內容來講，並且她已成佛而講《法華經》時，也必須要感應 多寶如來前來示現等等。

我不曉得她講《法華經》的時候，是不是要把宇宙大覺者的名號先拿掉？否則她要怎麼講《法華經》？她若依舊是宇宙大覺者，總不能一字不易宣講這一部《法華經》吧？她應該講她自己的《法華經》，因爲她已經成佛了。所以當我聽說她也要講《法華經》時，心裡就很好奇，等著看她怎麼講，因爲她是宇宙大覺者。等她講完了，我們大家應該很慶幸，我們竟然可以聽到二部《妙法蓮華經》。是不是應當如此？是應當如此啊！可是，我們可以預期的是：她將來講的還是這一部 釋迦如來的《妙法蓮華經》，而且只是照本宣科（編案：後來她連照本宣科也作不到，只是把古人對此經所作的科判拿來講一講，一會兒就講完了）。這樣不就把她自己那個宇宙大覺者的招牌給砸了嗎？所以，當她所知法不如實的時候，是會有許多毛病、許多紕漏跑出來的，而且是她永遠無法解決的。但是，我們可以爲她提供一個解決之道：就是承認自己還在凡夫位，不是宇宙大覺者。那麼這個問題就解決了。

富樓那尊者對於 釋迦如來爲眾生宣講的《妙法蓮華經》，才只講到這裡，他已覺得非常奇特，因爲這是自己作不到的；然後仰觀諸大菩薩們，一樣作不到，所以心中非常地讚歎而說：「世尊甚奇特，所爲希有！」因爲這是只有諸佛才能作得到的事情。所以未來如果還有誰自稱成佛了，大家開口第一句先問他：「大師！您宣稱成佛了，請問……」你們不用合掌，就用江湖這個抱拳就可以，不必合掌，因爲他只是一個世俗人，是地獄種姓，大妄語嘛！你就抱拳說：「大師自稱成佛，請問您何時要爲弟子們授記成佛？」就問這一句。如果他敢答，是因爲還沒有想到更大的問題，所以你再問他說：「請問您何時要爲眾生演說您自己專屬的《法華經》？」這時候他再笨，也會懂你的意思了。因爲有的大師，你問他第一句時，他還不知道那一句的厲害所在，但是當你問他第二句：「您成佛了，應該有自己的《法華經》，您何時要爲眾生授記，以及演說您自己的《法華經》？」他就知道自己完蛋了。眞的完蛋了，因爲這是他無法解決的大問題。所以《法華經》的宣講，每一尊佛都有自己的《法華經》，前面一定要爲諸大弟子們授記，這樣才能夠說他眞正成佛了，才能夠說他是應身佛；接著就一定要講到自己往昔是跟哪一尊佛修學而得入地，才能爲人演說《法華經》等事。因爲授記這個事情是有前提的，那一些前提沒有具足的時候，授記是不成就的，所作的授記也一定會被善知識評破而且無法回應。

所以，只有諸佛如來能夠「隨順世間若干種性，以方便知見而為說法，拔出眾生處處貪著」。眾生真的處處貪著，當善知識說這樣是不對的，於是眾生就轉向另一邊去執著。當善知識又說那個不對，於是眾生又回到這邊，又執取這邊的另一部分去執著。就這樣在這邊那邊、這邊那邊，來來去去始終離不開二邊，所以真是「處處貪著」。這樣的「處處貪著」，一定要施設無量無邊的方便才能對治。可是要施設無量無邊的方便，當然要有無量無邊的善巧，而這些善巧一定要有無量無邊的智慧，才能夠施設出來。說法第一的富樓那尊者，自己認為對於佛地的功德「言不能宣」，而且也很清楚知道自己和所有一切師兄弟們深心的本願和宿世的因緣，只有 佛世尊才能具足了知，所以他心中的想法是完全正確的。

但是那一些自稱成佛的凡夫大師與邪淫的喇嘛們，對這些是完全不懂的，因此以後凡是遇到有誰自稱成佛了，你們第一個可以下定論的一點就是：他一定是凡夫。只要他說自己成佛了，他就是凡夫。這事乃至可以落實在文字上，寫一張保證書給你的；而且這張保證書永遠都有效，因為娑婆世界沒有人能在 彌勒菩薩之前成佛的；只要 彌勒在世，所有實證的人，沒有誰敢自稱成佛。可是 彌勒菩薩以妙覺之尊上升兜率陀天，等待因緣下生人間，在這之前只要有誰敢自稱成佛，一定也會有菩薩出來破斥。十年沒有人來破斥，百年總會有人來破斥；百年沒有人破他，千年總會有人破他；總之一定會有人來破他，這一破，他可就沒有辦法回應了。

因爲菩薩不會像二乘人一樣取涅槃，一定會一世又一世在人間，所以那一些自稱成佛的凡夫們，終究會有人來收拾他們。這樣看來，慈航法師還眞的有智慧。以前印順否定佛菩提道、否定唯識學，也就是否定諸地菩薩所修的增上慧學，慈航法師就故意去買一部《妙雲集》來當眾焚燒，他當場撂下一句話說：「**未來一定會有人來收拾他。**」所說的那個他，當然就是指印順法師。因爲這是必然的，只要有人破壞佛菩提道，菩薩出來弘法時一定是要收拾他的，否則眾生就會繼續走入那個萬劫不復的深坑，那後果是很嚴重的。釋印順那一些凡夫諸人都是六識論者，他們都不知道眾生的深心本願，也不知道佛地的智慧，更不知道佛地的功德，竟然敢排斥佛菩提道，說起來也眞的膽大包天——眞的把諸天的膽都給包了。他比諸天的膽子還大，因爲諸天天主沒有一個人敢這樣作的。

那麼，這一品既然說是〈五百弟子受記品〉，請問當代那些所謂的「佛」曾經向誰授記了？我就說一個笑話給諸位聽，我們以前從中山北路地下室搬來這邊不久，所謂不久就是大概二年或者五年不到；在這期間，有人來我們正覺講堂九樓門口發送經典，那部經典是一位居士寫的經典，不是從《大藏經》裡面拿出來印的正經或僞經，是他自己寫的。他自稱成佛，然後封他的那一些弟子們，某人是什麼菩薩，另一個人又是什麼菩薩……等。那時候我們的福田組長姓詹，他說：「這還得了！欺到我們頭上來了。」於是他就帶了幾個同修，把我們的結緣書也拿去他們講堂門外發，從那以後，他們就不見蹤影了。

因爲最簡單的《念佛三昧修學次第》，這一些內容是很粗淺的東西，裡面講的功夫你有沒有啊？結果沒有！竟然還敢自稱成佛，還寫經典送來正覺講堂九樓電梯前廣發，那眞是一件笑話。才剛剛拿到一把小小刀，只能削削筷子，就拿到魯班門前來耍弄，不能叫作班門弄斧，而是班門玩小刀。魯班的功夫很厲害，魯班那把大斧不但大，而且利，人家鼻頭被泥巴沾到了，他斧頭高高掄起來，這麼一砍下來，把那個徒弟鼻頭的泥巴砍掉，但鼻子完好無損。那個拿著瑞士刀只能削竹筷的人，竟然也敢拿來找魯班，想要比一比刀斧的功夫，那眞的叫作不自量力，都沒有打量一下自己的力量能力有多高多強。天下的這一些假佛們全都如是，都沒有先去打量一下諸佛的智慧與功德境界，然後就宣稱自己也是佛；然而末法時代，這種情形卻是很多的。

那麼，從富樓那彌多羅尼子心中的所知所見，以及所思來深入思惟以後，自然就會瞭解佛地功德難可思議。眞的難可思議！可是凡夫們都不知道，都覺得 佛的境界跟他們差不多，大概就只是這樣子。可是，你如果有愈深厚的實證，就愈會發現自己距離 佛陀的境界太遙遠了。那麼，富樓那彌多羅尼子說這一些話，既是如實語，也是一種示現，讓大家知道「佛地難思議」；富樓那尊者要告訴大家的就是四個字：「我今在遙」；很清楚知道「我如今還在很遙遠的地方，離佛地還很遙遠」。那麼，當富樓那尊者這樣說完了之後，接下來 佛怎麼開示呢？

經文：【爾時佛告諸比丘：「汝等見是富樓那彌多羅尼子不？我常稱其於說法人中最爲第一，亦常歎其種種功德，精勤護持助宣我法，能於四眾示教

利喜，具足解釋佛之正法，而大饒益同梵行者。自捨如來，無能盡其言論之辯。汝等勿謂富樓那但能護持助宣我法，亦於過去九十億諸佛所，護持助宣佛之正法，於彼說法人中亦最第一。又於諸佛所說空法，明了通達，得四無礙智，常能審諦清淨說法，無有疑惑，具足菩薩神通之力；隨其壽命常修梵行，彼佛世人咸皆謂之實是聲聞；而富樓那以斯方便，饒益無量百千眾生，又化無量阿僧祇人，令立阿耨多羅三藐三菩提。為淨佛土故，常作佛事，教化眾生。」

語譯：【當富樓那尊者出眾禮佛而心中生起了那些想法之後，他還沒有開口，佛陀就告訴諸比丘們說：

「你們看見這位富樓那彌多羅尼子沒有？我常常稱讚他是我所有弟子中說法最為第一的人，我也常常讚歎富樓那的種種功德，也說他很精進殷勤地護持幫助宣揚我所說的各種法義，能夠處於出家、在家四眾之中而為大眾開示教導，令大眾獲得利益和法喜；而且他能夠具足解釋成佛的正法，由這樣為大眾說法而大大饒益了與他一起修清淨行的人。從如來以下，沒有人能夠使他窮盡言論之辯。你們不要說富樓那只是能夠護持幫助宣揚我所說的法，富樓那也曾經在過去九十億諸佛的座下，護持幫助宣揚諸佛所說的正法，而且在所有的說法人之中，他一直都是第一。並且於諸佛座下所說的空法是明了而通達的，他得到四種無礙的智慧，常常都能夠很明確深細而且清淨地為大眾說法，令大眾都沒有疑惑，富樓那也同時具足了菩薩所應有的神通之力；隨著他一世又一世應該有的壽命，始終都是修習清淨行，當他在這九十億諸佛座下弘法的時候，世間人都以為他是一個聲聞人；然而富樓那就是以這樣的方便善巧，饒益了無量百千的眾生，並且又度化了無量無數阿僧祇的人，讓這一些人來建立無上正等正覺。富樓那為了清淨佛土的緣故，常常造作這樣的佛事來教化眾生。」

講義：這就是說，當富樓那尊者走出於大眾之外，當眾向　佛陀禮拜而在心中生起了讚歎的念頭時，他並沒有在嘴上說出來；然而　世尊知道他心中的所思與所念，所以就向大眾指了出來。如果有人宣稱成佛了，他也應該有這個功德。當他的弟子之中，有一個人出列禮拜之後瞻仰他，而在心中有所思念的時候，他應該為大眾指出來，說明他這個徒弟在心中想的是什麼，然後同時把這個徒弟的往世因緣加以解說，令大眾知悉，促發大眾發起無上正等正覺之心。這是身住佛地必須要有的功德；如果自稱成佛了，而人家出列禮拜，心中想著什麼，他竟然都不知道，那麼顯然他是大妄語者。

一般人心量不夠大，當人家以很大的音聲、堅定的語氣宣稱他已經成佛的時候，大概都不敢反駁，因爲自己的心量不夠大，心裡面想：「萬一人家眞的成佛了，而我說他不是佛，那未來世的果報可就很難以承受了。」爲什麼自己的心量不夠大而不敢加以檢驗呢？是因爲自己還沒有佛菩提的智慧。爲什麼沒有智慧能加以檢驗？因爲沒有實證，這才是最大的原因。可是當你有了智慧，當你有了實證時，你的心量就大，你才一聽，隨即能夠當場判斷他是眞的佛，或是大妄語佛，你一定能判斷。只要正確下了判斷，你就可以當場破斥他。往往會有一個情況發生，就是當你破斥完了，對方拜你爲師，讚歎你是佛，然後你卻說：「我眞的不是佛，而且我距離佛地還很遙遠。」可是一般人多是沒有那個智慧，也沒有那個心量敢檢驗那些所謂的佛；因此就由著他們亂說，由著他們籠罩眾生。

但是佛陀看見富樓那出眾禮拜，心中起了念頭時，佛陀就知道他在想什麼，於是指出來爲大眾宣講；世尊平常再三地讚歎富樓那是說法第一的聖者，也常常讚歎他的功德，因為富樓那非常精進殷勤地護持正法，也很努力幫助釋迦如來宣揚佛法。只要富樓那尊者所在的地方，就有許多人可以親自領受到他所說法的利益。你們如果熟讀四阿含就會知道，富樓那尊者說法是不必打草稿的，不絕如縷滔滔而說。那麼，富樓那尊者在四阿含諸經中，是記載說他講了二乘菩提；可是他眞的只講二乘菩提嗎？其實不然，就好像定性聲聞的大迦葉，他們結集了四阿含的時候，宣稱那四大部阿含諸經就是成佛之道，可是裡面沒有談到成佛之道的內容與過程。

由此可見，富樓那尊者所說的法被結集在四阿含中，其實一定不單單只有二乘菩提的解脫道而已，一定同樣有許多成佛之道的內涵被省略掉了；這是因為聲聞人聽不懂，所以就記不住，於是無法結集出來。因此，四阿含中所記載的，不能具足顯示 佛陀在世的眞實背景與法義內涵。那麼，富樓那其實能夠利益很多追隨他而共同修學清淨梵行的人，而他說法議論是諸大聲聞弟子中的絕妙者，所以他是說法第一，因此 世尊讚歎他說：「自捨如來，無能盡其言論之辯。」沒有人能夠窮追猛打再三詰問而令富樓那尊者杜口，他可以滔滔不絕一直說法，所以他是說法第一。如果有人能夠討論法義而令富樓那尊者詞窮理屈，那就只有諸佛，所以說他是「說法人中亦最第一」。

然後 世尊又指出來說，富樓那不是單單在這個年代護持助宣 釋迦如來的正法，也曾經在過去九十億諸佛的座下，同樣護持助宣諸佛如來所宣揚的正法，他也同樣是諸佛如來座下的「說法人中亦最第一」。一般淺學的人讀到這裡，一定心裡面有一個問號；不是斗大的問號，而是像須彌山那麼大的問號，一定在心裡面想：「這個說法對嗎？因為還有諸大菩薩在啊！」可是他們卻沒有想到，富樓那尊者曾經被諸大菩薩詰問而詞窮理屈嗎？除非是為了配合等覺、妙覺菩薩演一場戲，只有這樣啊！所以 佛陀說：「富樓那是過去九十億諸佛所，說法人中最為第一。」這是事實。

那麼，富樓那所說的諸佛之法，他已經明了通達得四無礙智，能審諦清淨說法而且無有疑惑，他也具足了菩薩應該有的神通之力，可是他在深心中的本願就是護持助宣諸佛的正法。這就是他的本願，一世又一世、一劫又一劫，他就這樣子繼續實行而不懈怠。並且他一世又一世特地示現聲聞人的法相，讓人家以為他只是一個聲聞人，然後他示現以聲聞之心迴小向大修學佛道，這樣方便將導眾生迴小向大，跟著他實修佛菩提道。富樓那就是以這樣的方便來跟眾生同事利行，如果不以這樣的方便來跟眾生同事利行，眾生會說：「我們是聲聞人，你本來就是菩薩，我們不可能證得菩薩的法。」可是富樓那故意示現爲聲聞人，讓大家看見說：「富樓那也是聲聞，但他迴小向大以後，同樣可以實證佛菩提道，我們應該也如是。」於是大家就願意跟著他迴小向大，同樣實證佛菩提道，跟隨著富樓那的「無量百千眾生」就這樣被他所饒益了；又因爲這樣的緣故，他無量劫就這樣子化度「無量阿僧祇人」，令這一些被他所化度的人，同樣建立了無上正等正覺。富樓那就是爲了這樣攝受眾生，爲了這樣清淨他自己未來佛國淨土的緣故，常常這樣施作佛事來教化眾生。下一段：

經文：【「諸比丘！富樓那亦於七佛說法人中而得第一，今於我所，說法人中亦爲第一；於賢劫中當來諸佛，說法人中亦復第一，而皆護持助宣佛法。亦於未來護持助宣無量無邊諸佛之法，教化饒益無量眾生，令立阿耨多羅三藐三菩提。爲淨佛土故，常勤精進教化眾生，漸漸具足菩薩之道；過無量阿僧祇劫，當於此土得阿耨多羅三藐三菩提，號曰法明如來，應供、正遍知、明行足、善逝、世間解、無上士、調御丈夫、天人師、佛、世尊。其佛以恒河沙等三千大千世界爲一佛土，七寶爲地，地平如掌，無有山陵谿澗溝壑，七寶臺觀充滿其中，諸天宮殿近處虛空，人天交接，兩得相見；無諸惡道亦無女人，一切眾生皆以化生，無有婬欲；得大神通，身出光明，飛行自在；志念堅固，精進智慧；普皆金色，三十二相而自莊嚴。其國眾生，常以二食：一者、法喜食，二者、禪悅食。有無量阿僧祇千萬億那由他諸菩薩眾，得大神通、四無礙智，善能教化眾生之類。其聲聞眾，算數校計所不能知，皆得具足六通、三明及八解脫。其佛國土有如是等無量功德莊嚴成就。劫名寶明，國名善淨。其佛壽命無量阿僧祇劫，法住甚久。佛滅度後，起七寶塔遍滿其國。」】

語譯：世尊又向大眾開示說：

【「諸比丘們！富樓那同時也是最近七佛的說法人之中最爲第一，如今在我釋迦如來座下，同樣是說法人中最爲第一；不但如此，於賢劫中未來即將陸續示現的九百九十六佛之中，他一樣是說法人中最爲第一，而且都同樣努力護持幫助宣揚成佛之法。賢劫之後，富樓那也會在未來繼續護持幫助宣揚無量無邊諸佛之法，教化饒益無量無邊的衆生，令衆生們建立無上正等正覺。爲了清淨佛土的緣故，富樓那永遠都會殷勤精進地教化衆生，讓衆生漸漸具足菩薩所應行的法道；然後經過了無量阿僧祇劫，富樓那將會在這個國土成爲無上正等正覺，他的佛號稱爲法明如來，同樣是應供、正遍知、明行足等十號。那時的法明如來是以恆河沙數等三千大千世界合爲一個很大的佛土，以七寶爲地，大地平坦猶如手掌一般，沒有山陵谿澗溝壑，七寶所製成的臺觀充滿於他的國土之中，諸天的宮殿距離很近而處於他的國土虛空中，那時是人天可以互相交接，互相看得見的；法明如來的國土中沒有各種的惡道，也沒有女人，一切衆生全部都是化生，所以也都沒有婬欲；他的國土中有無量無邊衆生，全部都獲得大神通，身上放出光明，於虛空中飛行自在；並且每一個衆生，他們的意志和對於佛菩提道的意念，也就是念心所，都是非常堅固的，大家都很精進而且很有智慧；那時國土中的所有衆生們，色身都是黃金的顏色，全部都有三十二種大人相來各自莊嚴。他的國土中，衆生永遠就只有二種食：第一、是法喜食，第二、是禪悅食。他的國土中有無量不可數的千萬億不可數的諸菩薩衆，同樣都獲得大神通、以及四種無礙智，善能教化眾生中的各類有情。而他國土中的聲聞大眾，以人間的算數來校量統計，還是無法了知其數目，這些聲聞眾全部都獲得六通、而且有三明和八解脫。富樓那成佛時的法明如來國土中，有這樣的無量功德來莊嚴、成就。他成佛時的那一劫叫作寶明劫，他的國名叫作善淨國。法明如來的壽命有無量阿僧祇劫，他的正法住於世間非常非常的久。法明如來滅度之後，眾生爲他建造七寶塔遍滿於善淨國中。」

講義：這一段開示說，富樓那尊者不是只有在過去諸佛、也不是只有在釋迦如來座下是說法人中第一。由於過去久遠，不容易說明，於是 釋迦世尊指出過去七佛之中，他如何是說法人中的第一；因爲過去久遠劫，有很多阿羅漢們看不見，就以過去七佛來說明，有神通的大阿羅漢們就看得見，以此作爲一個證明，表示 世尊說的是如實語。那麼過去七佛，我在《阿含經》裡面查了一下，大略說給諸位瞭解。往過去推溯九十一劫前，這七佛是以 釋迦如來往前推算過去的第七佛。釋迦如來之前第七佛是在九十一劫前，那時候有 毘婆尸佛，那時的人壽是八萬四千歲。之後來到三十一劫前有二佛出現於世間，較早的一尊佛是 尸棄如來，那時的人壽是七萬歲；尸棄如來之後，同樣是三十一劫前，有 毘舍婆如來出現於人間，那時的人壽是六萬歲。換句話說，從過去九十一劫到過去三十一劫，這中間六十劫沒有如來出現於人間。從 尸棄佛、毘舍婆佛之後，接著是賢劫；也就是過去三十一劫中沒有誰來成佛，直到賢劫人壽四萬歲的時候，有 拘樓孫佛出現於人間，所以是空過很久而沒有佛出現在人間。我們賢劫總共有千佛，所以賢劫中的第一佛就是 拘樓孫佛，這是賢劫中第一次出現的；然後賢劫另一個小劫，是 拘那含佛出現於人間，那時候人壽三萬歲；接下來是到了賢劫下一個小劫，是迦葉佛出現於人間，人壽二萬歲；然後就距離很遠了，直到賢劫另一個小劫釋迦文佛出現於人間，人壽已經不滿百歲了。這就是從賢劫的現在往前推溯，已經過去的七佛。那麼，釋迦如來以自己爲第一佛往前推，推到九十一劫前 毘婆尸如來，這樣總共有七佛。

然後說，富樓那在七佛座下的說法人中，他是第一；所以如今在 釋迦如來座下，同樣是說法人中最爲第一，但這只是過去的。接著就顯示富樓那的大心，未來將會說法於賢劫中的當來諸佛，也就是未來的九百九十六佛之中，他同樣也會是「**說法人中第一**」，所以這個第一眞的不好爭，沒有人能跟他爭。釋迦如來座下十大弟子各有不同的第一，這十大弟子各自不同的第一都是很難爭的，未來大約也沒有什麼人可以去改變。那麼，富樓那尊者將來在九百九十六尊佛座下，他是「**說法人中亦復第一**」，同樣是「**護持助宣佛法**」；可是這還不足以顯示他的大心，世尊接著又說富樓那：「**亦於未來護持助宣無量無邊諸佛之法**」。佛說的是「**未來無量無邊諸佛之法**」，大家想一想，須菩提未來成佛是要先供養三百萬億那由他諸佛如來。大家想到這一點腳底就涼了，因爲要奉侍三百萬億那由他諸佛，那要等多久？可是三百萬億那由他諸佛，這還是有數目，因爲是三百萬億那由他。可是你看看，富樓那未來要「**護持助宣無量無邊諸佛之法**」，沒有數目呵！大家要想想，人家心量這麼大，我們在人間老是小鼻子、小眼睛，計較這幾十年的利益。假使我今年七十歲的話，最多也只有三十年可以計較嘛！然而人家是奉侍「**無量無邊諸佛**」，如果一尊佛以一小劫來計算，你要怎麼計算清楚那些時間？

有時候整整六十劫中都無佛出現，或是整整三十一劫中都無佛出現呢。但他就這樣以無法想像的長時間來「**教化饒益無量眾生**」，讓這些眾生都建立無上正等正覺。你看，這心量有多大？咱們的心量比不上他，所以很有可能是在座的諸位每一位都成佛了，他還沒有成佛。諸位將來成佛的時候，當然會知道他這個情形，那時會不會用下巴看他說：「你現在還沒有成佛。」會不會？絕對不會，因爲你知道人家心量那麼大。所以不能從眼前的事相來看眞相，用眼前的事相是看不見眞相的；一定要從過去無量劫連續觀察下來，然後再看人家的願力、人家的本願是怎麼樣？才能夠看得清楚眞相。

釋迦如來把富樓那這個心量之廣大、願力之廣大說了出來，然後就告訴大眾說：「富樓那是爲了清淨佛土的緣故，所以這樣精勤努力教化眾生，要教化無量無邊眾生漸漸具足菩薩之道，而不是一時具足菩薩之道。」菩薩之道哪有可能一時具足的？由這裡來看，所謂的即生成佛、即身成佛都不必談了，根本就是外道法。他這樣子教化眾生，漸漸具足菩薩之道以後，是要經過無量阿僧祇劫，才在這個國土成就佛國。無量阿僧祇劫成佛，是不是在諸位成佛之後？是不是？怎麼不敢答？就是諸位成佛之後很久了。要把心量放大、眼光放遠，不要老是看這一點點；因爲諸位成佛，假使你今天才從初信位開始，最會拖就是三大阿僧祇劫加上一萬大劫，最會拖就是這樣嘛！你三大阿僧祇劫後成佛，就算你四大阿僧祇劫才成佛好了，他卻是無量阿僧祇劫歟！諸位當然要有把握說我一定在富樓那尊者之前成佛，但是不可喜，爲什麼？因爲人家心量大，所以他未來成就的佛土就很難思議了，那個時候他稱爲法明如來，同樣具足十號，所謂應供、正遍知、明行足、善逝、世間解、無上士、調御丈夫、天人師、佛、世尊。

他的佛世界非常、非常、非常的廣大而難以形容，是以恆河沙數的三千大千世界作爲一個佛土，他成佛時是這樣的佛土，不是一般成佛時只有一個三千大千世界佛土。他這麼廣大無量無邊的佛土之中，是以七寶爲大地——大地都是七寶所成；而且地平如掌，沒有山陵谿澗溝壑，其中充滿了七寶臺觀，因爲他所教化的眾生無量無邊。請問，這是什麼境界？是人間？還是欲界天？還是色界天？都不是？「都不是」也對啦，但是也不完全正確；因爲諸佛的國土之中，仍然同樣是有十八界中的或多或少，因爲如果沒有十八界中的某幾界，那就是無餘涅槃了；十八界全部滅盡，當然是無餘涅槃；所以這種境界當然不離三界，但是卻又跟三界境界不太一樣。

既然不離三界，請問它是類似欲界、色界或者人間的境界？類似色界嘛！因爲這一種境界不可能是人間，人間的星球如果那麼大，那麼人們都別走路了，連爬都爬不動，因爲那個地心引力就會讓你動不了。那會不會是欲界天呢？也不可能，這當然是屬於色界天的境界；但它是佛土，所以跟色界天又有不同，而不在色界天之中。那到底天界有沒有佛教？佛教是只有人間才有嗎？話說回來，像這樣的佛土，「諸天宮殿近處虛空，人天交接，兩得相見」；諸天的宮殿，就在這個佛土的虛空之中，而這個佛土中的人可以看見諸天天人，可以互相交談。因爲可以看得見，也可以互相交談，所以叫作「人天交接」。或許你需要什麼用具，跟天人借一下，或者天人跟你借一下，因爲可以「人天交接」，可以互相言談。

接著就證明這不是欲界天的境界，因爲：「無諸惡道亦無女人，一切眾生皆以化生，無有婬欲。」說富樓那尊者將來成佛的時候名爲法明如來，他的國土中沒有三惡道眾生，所以連天龍都看不到，金翅鳥也都不存在；因爲天龍與金翅鳥是欲界天的忉利天之中以及之下才有，到了夜摩天就沒有天龍了，何況有畜生？這個佛土境界中也沒有女人，一切眾生都是中性身，這只有色界天才有；因爲色界天的天人沒有女人，其實也應該說沒有男人；因爲都是中性身，哪有男人？色界天人都是化生的，因爲有禪定的實證，所以死後看見色界天的景象，心中有所愛樂，靠近去就往生到色界天中，色界天身就這樣突然而有，受生在色界天中，所以叫作化生。

色界天中沒有男女之分，都是中性身，當然沒有婬欲。換句話說，想要生到法明如來的國土中，一定要有禪定的證量，至少要有初禪不退的定境。有禪定證量就表示他有修清淨梵行，「梵行已立」才能生到那裡去。所以你看前面那一段經文中，佛陀說富樓那尊者都教導眾生修清淨梵行，連欲界天之法都不許有。那麼生在這樣的國土中，當然有大神通；不管修不修，一定有報得的色界大神通；因爲色界天的神通不是欲界諸天之所能知，所以叫作大神通。「身出光明，飛行自在」，天人來去不是用走路的，天人來去時是坐著他的宮殿來來去去，所以「飛行自在」。

在這樣的國土中的佛弟子們，他們的心智是很堅固的，絕對不退轉於佛菩提道；而且他們的念心所很好，因爲有禪定的幫助，也因爲生於這種國土中的異熟果報，而使他們在那個國土中沒有胎昧，因此他們的念心所是很堅固的，學而不忘；當然大家在這樣的情況之下，一定是會很精進而且很有智慧。

富樓那成佛時的佛土中還有一個殊勝特點，是色界天人之所無，就是色身「普皆金色，具有三十二種大人相而自莊嚴」。色界天人想要來他的國土來不了，因爲果報身是那樣；只有被他所攝受——被法明如來所攝受，願意往生到這裡來，然後捨棄了色界天身，往生到這裡來，才能夠有這樣的果報。而這個國土中的眾生只有二種食，沒有團食：第一是「法喜食」，第二是「禪悅食」。這可見他們一定是在色界天的境界之中，但是卻又不屬於色界諸天，因爲它是佛土。那麼這個「法喜食」與「禪悅食」，就等下週再稍微來作解釋，今天就講到這裡。

《妙法蓮華經》上週講到九十三頁第九行，接著說：富樓那尊者將來成佛的時候，他的國土中的眾生恆時永遠都是有二種食：第一種是「法喜食」，第二種是「禪悅食」。「常以二食」這個「常」，說的就是不會變動的，永遠都是如此的，就說是常。那麼，富樓那尊者成佛之後，他的國土中所有眾生只有二食，二食就是說他們沒有段食，也沒有觸食。那麼想想看，富樓那尊者成佛時，他的這個佛土是在什麼樣的境界中？一定是色界；並且他這個境界還不是初禪、二禪天的境界，因爲初禪天、二禪天，特別是初禪天有觸食，又是很強烈；二禪淡一點，三禪身心俱樂，也是有觸食的。可是這裡沒有觸食，這是哪個色界天的境界呢？（有人回答，聲音很小）有信心一點啦！就是四禪天的境界。富樓那尊者的心量是這個樣子，所以他的國土就是那一種境界，那麼廣大又那麼殊勝，當然需要很久才能成佛，超乎所有師兄弟們的想像。那麼，要往生到那裡去成為他的弟子眾，就不是一般人能去，乃至於現在說明心了、見性了，可以上品上生去極樂世界了，一樣是去不了他的世界，因為還得要加修第四禪而不退失才能夠往生，所以他們都有「法喜食」、也有「禪悅食」，就是沒有觸食，當然更不會有欲界的團食了。

像這樣殊勝的國土而且攝受的眾生是那麼多，而他的國土是那麼廣大，因為他是以恆河沙數的三千大千世界作為一個佛土，不是一個三千大千世界，然後他所度的眾生是非常多而無法計算。諸位想想看，那他得要多少時間在因地來度眾，才能夠將來成就這樣的佛土呢？所以祂的時間是要非常之長久的。因此他必須要不斷地精進教化眾生，在定學、慧學上面都要與時俱進教導眾生，要教導大家都成為和他一樣的心性，才能夠在他成佛的時候生到他的佛土中。

在他的座下「有無量阿僧祇千萬億那由他諸菩薩眾」，老實說根本不知道是多少，因爲「無量阿僧祇」就沒有一個定數了，再加上「千萬億那由他」，很難理解是多少。而這一些菩薩眾們都已「得大神通」，也都有「四無礙智」。有大神通是不容易的，一般而言，有個小小的五通就顯得很不得了了。我們有時候遇見有誰炫耀說他有神通，但是一百個人之中有九十九個是假的，碰巧遇見一個是眞的，你問他說：「我前世是幹什麼的？」他爲你看一看就說你前世是什麼人，當你再問他：「那麼上上世呢？」他就看不見了。有時候去問天神，天神也是一樣看個二世、三世，再過去就看不見了，可是這都只是很小的神通。

然而富樓那尊者成佛時，在他國土中那些數不盡的菩薩眾們，他們得到的都是「大神通」；換句話說，是沒有限制的，是不受限的。而且個個都有「四無礙智」，這個四無礙智是哪一地所有的？是九地菩薩。他的佛土是這樣的喔！那你想，他要發什麼大心？要作多少事情？要如何利樂眾生？要如何攝化眾生？又要攝受多久、攝受多少眾生？這都是很難以想像的事。他座下這些大眾們無量無數，而且都「善能教化眾生之類」。那麼，除了這一些菩薩以外，還有更多的聲聞眾；那些聲聞眾，也是用算數校計的，或者說分成幾個類別來統計，也是無法確實了知到底有多少人。而他的聲聞眾裡面都不是慧解脫，都是「具足六通、三明及八解脫」。換句話說，全部都是三明六通的大阿羅漢，沒有一個是慧解脫的。那麼這個佛國之中，是有這樣的「無量功德」來莊嚴、來成就。

請大家想想看，以這樣的世界來比較極樂世界，能不能相提並論？眞的不能相提並論；因爲極樂世界中品人只是阿羅漢，還不一定是三明六通大阿羅漢；下品人最多只能修到初地，大部分人是不曉得什麼時候才可以證初果。可是，富樓那尊者成就的這個國土，是這樣子勝妙、殊勝、莊嚴而很難想像。這個聲聞眾如果有一個人出現在現在的地球上，那可就不得了。可是在他那裡呢？數目有多少？是「算數校計所不能知」，根本不知道有多少人；因爲他的世界太大了，是恆河沙等三千大千世界合爲一個佛土；那樣的境界，有那樣的菩薩眾、那樣的聲聞眾，眞的很難想像。那麼，這樣的功德很難一一加以數說，因爲你如果要一一加以數說，其他的佛世界可都被比下去了，那要怎麼詳細說明呢？所以很難說，只能夠簡單一句話說：「其佛國土有如是等無量功德莊嚴成就。」只好這樣一句話帶過去。

那麼，富樓那尊者成佛時，他的那一個劫叫作寶明劫，他的佛國叫作善淨國；而富樓那尊者成佛的時候，「壽命無量阿僧祇劫」，所以他也是無量壽，一樣是無量壽佛。既然他自己壽命無量，當然他的法住於世間也是甚久；只要佛在，正法就不會滅失，當然是「法住甚久」。甚久、甚久以後他才終於入滅，然後眾弟子們爲他建造七寶塔，遍滿於善淨國中。這個講的是人間佛教，還是天界的佛教？顯然不是人間佛教。學菩薩行、修菩薩行，就應該有菩薩的心量與見地，不要侷限在地球上。

有些人的眼光很短淺，始終侷限在地球中；在印順法師的書裡面，他告訴我們的是說：二千多年前釋迦牟尼佛在人間出現，其實是一個偶然。他的意思就是這樣。但實際上，這是至少要經過三大阿僧祇劫的修行才能成就的，絕非偶然啦！如果以偶然來講而講得通，那麼以前人口少，偶然的比例比較低，現在地球人口六、七十億，偶然的比例應該比較高，因爲這是或然率的問題。偶然就是或然率，就好像說，你生產一個產品，產品出產的數量愈多，出現瑕疵產品的數量也就跟著愈多，所以才需要品質管制，或然率就是這樣。

那麼，現在六、七十億人口，比起以前只有幾億人口，就應該說現在出現佛陀的比率更高，可是爲什麼都沒看見呢？所看見的全都是假佛，就沒有一個眞佛，所以那不是偶然。也就是說：他們都是把眼光限縮在這個地球上，連娑婆世界是三千大千的世界都不承認，只承認這個地球上有佛教。然後，過去無量劫、未來無量劫也不承認。接著再把他的眼光降低，只看到人的層次，連諸天的層次都不理會、都不承認，所以要求大家以凡夫的「人菩薩行」來成佛。如果這樣也可以成佛，三乘經典全都要改寫了。像他這樣的主張，連一點點偶然的機會都沒有，根本不可能成佛，還說是偶然成佛呢。所以，人間佛教是一個很狹隘的思想，純粹是個思想而非義學，而那個思想已經被證明是不正確的。

但是，從另一個方面來解釋人間佛教卻可以講得通，就是說救護眾生、度化眾生以人間爲根本，這個說法是講得通的；這是因爲菩薩滿足三地心以後，在人間度化眾生的誓願並不僅僅度化人類而已，還有許多幽冥界的眾生——就是鬼道的眾生，以及畜生界的眾生，都是菩薩所度化的範圍，不是只有人類；但在三地滿心位之前，都是以人間作爲度化有情的對象。那麼要這樣一一度化，三大阿僧祇劫他成佛的時候，那一些鬼道的眾生、畜生道的眾生，來到他座下就成爲阿羅漢聲聞人，但還不是菩薩。這樣來看菩薩道，就不會再覺得：「菩薩道好像是一個充滿了想像，不是眞正可以實踐的成佛之道了。」因爲菩薩道，其實就是在我們每一天的生活當中這樣行，一世又一世不斷去修習正確的知見，不斷地增廣自己的見地，然後眼界開闊了，那時候不會再說：「我只承認阿彌陀佛，其他的佛，我都不信。」因爲淨土宗有許多人是這樣。也不會像有一些學禪的人說：「我只承認釋迦牟尼佛，其他的佛，我都不信。」絕對不會了，因爲諸佛無量無數。而自己過去世追隨過多少佛了呢？也都忘了，然後都跟這一世一樣，都說我只追隨某一尊佛。可是這樣無量世下來，每一世都說他只追隨一尊佛，可是那幾世累積下來的結果是多少尊佛？其實自己也算不清楚。可笑的是，一尊佛換過一尊佛，每一世都說我只要追隨某一尊佛，這就是未離胎昧的凡夫菩薩。度眾生時也一樣，不應該是只度這個地球上的人類，將來還要擴及很多層面的有情，也得一一度化，但是要從人間的人類開始，成佛後也仍然不放棄度化人類，這樣才是眞正的人間佛教。

所以，眼界要放大、層次要拉高來看待整個宇宙中的佛教，不要被人家錯誤的思想謬論限制在地球上的這個短短時段。地球是一個很小的小小世間，而這個時段在過去、未來無量無數劫中，也是一個很短、很短的時間。那麼這樣來看待，也經過思惟整理確實是如此，知見擴大而漸漸習慣了以後，就覺得：「**三大阿僧祇劫也是這麼修，我就隨著我應該有的因緣繼續去努力吧！**」所以安下心來按部就班精進修學，也就不急於成佛了，因爲這個是快不來的。而且，什麼時候要成什麼佛，佛國土是怎麼樣的境界，也是要自己先有一個施設，然後立下那個願，看將來要成就什麼佛國，然後就大約知道說自己將來成佛的時程大概是多久，也許三大阿僧祇劫，也許是百千萬億阿僧祇劫，那就不一定了，就看你將來的佛國要怎麼成就。所以，不要被錯誤的說法侷限在一個很短暫的時間以及很粗淺的層次中，無邊的佛法不是這樣看待的。而佛教並不是只有在地球上才有，因爲諸佛都是遍宇宙中在度眾生的，只要眾生的緣熟了，就會有佛去化現。這一段經文之中的這個道理，大家應該有一些瞭解。那麼，這一個道理，世尊將以重頌再說一遍：

經文：【爾時世尊欲重宣此義，而說偈言：「

諸比丘諦聽！佛子所行道；善學方便故，不可得思議。
知眾樂小法，而畏於大智；是故諸菩薩，作聲聞緣覺；
以無數方便，化諸眾生類。自說是聲聞，去佛道甚遠；
度脫無量眾，皆悉得成就；雖小欲懈怠，漸當令作佛。
內祕菩薩行，外現是聲聞；少欲厭生死，實自淨佛土。
示眾有三毒，又現邪見相；我弟子如是，方便度眾生。
若我具足說，種種現化事；眾生聞是者，心則懷疑惑。
今此富樓那，於昔千億佛，勤修所行道，宣護諸佛法。
為求無上慧，而於諸佛所，現居弟子上，多聞有智慧。
所說無所畏，能令眾歡喜；未曾有疲惓，而以助佛事。
已度大神通，具四無礙智；知諸根利鈍，常說清淨法。
演暢如是義，教諸千億眾，令住大乘法，而自淨佛土。
未來亦供養，無量無數佛，護助宣正法，亦自淨佛土。
常以諸方便，說法無所畏，度不可計眾，成就一切智。

供養諸如來，護持法寶藏，其後得成佛，號名曰法明。
其國名善淨，七寶所合成，劫名爲寶明。菩薩眾甚多，
其數無量億，皆度大神通，威德力具足，充滿其國土。
聲聞亦無數，三明八解脫，得四無礙智，以是等爲僧。
其國諸眾生，婬欲皆已斷，純一變化生，具相莊嚴身。
法喜禪悅食，更無餘食想；無有諸女人，亦無諸惡道。
富樓那比丘，功德悉成滿，當得斯淨土，賢聖眾甚多。
如是無量事，我今但略說。」】

語譯：【這時候世尊想要重新宣示長行中所說的這個道理，於是就以重頌再來解說一遍：

「諸位比丘們！大家詳細地聽我說明佛弟子所行的菩薩道；由於善學各種方便善巧的緣故，是聲聞人與凡夫們沒有辦法可以思議的。

由於了知大眾剛開始時都喜歡修學小法，而畏懼於佛菩提道的大智慧；所以菩薩眾們來到人間的時候，就示現作聲聞相和緣覺相；然後以無量無數的方便，來化度各種不同根器的眾生。

又向大眾稱說自己是一個聲聞人，距離佛道仍然非常遙遠；這樣來度脫了無量無邊的眾生，讓這些眾生們都可以成就解脫的果報；雖然有時想要小小的懈怠一下，不免有一點放逸行，但還是漸漸地要讓大眾最後都可以成佛。

這些菩薩們自己心中隱蔽著的其實是菩薩行，但是示現於外的、被人所看到的法相卻是聲聞的法相；他們的欲求非常之少，都是厭離生死的人，這樣子修行其實是在清淨自己的佛土。

在表面上示現給眾生看的，是這些菩薩眾們仍然有貪、瞋與癡，有時又特地示現似乎有邪見的模樣；而我的弟子們就像是這樣子，以方便善巧與眾生同事而度化眾生。

我這些弟子們的不可思議事相，如果我具足加以說明，來顯示他們各種不同的示現和度化眾生的事情；當眾生們聽到我如實說的時候，心中就會懷著疑惑。

如今這位富樓那，在往昔千億佛所，已曾精勤地修習所應當行的菩薩道，也幫助諸佛宣揚護持諸佛所說的佛法。

他爲了求無上慧，而在諸佛的座下，示現居於諸弟子之上，他是一個示現多聞而有智慧相的人。

富樓那對所說諸法都無所畏懼，而且能夠令大眾心生歡喜；而他在這樣千億佛所，乃至到今天我釋迦牟尼佛座下助宣佛法，不曾有過疲倦的事情，都是這樣子幫助諸佛宣化。

富樓那已經度過生死，而且有超越一般人所知的大神通，他是具有四種無礙智的人；他也了知眾生的五種善根是猛利或遲鈍，永遠都是爲眾生解說清淨法。

就這樣子宣演到淋漓盡致而把法義宣示出來，教化無量千億的眾生，讓眾生們都安住於大乘法中，就這樣來清淨他將來成佛時的佛土。

富樓那未來也將會供養無量無數佛，同樣會護持幫助宣揚諸佛的正法，也同樣以這種方式自己清淨未來成佛時的佛土。

富樓那永遠都會以各種方便的智慧善巧，而於一切說法中從來無所畏懼，他能夠度化不可計算的眾生，將來可以獲得諸佛所證得的一切智。

富樓那將來會繼續供養諸如來，也護持諸佛的佛法寶藏，最後當他成佛時，他的名號叫作法明如來。

他的國土名爲善淨國，是由七寶所合成的，他成佛時的劫名叫作寶明。他成佛時的菩薩眾非常非常之多，有無量億之數，全部都超越了三界境界，也都擁有世間人所不知的大神通，威德之力也都具足了，像這樣的大菩薩們充滿於富樓那的國土中。

而他的國土中，聲聞人的數目也是沒有辦法計算的，並且這一些聲聞人，每一個人都有三明六通八解脫，也都得到了聲聞法中的四種無礙智，就以這樣的菩薩與聲聞來作爲他的僧眾。

富樓那成佛時國土裡面的眾生，婬欲皆已經斷除了，所以他的國土中的眾生都是純一而無雜，都是變化所生，全都是化生的天人，具足了色界天人的莊嚴相來莊嚴他們各自的色身。

他的國土中的眾生永遠都以法喜食和禪悅食來充滿他們的身心，再也不會有別的觸食或團食之想；他的國土中也沒有各種的女人，更不會有三惡道的有情。

因爲富樓那比丘繼續修行，功德已經全部成就滿足了，所以他將會獲得這樣的淨土，在他的淨土中，賢聖眾非常之多。

像這一類難可思議的許多事情，我如今只是略說而已。」】

講義：富樓那尊者的世界是如此勝妙而難可思議，但未來這麼殊勝的佛國淨土是怎麼來的呢？也就是說，他對於像我們現在這種五濁惡世的眾生，全部都不捨棄，都一一度化。確實要這樣無量無數劫一一去度化，不要嫌煩啦！度眾生最難安忍的一點就是煩。眾生來請法時，講一遍不懂，講二遍不懂，再問第三遍時善知識就心煩了，他已經不想再講了，再問時就覺得心煩，口氣便有些不太好。有時候善知識說法也是如此，說到後來都會覺得煩，不是覺得法喜充滿。如果煩的話，他就會退心，不可能繼續再利樂眾生了，那他想要成就佛果與淨土，永遠就沒有可能了，更別說是富樓那的這種國土。所以佛法中度化眾生時，對於一般實證者來講，最難過的一關就是煩；他如果能夠耐得了煩，他的成佛之道是不會有任何障礙的。

如果是還沒有眞實證悟的人，那他所謂的度化眾生只是說著玩的，因爲沒有辦法度人，連自己都還沒度，要怎麼度別人？《維摩詰經》中也說：「自疾不能救，而能救諸疾？」所以要能耐得了煩，一直都有耐心去爲眾生作事就不會有退心。這一點是很難作得到的，但是卻一定要作到；菩薩一定要作到，你悟了以後面對凡夫眾生時，千萬記得要耐煩。如果耐不了煩，不必幾年，你一定會來跟我告長假。這一告長假，可能十年後回來，可能三十年後才會再回來，但也可能就得下一世才會回來了！很有可能是這樣，這是很正常的事。那麼這個「煩」能夠耐得了，便能成就富樓那這個國土嗎？還不行，還得要有不可思議的行事方便。

所以世尊開示說：「比丘們大家要詳細聽著！眞正的佛子所行之道是完全不同的；這是要善學方便的緣故，不是二乘聖者以及凡夫們所能夠思議或想像的。」佛子，這裡講的佛子，當然不是指新學菩薩，因爲釋迦如來這裡說的「佛子」兩個字，指的是以前祂行菩薩道時就跟在祂座下，一劫又一劫修行下來的人，那才叫作佛子，不是一般的眾生；並不是歸依大乘賢聖三寶了，就可以叫作佛子，只能稱爲三寶弟子。像這一類的佛子，因爲善學方便善巧，才能夠有不可思議行，不可思議行是眾生無法想像的。譬如說，像富樓那他們這樣子，明明是菩薩卻故意要示現作什麼都不懂，在這裡受生成爲一個凡夫俗子一樣的人，然後從頭開始學，並且學了以後還要示現作聲聞人，不是一開始就可以示現作菩薩相，這眞的很難想像。

並不是說，他們這一世才開悟，其實無量劫以來跟著 釋迦佛就已經都悟過了，但是故意要全部遮蔽起來，故意要把它忘掉，然後由 佛來度，由 佛示現三轉法輪的過程，讓人類覺得說：「他們是人，我也是人，他們能成爲阿羅漢、成爲菩薩，爲什麼我不能成爲阿羅漢、成爲菩薩呢？」就這樣子配合 釋迦如來在人間度化眾生。這種示現是很困難的，也就是說，他來受生入胎的時候，要故意全部忘掉，然後從頭開始。很難想像吧？是很難想像啊！但他這種狀況是確實存在。

又譬如說，我在《燈影》裡面不是寫了嗎？說那個「猶如光影」可以轉變自己的內相分，但是二地滿心轉入三地以後，從無生法忍裡面去進修，還可以去轉變別人的內相分。可是 佛陀說：「你如果敢擅自作這件事，捨報以後就下地獄去。」因爲你沒有這個權限，他們基督教把權限叫作權柄。也就是說，你的功德還不足以作這種事；雖然你有那個能力了，但你的功德還不夠，不許作。可是，反觀自己是一個濫慈悲、老婆心切的人，難保未來什麼時候會忍不住去作，那該怎麼辦？最好的辦法就是把它忘掉，全部忘掉以後就不會去作了。如果有人拿著刀來架著脖子說：「你再不講，我就把你砍了。」

「好啦！你別砍我，讓我再想一想。」可是再怎麼想也想不起來，沒辦法！因爲眞的是忘掉了。這很難想像吧！確實是如此。

如果想要重新把這個智慧再恢復過來的話，那只有從頭把以前那幾個月的觀行過程重新再來一遍。我以前作這種觀行時是經歷了二個半月的過程，如今得要重新再來一遍，那要多久才能恢復？還是二個多月，也許可以縮短一些時間。所以，很多事情不是用世間的邏輯思惟所能理解的，譬如說三地滿心的菩薩，正知入胎、正知住胎、正知出胎，可是成佛之前，在妙覺位到了最後身那一世要成佛了，卻示現不一樣，是正知入胎、正知住胎，而出胎以後變得無所知，全部把它忘掉，示現作一個凡夫一樣的平常人，然後從零開始來示現成佛。這眞的很難以想像吧？是啊！但就是要這樣子，因爲五濁惡世的眾生，你如果不這樣子方便善巧來示現的話，大家信不及，全都信不過。如果這樣示現，看著悉達多太子不過是一個凡夫，竟然出家修行成佛了，大家就有信心了，所以這是很難思議的事情。如果人壽八萬四千歲了，那時候來成佛就用不著如此辛苦了。

諸位想想，今天你的壽命大約不超過百歲，學到今天的智慧已經很好了，當你們去到外面那些道場，他們的信眾已經沒有辦法跟你們對談；這還是不滿百歲之身已經如此，如果繼續修學下去，再學八萬三千九百歲，那智慧是不是勝妙過很多很多倍？是呵！那時的人類五根具足——信、進、念、定、慧等五根具足，所以那時你如果來示現成佛，不需要這樣子示現苦行；因爲那時大家的五根都很好，所以 彌勒菩薩將來是今夜出家，明天早上成佛開始說法，大家一樣信得及。因此，在五濁惡世度眾生是要有很多方便善巧的，明明是菩薩，以前跟著 釋迦如來已經修學很多、很多劫了，過去也都是早就悟過了；但是爲了度眾生，因爲這裡的眾生什麼都還不懂，所以必須要這樣示現——示現給大家看，看見自己什麼都不懂，然後在這裡遇見了釋迦牟尼佛，被 佛所度而成爲阿羅漢。成爲阿羅漢之後，接著 佛陀再講般若諸經，再運用一些教外別傳幫大家證悟了，然後在第三轉法輪講一切種智成佛之道，大家也就一一入地了。所以，這是要有很多的方便善巧智慧才能作得到的，而這一些阿羅漢們跟著 釋迦如來受生到這個地球上來，就是要這樣子配合演出無生大戲，才能好好度化五濁惡世裡的眾生，這才是眞正的佛子所行道：「善學方便故，不可得思議。」

那麼對一般人來說，他們所謂學佛就是出離生死；可是出離三界生死，那都只是小法，因爲只要斷除了我見、我執，就可以出離生死了，而這只要一生就能成辦。如果連這個出離生死的法，他們都還沒有得到，你一開始就爲他們演說成佛之道三大無量數劫，隨即宣講般若：不來不去、不增不減、不一不異、不垢不淨、不常不斷、不生不死，眾生聽到頭昏腦脹，根本聽不懂，完全聽不懂。當他們聽不懂的時候，最多強忍著來聽三次法，不會有第四次了，因爲怎麼聽都聽不懂，還要來聽什麼法？所以一定要有這樣的方便善巧施設。但是不能一個人來演戲，要有很多人配合來共同演出，而當時這一些聲聞眾就是配合演出者。大家要來這裡受生之前，就已經都說好了（大眾是愛樂小法的，對於佛地的廣大圓滿智慧是很畏懼的，所以先說好），大家來到這個人間時，就從凡夫的聲聞地開始，因此這一些菩薩都要示現作聲聞、緣覺，就要這樣示現而被　佛陀所度化，就這樣子以無數的方便來化度諸眾生類。實際上去觀察，眞求解脫的眾生們，也眞的是喜歡聲聞小法。你如果一開始就講眞如佛性，大家聽得滿頭霧水，而且根本不可能實證，那你能夠度誰呢？誰也度不了，所以必須要有方便善巧才能度眾。

我這一世沒有佛法實證上的師承，不會有師父告誡我弘法時不許明言實證的內涵。我的師承遠紹自 釋迦如來，又因爲這一世沒有離開胎昧，所以當年我想：明心與見性是這麼簡單的事情，一點都不稀奇。因此我一開始度人時，是明心見性一起來；是因爲眼見佛性很殊勝，所以我們當年剛開始弘法時，明心的部分就不太說，只是點一下，讓大眾知道了如來藏的所在，連深入整理都沒有，接著就教導怎麼樣可以眼見佛性。最早期都是這樣子，當然我當年這樣作是有過失的，可是因緣卻也必須如此；因爲我如果沒有先弄出幾個人來證明佛性可以用肉眼看得見，任憑一個蕭平實說到口乾舌爛也沒有人會信，我得要有別人來證明說這是眞的，所以就這樣弄出一些人眞的看見佛性，由這些人來爲我作證明，然後就一直轉變到今天有了正覺同修會。如今我可就抽不出腿了，永遠要在這個弘法的志業上繼續作到老死，無法脫身了。但現在也不敢想說要抽腿，因爲這事要有始有終；既然開始作了，就要把它作到完成，佛教才能復興起來。

「自說是聲聞，去佛道甚遠；度脫無量眾，皆悉得成就；雖小欲懈怠，漸當令作佛。」菩薩們來人間，其實都是配合來作事。如來規劃好了，哪一個世界該怎麼作，菩薩們跟著來，一一受生等待　佛陀降生，然後就那麼作。如來就看這些菩薩、這些弟子們，去到某一個世界都已經投胎完畢了，他們在社會上已經都有一些成績在那裡，受大眾所恭敬了，然後　佛陀再來受生。這都是在演無生之戲，可是這場戲非常偉大，要有許許多多的菩薩們配合：你來演聲聞人，你來演大菩薩，就這樣子來度化那個世界的眾生。當那一些世界的眾生度得以後，那些眾生其實就是那一些菩薩們將來的弟子，因爲　佛陀把他們召集來受生到這裡，於是度了這些人。度了這些人，佛陀並沒有一直住在這裡佔有眷屬；這些人在這裡有所成就，接著繼續修行，暫時不需要那麼多菩薩來指導，於是大部分菩薩跟著　佛陀班師到另一個星球又繼續度眾生，就這樣不斷去度。其實　佛陀度眾生也是爲弟子們度眾生，因爲　佛陀度眾生以後並不會說：「這永遠是我的弟子。」因爲　佛陀在這裡度完了，祂就示現入涅槃了，然後就由弟子們繼續去度了，弟子們就依靠　佛陀這樣度眾生的方式，來攝受將來自己的佛土。

可是這個道理，你要怎麼說明呢？也只能在正覺講堂裡說，眞要到外面去講，人家會說：「哎呀！你眞會瞎掰，編出這麼一套故事來。」然而這卻是眞實的，並不是編的，因爲諸佛就是帶著菩薩們這樣利樂眾生的。這是事實，凡是五濁惡世都是如此；即使將來已經沒有五濁，人壽八萬四千歲的時候，彌勒菩薩來人間成佛，一樣是有二乘菩提跟大乘菩提，最後才講《法華經》，還是一樣的。所以這不是我自己編造的，因爲事實上就是如此，這就是諸菩薩眾們追隨 釋迦如來，以無量無數的方便來度化各種眾生，然後觀察眾生被慢心所障，那就要出來說：「我們是聲聞人，我們距離佛地是非常遙遠的。」眾生想：「你們阿羅漢是人天應供，已經可以出離三界生死了，竟然還說距離佛地那麼遙遠——喔！那麼佛陀的境界眞是不可想像啊！」眾生就因此而恭敬 佛陀了，這樣才會生起善根。否則的話，眾生遇見了 佛，心中會想：「佛還不是跟我一樣？也是這個人身，同樣一個頭、二隻手、二隻腳，一樣要吃飯。」那眾生就瞧不起了。可是，當諸天天主來見阿羅漢的時候，是那樣禮拜、恭敬、供養，而阿羅漢卻說他們距離諸菩薩境界很遙遠，而菩薩們卻說自己距離 佛陀的境界非常遙遠，這時眾生才懂得尊重恭敬 釋迦如來，就會有善根生起，將來才能夠實證而正式邁向成佛之道。所以，他們「自說是聲聞，去佛道甚遠」；就這樣子「度脫無量眾，皆悉得成就」。

在成佛之道三大無數劫中，並不是每一個人都可以像八地以上的菩薩那樣，剎那剎那都在法上用功；所以在成佛之道的前進過程中，有時總是難免有小小的懈怠，但是這一些阿羅漢們就是要配合　佛陀的意旨來示現給眾生看，說我們聲聞人是這麼精進，都不放逸的。並且示現給眾生看，這樣精進修行最終還是要迴向佛菩提道，還是要邁向成佛之道，沒有第二條路。那麼眾生看了，雖然有時候不免懈怠，但心裡想一想，結果還是要回到佛菩提道來，因爲只有這個佛菩提道是究竟境界，就是「漸當令作佛」。

「內祕菩薩行，外現是聲聞；少欲厭生死，實自淨佛土。」這一些外現聲聞內祕菩薩行的人，看來他們是少欲厭生死，其實不是這樣，其實他們是不害怕生死的，否則過去無量劫來就不可能跟著　釋迦如來這樣修菩薩行，因爲過去無量劫來如果眞的是少欲厭生死的話，他一世就可以取阿羅漢果，一世就可以出生死，爲什麼到現在還示現作凡夫被　佛所度呢？所以其實就是自淨佛土。因爲佛土清淨了，眾生就清淨了，可是自己的佛土要清淨，得從自己身上修起，不是在表相上面去修的。

「示眾有三毒，又現邪見相；我弟子如是，方便度眾生。」那麼這個自淨佛土，當然是有它的過程，到了第二大阿僧祇劫，一方面自淨佛土，一方面度化眾生，對外「示眾有三毒，又現邪見相」；示現給眾生看的是還有貪、瞋、癡，因爲從初地開始，未到七地滿心的菩薩們，習氣種子都還在。這些習氣種子要怎麼斷除？在人間最好斷除，不要到天上去。到天上去，那些種子現行的機會少了，因爲沒有什麼外緣可以現行。如果到人間來，外緣太多了，所以這些貪、瞋、癡的種子現行的機會非常多，然後次第去轉變它，斷除習氣種子。

那麼，有時候也示現一些邪見相，邪見相由二個方面來說；一個方面是示現如同外道一樣，專門說一些邪見，等候 佛陀來人間示現成佛之後，再由 佛陀來度化他，一大群徒眾就跟著他捨棄邪見進入佛法中，這是第一種示現。以前大迦葉三兄弟，或者那個拈花微笑的大迦葉（佛世有好幾個大迦葉）；又像舍利弗、目犍連、迦旃延、富樓那都先示現外道相。他們沒有遇到 佛以前，都講一些邪見招集徒眾，這也是示現邪見相，然後由 佛陀來度化。那時大家看到了就想：「這樣的大師竟然被年輕的佛陀度了去，禮拜年輕的佛陀作老師。」大家就對 佛陀很恭敬崇仰，知道 佛陀境界確實深妙。

因為眾生就是要先看表相才會信入，你若是沒有先作出這些表相，眾生是不相信的。所以迦葉三兄弟，佛陀為了度大迦葉，那眞是十八般武藝搬出來，先把那個石窟中的惡龍給收服，收服之後還示現了許多的不可思議事，示現了無量的神變，他才願意信受。

又譬如說目犍連，他是神通第一，是遇見 佛陀以前神通就很行，可是卻仍然要示現外道相、邪見相，被大家所恭敬尊重之後，再由 佛陀來度，這樣大家就相信 佛陀了。另外一個層次的邪見相，譬如菩薩得要具足犯五逆才能成佛，五逆罪：殺父、殺母、殺阿羅漢、破和合僧，還有一個什麼？是出佛身血。但那是另外一個層次，那個邪見相，是證悟以後修學般若入地之前應該要學的，那又不一樣了，那是在佛門中示現邪見相，卻是很高的修證者才辦得到，我們這裡不作細說（編案：詳見平實導師所著《楞伽經詳解》的說明）。所以，這一些都是 釋迦如來的方便度化，如果不是這樣子，單單一尊佛陀來示現來受生，很難度眾。

所以如果你想要成佛時，就得要預先安排看看：你有哪一些弟子將來可以配合你來人間示現成佛度化眾生。所以，等覺菩薩、妙覺菩薩都是很忙的，不是只在兜率天宮坐著沒事，因爲要安排哪一些弟子將來在人間作什麼事業，都要事先安排。沒有哪一尊佛是不帶著弟子而單獨來人間示現的，否則祂度化眾生的因緣是不可能圓滿的。而富樓那尊者等人，看起來是聲聞弟子，其實以前本來都是菩薩，已經跟隨 釋迦如來很多、很多劫，就這樣一直延續下來；可是他們都沒有去取無餘涅槃，就證明他們本來就是菩薩，所以這一回又跟著 釋迦如來在這個地球上面示現，也就是這二句話的意思：

「我弟子如是，方便度眾生。」

實際上這一些方便度眾生的事情，如果要具足說，把種種現化事都要具足說明，眾生是沒辦法相信的。假使你不信，把今晚所聽到的法，去外面不管哪個大山頭的信徒、小山頭的信徒，去跟他們講，他們一定說：「**哎呀！你們蕭老師眞會瞎掰，你也會相信？那都是神話。**」就是這樣啊！可是，一個人的信根是否具足就看這裡，而他是否有智慧來判斷，也從這裡看。如果他能夠如實了知、深入思惟以後，認爲這是眞實的，表示他的信、進、念、定、慧五根已經具足圓滿，因爲這實在很難令人相信。然而這卻是事實，可是眾生不瞭解；且不說眾生，單說現在佛教界，台灣的佛弟子眾，大多數人就沒有辦法眞的信受。

將來這部《法華經》的講義，整理成講記印出去以後，不曉得又有多少人要毀謗了，眞的不知道。我把眞實的道理講出來，他們能不能接受？眞的很難說。我認爲一定會有一些人私下毀謗，但這也是不可避免的，因爲佛早就說了：「**眾生聞是者，心則懷疑惑。**」這是無可避免的事。所以《法華經》背後的眞實義是很難爲眾生說明的，但是總得要有人說出來。古德也許曾經講過，但沒有留下錄音，所以不可能整理成講記。我們希望把它講清楚了，以後整理成講記，將來可以繼續流傳下去，讓未來世的佛弟子們對大乘法、對佛菩提道，可以有比較深刻、正確的認知。

話說回來，世尊說：「**今此富樓那，於昔千億佛，勤修所行道，宣護諸佛法。爲求無上慧，而於諸佛所，現居弟子上，多聞有智慧。**」他眞的是如此。示現聲聞相的十大弟子之中，各有一種第一；如果擴而大之，五百大弟子也各有他們的第一。但是只說這十大弟子好了，他們都各有第一。富樓那是說法第一，可是這個說法第一，如果不是多聞而有智慧，就不可能成爲說法第一。以前有不少阿羅漢，他們都已成爲阿羅漢了，都還很想跟富樓那尊者討論二乘菩提，這是阿含部經典中的明文記載。那麼跟他討論大乘菩提的，《阿含經》裡面當然不會有記載，而大乘經典裡面也沒看到記載；但是從阿含部那些經典中的記載，你就可以推度而知：很多人喜歡跟他論法，因爲與他論法會得到法上的利益，他是說法第一。

「所說無所畏，能令眾歡喜；未曾有疲惓，而以助佛事。」他的說法第一，表示他有無上的智慧；這個無上的智慧卻是往昔追隨了千億佛，努力修行實證，並且把千億佛所說的法一一加以幫助宣揚出來才能獲得。所以，說法是可以讓自己的功德快速增長的，這就是富樓那多聞有智慧的原因。他既然是如此，當然他所說的一切法不怕人家挑戰，這就是「所說無所畏，能令眾歡喜」，因爲他說出來的法無懈可擊，大眾沒有辦法推翻他；所以大眾聽了，當然知道這是最勝妙的法，心中當然歡喜了。而富樓那將來佛土會那麼勝妙，菩薩眾、聲聞眾會那麼廣大眾多，而且個個實證都很高，原因就是他千萬億佛以來，幫助諸佛宣揚佛法諸事，「未曾有疲惓」。

「已度大神通，具四無礙智；知諸根利鈍，常說清淨法。演暢如是義，教諸千億眾，令住大乘法，而自淨佛土。」在佛世，富樓那當然已經度過了三界生死，也超越了一般人所謂的大神通，因為他已經轉入菩薩道很久了。他又具有四無礙智，這可不得了；雖然沒有人能與他論法，遇見了他，都是向他請法；乃至阿含諸經中的記載，阿羅漢們見了富樓那，都很恭敬讚歎；所以同樣是大阿羅漢，但是迴小向大以後，層次的差別還是很大的，並不是大家都一樣。所以，富樓那尊者能夠了知眾生的根性是猛利或遲鈍的，而永遠都為大眾演說清淨法；但是他為大眾說清淨法，不是只說二乘菩提，他教導諸千億眾都是「**令住大乘法**」。

為什麼要教大家住於大乘法中呢？因為他要攝受自己的佛土。攝受眾生就是攝受佛土，他攝受的眾生愈多，將來他的佛土就愈大。因為世界是由眾生的共業而形成的，被他所度的人是同樣一種清淨的共業，將來就會成就那一個恆河沙數三千大千世界，那麼大的一個佛土；所以他教化無量千億眾生，得要一世又一世不斷去教化，這其實就是自淨佛土。如果教化眾生都是證二乘菩提，不教佛菩提，而讓他們捨報以後就入涅槃，他將來成佛時就只是一個人成佛，顯然他沒有辦法成佛；因為成佛是要許多人共同來作事，他才能夠成佛的，所以他這樣攝受眾生，就是自淨佛土。

「未來亦供養，無量無數佛，護助宣正法，亦自淨佛土。」富樓那因爲心量太大了，所以他未來世還要繼續供養「無量無數佛」；那可不是幾十億佛、幾萬億佛、幾百萬億佛，而是「無量無數佛」，而且要幫助諸佛來宣揚諸佛的正法，這樣作同時也就是在清淨自己的佛土。因爲他的佛土是想要那麼大，所以他還要歷經很多很多佛，無法計算，要這樣不斷去救度眾生、攝受眾生，他才能成就那麼廣大的佛土。

「常以諸方便，說法無所畏，度不可計眾，成就一切智。供養諸如來，護持法寶藏，其後得成佛，號名曰法明。其國名善淨，七寶所合成，劫名爲寶明。」富樓那永遠都是用各種方便善巧來度化眾生，而他所說的法是不怕人家來挑戰的，也不怕有誰能跟他來作比較；他就這樣子度不可計數的眾生，都成爲阿羅漢，然後教他們迴小向大修菩薩道，將來生到他的國土中去，他就這樣子自淨佛土。所以，富樓那尊者將來是要供養無量無數佛以後，護持諸佛的佛法寶藏，然後才能成佛的。護持諸佛的佛法寶藏是非常重要的，因爲是否能成佛都靠這個，而護持佛法寶藏的功德最大，因此而成佛，他就名爲法明如來。他的國度名爲善淨，是七寶所合成的，他那個時間，那一劫就叫作寶明劫。

「菩薩眾甚多，其數無量億，皆度大神通，威德力具足，充滿其國土。聲聞亦無數，三明八解脫，得四無礙智，以是等為僧。」他的菩薩眾非常之多，其數無量億，無法計算，並且證量都很高，「皆度大神通，威德力具足」，而充滿於他的國土中，所以他的國土中沒有凡夫僧。不但沒有凡夫僧，三果僧也沒有，慧解脫僧也沒有，因為他國土中的聲聞僧都是三明六通，沒有慧解脫者；慧解脫者往生不了他的國土，那菩薩們就可想而知了。所以，他們那裡的僧寶都是勝義僧，而且都是證量非常高的勝義僧，因為菩薩們都是有大神通，威德力具足的，這都是至少三地滿心以上；而聲聞眾都是八解脫、三明六通，所以他這樣的佛世界想要成就，當然度眾生的時間要很久，因為要攝受非常非常多的眾生。

「其國諸眾生，婬欲皆已斷，純一變化生，具相莊嚴身。」那麼，這種世界當然不是人間的世界，所以說「其國諸眾生，婬欲皆已斷，純一變化生，具相莊嚴身」，因為這是相等於四禪天的境界。色界天的一切有情都是化生的，例如他在人間修得初禪不退，他對那個境界很喜歡，捨報時色界天相應的中陰身就出現了；然後他會看見色界天的境界，對初禪天的境界他很喜歡，於是這個中陰身靠近去，就在那邊突然化生爲色界天人了。色界天人全都是化生的，是依禪定的實證而化生。那麼，色界天人當然法相高大莊嚴，特別是四禪天。

「**法喜禪悅食，更無餘食想；**」在他們那裡，富樓那尊者將來這個淨土之中的天人們，只有「**法喜食**」與「**禪悅食**」。「**禪悅食**」，就是以禪定的境界所得的喜樂來長養他的色界天身，這叫作禪悅食。定力退失了就失去禪悅，就會失去色界天身而下墮，所以色界天人都有禪悅食；就好像人間每天得要飲食一樣，他們每隔一段時間都要打坐、要入定的。如果他們不入定，只好像我們這樣無相念佛，作無相拜佛的功夫去增長定力，也一樣可以有禪悅食，這也是爲了維持色界天身的生存所必須要的功夫。

另外就是「**法喜食**」，因爲法明如來說法，大家都可以聽聞，所以就有了法喜食，法喜食能夠使法身慧命不斷地增長。這就是富樓那尊者將來成佛名爲法明如來時，他的國土中的二種食。除了這二種食以外，別無他食了，所以說「**更無餘食想**」，大家都不會想要有別的。禪悅食是爲了維持天身必須的，就好像在人間你要生存，就必須要吃飯。色界天人爲了色界天身繼續存在，那就得要有禪悅食；但是必須要有法喜食才能夠使法身慧命繼續增長，所以當然是要聽聞法明如來說法。

像這樣的世界當然不會有女人，反過來說，這樣的世界也是沒有男人的；沒有女人意思就是沒有男人，這樣瞭解嗎？所以不要誤會說「那裡全部都是男人」。沒有女人就不可能有男人，沒有女人時哪來的男人？哪一個男人不是女人所生？是啊！所以，沒有女人的意思就是說，所有人都是中性身，都屬於化生的有情；所以「無有諸女人」的另外一個意思，就是說「無有諸男人」。既然是這樣，當然「亦無諸惡道」，因爲已不是欲界的境界了；除了金翅鳥與龍，所有畜生道有情連四王天都上不去了，何況是要生到色界天去？更何況是四禪天呢？所以，當然他將來的佛土中「亦無諸惡道」。

「富樓那比丘，功德悉成滿，當得斯淨土，賢聖衆甚多。如是無量事，我今但略說。」世尊最後說：「富樓那比丘繼續長久修行的功德，將來全部都成就圓滿時，就會獲得這樣的淨土：他的賢聖衆非常衆多，而他的佛土中的各種勝妙事情，我釋迦牟尼如今只是概略地說明一下。」因爲如果要具足宣說，那就會好像《阿彌陀經》或者《無量清淨平等覺經》一樣，要講很多了，所以這眞的只是「但略說」。那麼 世尊把重頌這樣說完了，接下來阿羅漢們怎麼反應：

經文：【爾時千二百阿羅漢，心自在者，作是念：「我等歡喜，得未曾有。若世尊各見授記如餘大弟子者，不亦快乎！」佛知此等心之所念，告摩訶迦葉：「是千二百阿羅漢，我今當現前次第與授阿耨多羅三藐三菩提記。於此衆中，我大弟子憍陳如比丘，當供養六萬二千億佛，然後得成爲佛，號曰普明如來，應供、正遍知、明行足、善逝、世間解、無上士、調御丈夫、天人師、佛、世尊。其五百阿羅漢：優樓頻螺迦葉、伽耶迦葉、那提迦葉、迦留陀夷、優陀夷、阿耨樓馱、離婆多、劫賓那、薄拘羅、周陀、莎伽陀等，皆當得阿耨多羅三藐三菩提，盡同一號，名曰普明。」】

語譯：【這時一千二百阿羅漢，心已經得自在的人，他們這樣子想：「我們大衆非常歡喜，不曾有過這樣的歡喜。如果世尊能夠針對其餘的阿羅漢們一一加以授記，如同剛才前面授記的那些大弟子一樣的話，那可就太好了！」

所以，佛陀知道一千二百大阿羅漢們心中這樣的想法，就告訴摩訶迦葉說：「這一千二百阿羅漢，我如今也應當現前一一為他們授無上正等正覺的記別。在這個大眾之中，我的大弟子憍陳如比丘，未來將會供養六萬二千億佛，然後可以成為佛陀，他的佛號叫作普明如來，十號具足。現在常常跟他同在一起的這五百位阿羅漢，譬如：優樓頻螺迦葉、伽耶迦葉、那提迦葉、迦留陀夷、優陀夷、阿㝹樓馱、離婆多、劫賓那、薄拘羅、周陀、莎伽陀等人，未來都同樣會證得無上正等正覺，全部都同一個佛號，叫作普明。」

講義：這時一千二百大阿羅漢們，不是一千二百五十位，因為有一些是不迴心的聲聞聖者，而且其中也有一些已經先取滅了，所以這裡講的是一千二百阿羅漢；並且這一千二百阿羅漢是代表的數目，因為這些大阿羅漢們所度的弟子中，也有不少人是證得阿羅漢的，那是另一個層面，現在且不說它。

這意思是說，一千二百位大阿羅漢，因為已經自知自作證，知道可以出三界生死了；可是既然迴心於大乘法中實證佛菩提了，那麼看見師兄弟被　佛陀授記那麼多位了，心中當然知道自己相距不遠，應該也會被授記，所以心中就想：「如果世尊能對我們這些師兄弟們一一給與授記，就如同對前面那幾位大弟子那樣子，大家不都高興死了嗎？」這樣的想法也是理所當然、勢所必然，因爲有幾位師兄弟被授記了，那我們大家相差不很多，應該也會被授記；如果被授記了，那可眞是高興死了。他們這麼動念，當然 佛陀會知道，就告訴摩訶迦葉：這個摩訶迦葉不是那個優樓頻螺迦葉。優樓頻螺迦葉、伽耶迦葉、那提迦葉，這是三兄弟。這個優樓頻螺迦葉也叫作大迦葉，同樣叫作摩訶迦葉，但他是三兄弟中的大迦葉，與這位摩訶迦葉不是同一個人；這是說，在佛陀的時代，摩訶迦葉有好幾位。現在 佛陀告訴摩訶迦葉說：「這一千二百位阿羅漢，我如今應當要現前次第授與無上正等正覺的記別。」

接著就開示說：「在眼前這一些大眾之中，我這個大弟子憍陳如比丘，未來應當要供養六萬二千億佛，然後可以成佛。」憍陳如爲什麼是大弟子呢？因爲是 釋迦世尊成佛後所度的第一位大阿羅漢，他最先悟解成爲阿羅漢，其他的四位比丘，那時候都還不是眞正的比丘，是在三轉十二行法輪的第三轉時，才跟在憍陳如後面漸次成爲阿羅漢，所以憍陳如是大弟子。那麼，他未來只要供養六萬二千億佛就可以成佛了，佛號叫作普明如來，同樣是十號具足。凡是成佛，都是十號具足的。那麼，這五百位阿羅漢就是要跟在憍陳如後面次第成佛。對這五百位阿羅漢，就舉出其中領頭的人，因爲優樓頻螺迦葉他有率領五百眾跟著 世尊出家；這三兄弟都各有徒眾，大迦葉最多，二迦葉名爲那提迦葉，他的弟子有二百五十眾；三迦葉是伽耶迦葉，弟子也是二百五十人，《阿含經》中的記載是這樣子。所以他們三位作代表，同時代表他們所率領的阿羅漢弟子等人，因爲他們的弟子之中也有不少人證得阿羅漢果了。那麼包括迦留陀夷、優陀夷等等，這些人總共五百人，未來都會成爲無上正等正覺，同樣都是一個佛號，名爲普明。

這意思就是說，有許多事情，你是無法去轉變他的；既然無法轉變他，只要他不出紕漏就行了。諸位將來成佛的時候，自然就會看清楚，因爲各人有各人往世的因緣，這一些人都各有一批人跟隨；當他們被 佛度了以後，那一批人就跟著他們來成爲佛弟子，但是這一些人將來成佛的時候也就綁在一起，因爲他們互相修學的過程以及行道的過程中，都是一世又一世同在一起，所以未來他們成佛時，一樣是次第成佛，同樣都叫作普明如來，所以這個現象是正常的。

如果有人說，佛陀的時代那某某阿羅漢座下，他們都是一批一批人、一群一群人同在一起，這其實很正常；喜歡神通的一群人就跟著目犍連在一起，喜歡法的人跟舍利弗在一起，喜歡瞭解經典眞義的人跟迦旃延在一起，喜歡論法的人就跟富樓那在一起，大阿羅漢們都各有眷屬。

這都是正常的，換一句現代的術語來講，叫作性向不同，因爲各人的性向不一樣。所以假使哪一天，我出來宣揚說我有什麼大神通：「我現在要教大眾修學神通了。」那時就會有另一群人來學，不一定是諸位了，因爲性向不一樣，所以這都是正常的。那麼，這五百個阿羅漢就是這樣次第成佛，跟在大弟子憍陳如比丘之後次第成佛，而憍陳如的成佛是要再供養六萬二千億佛以後成佛。那麼接著 世尊要重新宣示這個道理了，就以重頌再來講一遍：

經文：【爾時世尊欲重宣此義，而說偈言：「

憍陳如比丘，當見無量佛；過阿僧祇劫，乃成等正覺。
常放大光明，具足諸神通；名聞遍十方，一切之所敬；
常說無上道，故號爲普明。其國土清淨，菩薩皆勇猛，
咸昇妙樓閣，遊諸十方國；以無上供具，奉獻於諸佛。

作是供養已，心懷大歡喜；須臾還本國，有如是神力。
佛壽六萬劫，正法住倍壽，像法復倍是，法滅天人憂。
其五百比丘，次第當作佛，同號曰普明，轉次而授記：
『我滅度之後，某甲當作佛；其所化世間，亦如我今日。』
國土之嚴淨，及諸神通力，菩薩聲聞眾，正法及像法，
壽命劫多少，皆如上所說。迦葉汝已知，五百自在者，
餘諸聲聞眾，亦當復如是。其不在此會，汝當為宣說。」】

語譯：【此時世尊想要重新宣示這些正義，便以偈頌這樣子說：

「憍陳如比丘，未來應當會再遇見無量佛；經過阿僧祇劫修行以後，才能夠成為等正覺。

當他成佛時，常常散放出大光明，具足了種種的神通；他的名稱普聞而遍滿於十方世界，是一切菩薩之所恭敬；

因為他說法的時候，永遠都是說無上正眞的佛菩提妙道，所以他的名號就稱為普明。

他的國土是很清淨的，國土中的菩薩們也都是非常勇猛，這些菩薩們都

會上昇於勝妙的樓閣中，以這樣的樓閣遍遊十方佛國；以無上的供養之具，各都奉獻於十方諸佛。」】今天只能講到這裡了。

《妙法蓮華經》上週講到九十六頁第三行，語譯到第三行，今天要從第四行繼續語譯：

【「憍陳如比丘成佛以後，他座下的菩薩們很勇猛精進修行，坐於妙樓閣中，遍遊十方諸國；以無上供具，奉獻於十方諸佛。這樣供養了以後，心中懷著非常大的歡喜心；不多久就還到本國來，他們有這樣的威神之力。

憍陳如將來成佛時，普明如來佛壽有六萬劫，正法住於世間的時間加上一倍，像法住在世間的時間又比正法再加一倍；正法於最後終於滅失的時候，諸天和眾人都很憂心。

常與憍陳如同在一起的五百位比丘，將會次第作佛，他們作佛的時候都是同一個佛號名爲普明，然後前佛爲後佛而授記說：『我滅度以後，某甲當會接著成佛；他所化度的世間，也如同我今天所化度的一樣。』

普明如來之後的諸佛，五百佛國土的嚴淨，以及他們的各種神通力，菩薩眾與聲聞眾，正法以及像法，壽命的劫數有多少，都如同前面之所說一樣。迦葉啊！你已經知道了，這五百位自在的人，以及其餘的聲聞等眾，也將是一樣的情形。

至於他們之中有一些人如今不在這個法華會上，你將來遇見的時候應當為他們宣說。」

講義：這就是說，有一些人有一些特殊的因緣，這一些緣是很多劫一直延續下來的，他沒有辦法加以割離；所以這五百個比丘都是有很深厚的緣，而這其中憍陳如是一個領頭先行的人。那麼憍陳如將來先成佛，成佛時叫作普明，可是他成佛之前，仍然要再供養六萬二千億佛，這個數目也是非常多；那六萬二千億佛究竟要經過多少劫，也是很難計算的，這些跟著他的人，將來是次第成佛。也就是說，憍陳如供養六萬二千億佛而成佛之後，佛壽六萬劫，正法住世十二萬劫，像法住世二十四萬劫之後，正法才滅。平常跟他在一起的人，總共有五百位比丘，就這樣「次第當作佛」。因為他們往世發心學佛是同一個因緣，所以他們成佛時，佛號也都一樣，都是普明。前一佛入滅時就授記接下來隨即成佛的人，也授記在多久以後來下生成佛。

就像我們賢劫千佛一樣，那麼 迦葉佛授記 釋迦成佛，釋迦授記 彌勒成佛，乃至最後九百九十九佛授記最後一位的菩薩，就是現在的韋陀菩薩將來下生人間成佛，就這樣「轉次而授記」。這五百位阿羅漢，迴心成爲菩薩，未來世將會成佛；他們的國土嚴淨、神通力、菩薩眾、聲聞眾、正法、像法以及壽命有多少劫，全都是一樣的，因爲他們的願是相同的。那麼這樣子說完之後，世尊又吩咐大迦葉說：「你已經知道了，這五百位被我授記的阿羅漢們，那麼這五百位聲聞眾中今天不在法會現場中的其餘人，也是像這樣的情形，將來你遇見了要記得爲他們說。」那麼這五百位阿羅漢被授記以後，結果他們怎麼感想：

經文：【爾時五百阿羅漢於佛前得受記已，歡喜踊躍，即從座起，到於佛前，頭面禮足，悔過自責：「世尊！我等常作是念，自謂已得究竟滅度，今乃知之，如無智者。所以者何？我等應得如來智慧，而便自以小智爲足。世尊！譬如有人至親友家，醉酒而臥；是時親友官事當行，以無價寶珠繫其衣裏，與之而去。其人醉臥，都不覺知；起已遊行到於他國，爲衣食故勤力求索，甚大艱難；若少有所得，便以爲足。於後親友會遇見之，而作是言：『咄哉！丈夫！何爲衣食乃至如是？我昔欲令汝得安樂、五欲自恣，於某年日月，以無價寶珠繫汝衣裏；今故現在，而汝不知；勤苦憂惱以求自活，甚爲癡也！汝今可以此寶貿易所須，常可如意無所乏短。』佛亦如是，爲菩薩時教化我等，令發一切智心；而尋廢忘，不知不覺。既得阿羅漢道，自謂滅度，資生艱難得少爲足；一切智願，猶在不失。今者世尊覺悟我等，作如是言：『諸比丘！汝等所得，非究竟滅。我久令汝等種佛善根，以方便故示涅槃相，而汝謂爲實得滅度。』世尊！我今乃知實是菩薩，得受阿耨多羅三藐三菩提記。以是因緣，甚大歡喜，得未曾有。」】

語譯：【這時五百位被授記的阿羅漢們，在佛前得到受記了以後，歡喜踊躍，就從座位上站了起來，走到佛前，頂禮佛足，懺悔過失而在世尊面前這樣責備自己：「世尊！我們五百人常常這樣子想，總是自己認爲已經究竟滅度了，到今天才知道，我們其實就如同無智慧的人一般。爲什麼這樣說呢？我們其實是應該獲得如來的智慧，然而我們卻各個都在自己心中以這樣的小小的智慧就滿足了。世尊！譬如有人去到親友家中，飲食之後醉酒而臥；那個時節，親友因爲有官家的事情應當要遠行去辦理，就以無價的寶珠縫進他的衣裳裡面，暗中給他以後就離去了。而那個人因爲酒醉眠臥，所以對擁有無價寶珠的事情都不覺知；後來酒醒起身而遊行到了別的國度，爲了衣食溫飽的緣故，很精勤賣力去求索衣食，日子過得非常非常艱難；假使有時候稍稍有一點點所得，便覺得很滿足了。

後來他的親友因緣際會又遇見了他，就這樣子告訴他說：『哎呀！你這個愚癡的漢子！爲何只是爲了衣食而困苦到這個地步呢？我以前爲了想要讓你得到安樂、可以獲得五欲而自己快樂地享用，所以在某一年、某一月的某一日，將無價寶珠縫在你的衣裳裡面；如今應該還是都在，而你竟然都不知道；這樣勤苦憂惱只是爲了求自己可以活命，你眞是愚癡啊！你如今可以把這個寶珠拿出來，去買一些你所須要的任何事物，永遠都可以很如意地無所欠缺。』佛陀您也是這樣子，以前還在當菩薩的時候就這樣子教化我們這一些人，讓我們發起一切智的菩提心；可是我們不久之後又好像是眠臥不覺一般地廢忘，於是就不知不覺了。如今既然得到阿羅漢道，自以爲獲得滅度了，而資生其實仍然是很艱難，依舊得少爲足；其實如今我們對一切智的願望，還是存在而不曾失去。

今天世尊覺悟我們，要讓我們又記憶起來，世尊您這麼說：『諸比丘啊！你們的所得不是究竟的滅度。我很久以來就教導你們要種下成佛的善根，以這個方便善巧的緣故，示現有這種聲聞的涅槃相，而你們就以爲這樣眞是得到滅度了。』世尊！我們今天才知道，其實自己無量劫以來本來就是菩薩，所以今天應該獲得世尊授給無上正等正覺的授記。由於這個因緣，我們非常非常地歡喜，心中不曾有過這樣的快樂。」

講義：諸位想一想，事實是不是如此？如果他們過去無量劫以來就是聲聞，而往昔多劫以來釋迦如來難道沒有辦法教導他們可以一世證得阿羅漢果嗎？有沒有辦法？有啊！因爲所有已經入地的菩薩都有能力教人證阿羅漢果，從如何斷我見、三縛結，一直到如何斷盡最後那一分的我慢而成就阿羅漢果，所有入地菩薩都有能力教導。他們跟著釋迦如來修學那麼多劫了，難道他們過去世都在混嗎？難道過去那麼多劫之中釋迦如來都沒有教導他們聲聞證阿羅漢果的法門與內涵嗎？不可能沒有嘛！一定是有啊！那既然有，爲什麼他們一直都沒有證得阿羅漢，要到這一世才來證果？這顯然是說，他們往昔本來就是菩薩，因此故意留惑潤生，一世又一世在人間跟眾生結緣；然後緣熟時，釋迦如來就感應眾人的因緣而來到這個地方，化現一個應身而成佛之後，度他們成爲大阿羅漢，讓眾生看見了說：「一個看來平常的人類，竟然可以成爲出三界的應供。」於是藉著這樣成佛的示現度他們的因緣，就可以度得更多的人修學菩薩道，這就是 如來度化眾生的過程。

每一尊如來所度化的眾生非常多，三大阿僧祇劫一世又一世爲眾生說法，將會跟多少眾生結緣？諸位想想看，怎麼可能就只有人間這麼一點點人呢？那就是說，有時候在這個世界度這一些徒弟們，下一輩子他們繼續自修，菩薩又到別的世界去度眾生；就這樣不斷地一個世界又換一個世界，一直換下去。那麼到某一個時節因緣，這邊的眾生、這邊的弟子們須要教導了，於是又重新回來教導；這裡的有情道業提升完了，又到另一個世界重新受生，又去教導另一批弟子，再把他們的道業提升上去，就這樣一個世界又一個世界不斷地輪轉。所以這一些人——這五百阿羅漢與憍陳如，其實本來就是跟著 釋迦如來在行菩薩道，只因爲留惑潤生，所以就示現如同凡夫一樣，在人間示現被這一世 世尊所度。以這個作爲眞實的例子，藉他們來度化其他更多的眾生；一方面成就 釋迦如來自己的佛土，另一方面也為這些被度的弟子們成就各自未來世成佛時的佛土。

因此，他們是很多劫以來就跟著 釋迦如來修菩薩道的，才會一世又一世都沒有取無餘涅槃；否則的話，無餘涅槃只要一世就能取證，應該早就取證了；可是他們都沒有取證，一直留惑潤生到現在世。然後 釋迦如來在這裡示現時，他們才被度而成為大阿羅漢，然後再轉入菩薩道中。這意思就是說，釋迦如來在過往無量劫之中，不斷地把佛菩提道的內涵教導他們，就好像一個大富長者遇到一個窮親戚來了，請他吃飯喝酒。喝了酒之後，結果沒想到他喝醉了，可是這個巨富長者有事必須遠行，又怕他酒醒之後沒有生活資財可以依靠，就把無價寶珠縫在他的衣服裡面，或者把無量的錢財、或者說一張銀票，比如說五十萬兩白銀的銀票縫在他的衣服裡面，可是他不知道。

如來就像是這樣，來到這個地方，把過去世的弟子召集來教導；教導一世以後，其實在教導的時候已經把很多的法給他們了；可是弟子們不知道該怎麼用，也不曉得那一些法寶是已經存在他們身上的。然後 釋迦如來覺得這一批弟子實證佛菩提的因緣更加成熟了，道業已經提升到一個層次了，於是又到另外一個世界去受生示現而度化眾生。可是這個世界的眾生熟睡醒來以後，大家都忘了而說：「我們都不知道如何成佛。」是應該要成佛的人，可是怎麼成佛？不知道。應該證阿羅漢果而出離生死，可是該怎麼證、怎麼出離，也都不知道，全都忘了。這樣一世又一世繼續修行下來，然後因爲努力修行，福德資糧等等都已經夠了，性障也修伏了；於是 釋迦如來在別的世界忙完了又回來這裡，再來度化他們證得更高的層次，就是這個樣子。

不曉得有沒有人覺得說：「我將來成佛的時候，就到某一個星球成佛，我的弟子就只是那麼幾萬人。」有沒有人認爲這樣？如果沒有人認爲這樣，你就要相信這段經文所說，因爲 佛陀度化眾生，經歷三大無量數劫，所度的眾生是無量無邊的，是非常多的，不可能成佛時就只有這麼一、二千位阿羅漢，或只有一、二千位菩薩，絕對不可能是這樣的。那麼請問，你能夠每一世都跟這些弟子們住在同一個世界嗎？不可能啊！因爲那麼多的弟子，幾千萬億的弟子，一定分散在好多的世界中，所以你有時候受生在這裡度眾生，有時候受生在那裡度眾生，度來度去都是自己的弟子。那麼，什麼時候哪一個地方的弟子緣熟了，就來這裡幫他們證果，幫他們入地，然後就把家業交給他們，讓他們繼續去承擔，這就是如來的度眾生。千萬不要像印順法師那樣眼光如豆，他的所見就像一顆黃豆那麼遠，他認爲說：「釋迦如來在人間成佛，只是一個偶然，不一定是三大阿僧祇劫成就。」那眞是很荒唐的想法，那是把成佛的因與果推翻了，所以那個道理是完全講不通的，怪不得他會認定一世可以成辦的阿羅漢果就是佛果，而且還把不正確的聲聞道當作是成佛之道，把錯會阿羅漢果的凡夫境界當作阿羅漢境界。

既然 如來是十方世界到處去一一示現，當然不可能所有菩薩每一世都跟 如來在一起，總是聚少離多，相會遇的時間是比較少的；沒有同在一起的時間總是比較多的，因爲 如來在十方世界有很多度化眾生的事，祂都要親自去作。所以，往往你遇見了菩薩教導之後，然後菩薩可能——這是說菩薩到了八地以後，可能就是這個世界示現一世，然後到另一個世界又示現一世，然後又換另一個世界受生示現，就這樣跑來跑去，不會固定在哪一個世界住很久、很久的。所以，七地時就稱爲遠行地，開始都不依佛座而住了。

七地開始就是十方世界到處去度化有緣的眾生，滿足七地心而進入八地心以後，整整一大阿僧祇劫，就這樣一個世界又一個世界受生示現，一直換過去而不斷度化眾生。被他所度化的眾生，當然不可能每一世都跟著他。這樣講有沒有太殘忍了？不過這是事實呵！所以，不可以指稱說：「這八地菩薩無法度人成爲阿羅漢。」不可以這樣說，有智慧的諸地菩薩也都不可能這樣說。可是被度的弟子們，爲什麼要等很久很久以後，等菩薩來示現成佛了，才度他們成爲大阿羅漢呢？這表示被他所度而成爲大阿羅漢的那一些人，本來就是菩薩，本來就不是聲聞人。這樣的道理如果眞的理解了，那麼你對佛菩提又有另一個層面的認知了。

這就好像憍陳如他們作的這個比喻一樣，當那個人去到親友家接受飲食招待，醉酒而臥，可是這個親友有「官事當行」，譬如皇帝派他說：「你要到另一個國家去，那個國度封給你，你在那裡當一個小國的國王。」皇帝命令下來，他就得要去另一個國度當國王了，不能不去。可是，這個人醉臥不省人事，無法等候他醒來，那該怎麼辦？就把寶物隱藏在他身上。憍陳如的譬喻就說是寶珠——一顆很有價值的寶珠，就縫在他的衣裳裡面，然後想：「他醒來以後大概會摸得到吧！」假使眞的摸到了，他就拿出來變賣，富有一方，就可以很好過日子了。

沒想到這個人好愚癡、好笨，竟然都沒有發覺這顆寶珠，就這樣到處出賣勞力而求索衣食。這個譬喻也眞恰當，當大善知識遠離而到他方世界去了——去度另外一些弟子去了，結果這裡的弟子們醒來時竟然說：「哎呀！我們爲什麼沒有善知識了？」於是又疑惑起來說：「該怎麼樣成佛呢？」又不知道了！連怎樣再度成爲阿羅漢也不知道了，全都忘光了。於是大家繼續摸索，但是總在善道上面繼續前進。如果有修得四禪八定，修得一切處觀等等，就覺得好歡喜，認爲這樣是不是已經證得涅槃了？大家都是這樣。後來等到如來又回到這裡來，於是這些人就被度了。可是，這些人並不知道自己其實就是 如來事先放在這裡的種子，被度化而成爲大阿羅漢以後，就覺得說：「哎呀！自己現在眞的解脫了，是這一世才得度的。」其實不是這樣，其實本來自己就是菩薩。

這是告訴我們說，成佛並不是從此以後，像某一個大師講的說：開悟成佛了，從此以後過著幸福快樂的日子。又不是白馬王子，不是坐在那邊受供就都沒事了，而是要一世又一世繼續不斷在各個世界的人間去示現、去利樂眾生，不斷地在各個世界來來去去永無窮盡，沒有什麼幸福與快樂可說，就只是繼續利樂眾生。所以，不知道的人才會把聲聞的解脫道，當作是究竟的佛菩提道來看待；才會把阿羅漢的證境，錯會而當作是成佛之後的境界；所以我說，只有不懂佛法也不懂聲聞法的人，才會用聲聞解脫道來取代佛菩提道，而印順與各大山頭的大法師們竟然都不免如此。然而，世尊告訴我們的不是他們講的那個道理，世尊告訴我們的是，其實本來沒有聲聞緣覺道，是爲了度化眾生的權巧方便，所以這樣分析出來，讓大家可以次第圓滿佛菩提道。

因此，憍陳如這個比喻是非常恰當的，然而他們知道自己是菩薩，也並不是說 世尊這樣說法以後，他們自己就會知道，而是 世尊演說這些法的時候，會同時解決他們在成佛之道上面所產生的疑惑，讓他們親自看見過去無量世以來是學什麼法、作什麼善業。世尊有這個威神力，可以讓弟子們親自瞧見。所以，最後憍陳如作了一個結論說：「世尊！我今乃知實是菩薩，得受阿耨多羅三藐三菩提記。」這是如實語，因爲在這之前，都不知道自己是什麼。就好像我個人，我也是一樣，我這一世在破參前的那一剎那，都還不知道自己能破參；當時都不曉得自己眞的可以開悟，心裡面其實沒有太多把握，當時覺得說：「這一世想要開悟大概是不可能的，然而既然走到這個地步了，我就繼續努力吧！」只是抱著這個繼續努力的心態去努力參禪。誰會知道，我在半個鐘頭之內就能把這個問題解決呢？沒有人知道。

那時候證悟了，也眼見佛性了，當然就知道自己有什麼來歷嗎？也不知道，也是隨後漸漸看到一些事情，然後才會知道。當然 世尊在我悟後不久也有一個示現，在我這一世中一個很重要的，被誣告的一件很重要的事情，說明爲什麼會有這個被誣告的事件，說明它的來龍去脈，就像演電影一樣一示現給我看。然後繼續進修而有了如夢觀，自己慢慢的又看見一些過去幾千年、過去很多劫的事相，才終於知道。所以你們不要誤會自己說：「我大概是這一世才開始學習了義正法。」千萬不要這樣想。因爲在過去無量世以來，你一定修學過很久了，否則的話，進了正覺講堂第一次聽我講經，你可就聽不下去了，心裡必然是一直都很反感、很煩惱，下回不來聽經了。

眞的不來了，你一定再也聽不下去，因爲我講的經中義理跟人家依文解義所說的都不一樣，第一次聽起來，又覺得我說的法義好像有點誇大。可是，事實上我沒有誇大，我說的義理全都是事實，我只是把事實講出來而已。所以，你們其實心裡面應該對自己要有信心。那麼，對於極勝妙的所未聞法，你應該去探究說：它是有沒有道理？應該如此去探究。所以，其實你們本來就是菩薩，如果你往昔多劫以來不是修菩薩法，你無法在正覺同修會中安住，因爲你一定待不了多久的。

那麼，憍陳如聽到　佛陀爲他們所作的授記，就說：「**以是因緣，甚大歡喜，得未曾有。**」你今天能夠在正覺同修會安住下來，不管現在悟了沒有，能夠安住下來多年不退，可就不簡單，因爲一定是久學菩薩才能在正覺安住得下來。不要疑心說：「我是不是聲聞人？」你一定不是聲聞人啦！你也不要因爲說：「**我示現聲聞相，那我就是聲聞人。**」也不要這樣想，你如果眞的是聲聞人，你在這裡一定待不下來。你在正覺待不下來，不要多久就會離開了，怎能每週坐在這裡聽我講經？因爲我一天到晚在罵聲聞人，你心裡也沒有難過一次，總是聽得歡喜，那你怎麼會是聲聞人？你如果眞是聲聞人，早就聽不下去而離開了，你早就走人了，還會這麼多年繼續待下來？我眞的不相信啦！所以你本來就不是聲聞人，不必一天到晚想著說：「**我是聲聞，我是聲聞。**」想久了，還眞會變成聲聞人。已經成爲菩薩了，何苦來哉再變回去成為聲聞人呢？所以既然能在菩薩道場中安住下來，表示你真的不是聲聞。既然不是聲聞，確定了這一點，應該「以是因緣，甚大歡喜，得未曾有」。接著憍陳如他們怎麼樣用重頌再講一遍呢？

（未完，詳續第九輯續說。）

佛教正覺同修會〈修學佛道次第表〉

第一階段

* 以憶佛及拜佛方式修習動中定力。
* 學第一義佛法及禪法知見。
* 無相拜佛功夫成就。
* 具備一念相續功夫—動靜中皆能看話頭。
* 努力培植福德資糧，勤修三福淨業。

第二階段

* 參話頭，參公案。
* 開悟明心，一片悟境。
* 鍛鍊功夫求見佛性。
* 眼見佛性〈餘五根亦如是〉親見世界如幻，成就如幻觀。
* 學習禪門差別智。
* 深入第一義經典。
* 修除性障及隨分修學禪定。
* 修證十行位陽焰觀。

第三階段

* 學一切種智真實正理—楞伽經、解深密經、成唯識論…。
* 參究末後句。
* 解悟末後句。
* 透牢關—親自體驗所悟末後句境界，親見實相，無得無失。
* 救護一切衆生迴向正道。護持了義正法，修證十迴向位如夢觀。
* 發十無盡願，修習百法明門，親證猶如鏡像現觀。
* 修除五蓋，發起禪定。持一切善法戒。親證猶如光影現觀。
* 進修四禪八定、四無量心、五神通。進修大乘種智，求證猶如谷響現觀。

佛菩提二主要道次第概要表——二道並修，以外無別佛法

佛菩提道——大菩提道

遠波羅蜜多

資糧位

十信位修集信心 —— 一劫乃至一萬劫

初住位修集布施功德（以財施爲主）。

二住位修集持戒功德。

三住位修集忍辱功德。

四住位修集精進功德。

五住位修集禪定功德。

六住位修集般若功德（熏習般若中觀及斷我見，加行位也）。

外門廣修六度萬行

見道位

七住位明心般若正觀現前，親證本來自性清淨涅槃。

八住位起於一切法現觀般若中道。漸除性障。

十住位眼見佛性，世界如幻觀成就。

一至十行位，於廣行六度萬行中，依般若中道慧，現觀陰處界猶如陽焰，至第十行滿心位，陽焰觀成就。

一至十迴向位熏習一切種智；修除性障，唯留最後一分思惑不斷。第十迴向滿心位成就菩薩道如夢觀。

內門廣修六度萬行

初地：第十迴向位滿心時，成就道種智一分（八識心王一一親證後，領受五法、三自性、七種第一義、七種性自性、二種無我法）復由勇發十無盡願，成通達位菩薩。復又永伏性障而不具斷，能證慧解脫而不取證，由大願故留惑潤生。此地主修法施波羅蜜多及百法明門。證「猶如鏡像」現觀，故滿初地心。

二地：初地功德滿足以後，再成就道種智一分而入二地；主修戒波羅蜜多及一切種智。滿心位成就「猶如光影」現觀，戒行自然清淨。

解脫道：二乘菩提

→ 斷三縛結，成初果解脫

→ 薄貪瞋癡，成二果解脫

→ 斷五下分結，成三果解脫

入地前的四加行令煩惱障現行悉斷，成四果解脫，留惑潤生。分段生死已斷，煩惱障習氣種子開始斷除，兼斷無始無明上煩惱。

圓滿成就究竟佛果

近波羅蜜多 — 大波羅蜜多 — 圓滿波羅蜜多

修道位 — 究竟位

三地：二地滿心再證道種智一分，故入三地。此地主修忍波羅蜜多及四禪八定、四無量心、五神通。能成就俱解脫果而不取證，留惑潤生。滿心位成就「猶如谷響」現觀及無漏妙定意生身。

四地：由三地再證道種智一分故入四地。主修精進波羅蜜多，於此土及他方世界廣度有緣，無有疲倦。進修一切種智，滿心位成就「如水中月」現觀。

五地：由四地再證道種智一分故入五地。主修禪定波羅蜜多及一切種智，斷除下乘涅槃貪。滿心位成就「變化所成」現觀。

六地：由五地再證道種智一分故入六地。此地主修般若波羅蜜多——依道種智現觀十二因緣一一有支及意生身化身，皆自心眞如變化所現，「非有似有」，成就細相觀，不由加行而自然證得滅盡定，成俱解脫大乘無學。

七地：由六地「非有似有」現觀，再證道種智一分故入七地。此地主修一切種智及方便波羅蜜多，由重觀十二有支一一支中之流轉門及還滅門一切細相，成就方便善巧，念念隨入滅盡定。滿心位證得「如犍闥婆城」現觀。

八地：由七地極細相觀成就故再證道種智一分而入八地。此地主修一切種智及願波羅蜜多。至滿心位純無相觀任運恆起，故於相土自在，滿心位復證「如實覺知諸法相意生身」故。

九地：由八地再證道種智一分故入九地。主修力波羅蜜多及一切種智，成就四無礙，滿心位證得「種類俱生無行作意生身」。

十地：由九地再證道種智一分故入此地。此地主修一切種智——智波羅蜜多。滿心位起大法智雲，及現起大法智雲所含藏種種功德，成受職菩薩。

等覺：由十地道種智成就故入此地。此地應修一切種智，圓滿等覺地無生法忍；於百劫中修集極廣大福德，以之圓滿三十二大人相及無量隨形好。

妙覺：示現受生人間已斷盡煩惱障一切習氣種子，並斷盡所知障一切隨眠，永斷變易生死無明，成就大般涅槃，四智圓明。人間捨壽後，報身常住色究竟天利樂十方地上菩薩；以諸化身利樂有情，永無盡期，成就究竟佛道。

七地滿心斷除故意保留之最後一分思惑時，煩惱障所攝色、受、想三陰有漏習氣種子全部斷盡。 ←

煩惱障所攝行、識二陰無漏習氣種子任運漸斷，所知障所攝上煩惱任運漸斷。 ←

斷盡變易生死
成就大般涅槃

佛子**蕭平實** 謹製
（二〇〇九、〇二 修訂）
（二〇一二、〇二 增補）

佛教正覺同修會 共修現況 及 招生公告　2017/12/21

一、共修現況：（請在共修時間來電，以免無人接聽。）

台北正覺講堂 103 台北市承德路三段 277 號九樓 捷運淡水線圓山站旁
Tel..**總機** 02-25957295（晚上）（**分機：九樓**辦公室 10、11；知客櫃檯 12、13。 **十樓**知客櫃檯 15、16；書局櫃檯 14。 **五樓**辦公室 18；知客櫃檯 19。**二樓**辦公室 20；知客櫃檯 21。）
Fax..25954493

第一講堂 台北市承德路三段 277 號九樓

禪淨班：週一晚班、週三晚班、週四晚班、週五晚班、週六下午班、週六上午班（共修期間二年半，全程免費。皆須報名建立學籍後始可參加共修，欲報名者詳見本公告末頁。）

進階班：週一晚班、週三晚班、週四晚班、週五晚班（禪淨班結業後轉入共修）。

增上班：瑜伽師地論詳解：每月單數週之週末 17.50～20.50。平實導師講解，2003 年 2 月開講至今，預計 2019 年圓滿，僅限已明心之會員參加。

禪門差別智：每月第一週日全天　平實導師主講（事冗暫停）。

大法鼓經詳解　詳解末法時代大乘佛法修行之道。佛教正法消毒妙藥塗於大鼓而以擊之，凡有眾生聞之者，一切邪見鉅毒悉皆消殞；此經即是大法鼓之正義，凡聞之者，所有邪見之毒悉皆滅除，見道不難；亦能發起菩薩無量功德，是故諸大菩薩遠從諸方佛土來此娑婆聞修此經。平實導師主講，定於 2017 年 12 月底起，每逢周二晚上開講，第一至第六講堂都可同時聽聞，歡迎已發成佛大願的菩薩種性學人，攜眷共同參與此殊勝法會現場聞法，不限制聽講資格。本會學員憑上課證進入第一至第四講堂聽講，會外學人請以身分證件換證進入聽講（此為大樓管理處安全管理規定之要求，敬請諒解）；第五及第六講堂（B1、B2）對外開放，不需出示任何證件，請由大樓側門直接進入。

第二講堂 台北市承德路三段 267 號十樓。

禪淨班：週一晚上班。

進階班：週三晚班、週四晚班、週五晚班、週六下午班。禪淨班結業後轉入共修。

大法鼓經詳解：平實導師講解。每週二 18.50~20.50 影像音聲即時傳輸

第三講堂 台北市承德路三段 277 號五樓。

禪淨班：週六下午班。

進階班：週一晚班、週三晚班、週四晚班、週五晚班。

大法鼓經詳解：平實導師講解。每週二 18.50~20.50 影像音聲即時傳輸

第四講堂 台北市承德路三段 267 號二樓。

進階班：週一晚上班、週三晚上班、週四晚上班（禪淨班結業後轉入共修）。

大法鼓經詳解：平實導師講解。每週二 18.50~20.50 影像音聲即時傳輸

第五、第六講堂

念佛班　每週日晚上，第六講堂共修（B2），一切求生極樂世界的三寶弟子皆可參加，不限制共修資格。

進階班：週一晚班、週三晚班、週四晚班。

大法鼓經詳解：平實導師講解。每週二 18.50~20.50 影像音聲即時傳輸。第五、第六講堂爲**開放式講堂**，不需以身分證件換證即可進入聽講，台北市承德路三段 267 號地下一樓、地下二樓。每逢週二晚上講經時段開放給會外人士自由聽經，請由大樓側面梯階逕行進入聽講。**聽講者請尊重講者的着作權及肖像權，請勿錄音錄影，以免違法；若有錄音錄影被查獲者，將依法處理。**

正覺祖師堂　大溪區美華里信義路 650 巷坑底 5 之 6 號（台 3 號省道 34 公里處 妙法寺對面斜坡道進入）電話 03-3886110　傳眞 03-3881692 本堂供奉 克勤圓悟大師，專供會員每年四月、十月各三次精進禪三共修，兼作本會出家菩薩掛單常住之用。除禪三時間以外，每逢單月第一週之週日 9:00~17:00 開放會內、外人士參訪，當天並提供午齋結緣。教內共修團體或道場，得另申請其餘時間作團體參訪，務請事先與常住確定日期，以便安排常住菩薩接引導覽，亦免妨礙常住菩薩之日常作息及修行。

桃園正覺講堂（第一、第二講堂）：桃園市介壽路 286、288 號 10 樓（陽明運動公園對面）電話：03-3749363（請於共修時聯繫，或與台北聯繫）

禪淨班：週一晚上班（1）、週一晚上班（2）、週三晚上班、週四晚上班、週五晚上班。

進階班：週四晚班、週五晚班、週六上午班。

增上班：雙週六晚上班（增上重播班）。

大法鼓經詳解：平實導師講解。每週二晚上，以台北正覺講堂所錄 DVD 放映；歡迎會外學人共同聽講，不需出示身分證件。

新竹正覺講堂　新竹市東光路 55 號二樓之一　電話 03-5724297（晚上）

第一講堂：

禪淨班：週一晚上班、週五晚上班、週六上午班。

進階班：週三晚上班、週四晚上班（由禪淨班結業後轉入共修）。

增上班：單週六晚上班。雙週六晚上班（重播班）。

大法鼓經詳解：平實導師講解。每週二晚上，以台北正覺講堂所錄 DVD 放映。歡迎會外學人共同聽講，不需出示身分證件。

第二講堂：

禪淨班：週三晚上班、週四晚上班。

大法鼓經詳解：每週二晚上與第一講堂同時播放佛藏經詳解 DVD。

第三、第四講堂：裝修完畢，即將開放。

台中正覺講堂　04-23816090（晚上）

第一講堂　台中市南屯區五權西路二段 666 號 13 樓之四（國泰世華銀行樓上。鄰近縣市經第一高速公路前來者，由五權西路交流道可以快速到達，大樓旁有停車場，對面有素食館）。

禪淨班：週三晚上班、週四晚上班。

進階班：週一晚上班、週六上午班（由禪淨班結業後轉入共修）。

增上班：**增上班**：單週六晚上班。雙週六晚上班（重播班）。

大法鼓經詳解：平實導師講解。每週二晚上，以台北正覺講堂所錄 DVD 放映。歡迎會外學人共同聽講，不需出示身分證件。

第二講堂　台中市南屯區五權西路二段 666 號 4 樓

禪淨班：週一晚上班、週三晚上班、週六上午班。

進階班：週五晚上班（由禪淨班結業後轉入共修）。

大法鼓經詳解：每週二晚上與第一講堂同時播放佛藏經詳解 DVD。

第三講堂、第四講堂：台中市南屯區五權西路二段 666 號 4 樓。

嘉義正覺講堂　嘉義市友愛路 288 號八樓之一　電話：05-2318228

第一講堂：

禪淨班：週一晚上班、週四晚上班、週五晚上班、週六上午班。

進階班：週三晚上班（由禪淨班結業後轉入共修）。

增上班：單週六晚上班。雙週六晚上班（重播班）。

大法鼓經詳解：平實導師講解。每週二晚上，以台北正覺講堂所錄 DVD 放映。歡迎會外學人共同聽講，不需出示身分證件。

第二講堂　嘉義市友愛路 288 號八樓之二。

台南正覺講堂

第一講堂　台南市西門路四段 15 號 4 樓。06-2820541（晚上）

禪淨班：週一晚上班、週三晚上班、週四晚上班、週五晚上班、週六下午班。

增上班：**增上班**：單週六晚上班。雙週六晚上班（重播班）。

大法鼓經詳解：平實導師講解。每週二晚上，以台北正覺講堂所錄 DVD 放映。歡迎會外學人共同聽講，不需出示身分證件。

第二講堂　台南市西門路四段 15 號 3 樓。

大法鼓經詳解：每週二晚上與第一講堂同時播放佛藏經詳解 DVD。

第三講堂　台南市西門路四段 15 號 3 樓。

進階班：週三晚上班、週四晚上班、週六上午班（由禪淨班結業後轉入共修）。

大法鼓經詳解：每週二晚上與第一講堂同時播放佛藏經詳解 DVD。

高雄正覺講堂 高雄市新興區中正三路 45 號五樓 07-2234248（晚上）

第一講堂（五樓）：

禪淨班：週一晚班、週三晚班、週四晚班、週五晚班、週六上午班。

增上班：單週週末下午，以台北增上班課程錄成 DVD 放映之，限已明心之會員參加。

大法鼓經詳解：平實導師講解。每週二晚上，以台北正覺講堂所錄 DVD 放映。歡迎會外學人共同聽講，不需出示身分證件。

第二講堂（四樓）：

進階班：週三晚上班、週四晚上班、週六上午班（由禪淨班結業後轉入共修）。

大法鼓經詳解：每週二晚上與第一講堂同時播放佛藏經詳解 DVD。

第三講堂（三樓）：

進階班：週四晚班（由禪淨班結業後轉入共修）。

香港正覺講堂 ☆**已遷移新址**☆

九龍觀塘，成業街 10 號，電訊一代廣場 27 樓 E 室。

（觀塘地鐵站 B1 出口，步行約 4 分鐘）。電話：(852) 23262231

英文地址：Unit E，27th Floor, TG Place, 10 Shing Yip Street, Kwun Tong, Kowloon

禪淨班：雙週六下午班 14:30-17:30，已經額滿。
雙週日下午班 14:30-17:30。
單週六下午班 14:30-17:30，已經額滿。

進階班：雙週五晚上班（由禪淨班結業後轉入共修）。

增上班：單週週末上午，以台北增上班課程錄成 DVD 放映之。

增上重播班：雙週週末上午，以台北增上班課程錄成 DVD 放映之。

大法鼓經詳解：平實導師講解。雙週六 19:00-21:00，以台北正覺講堂所錄 DVD 放映；歡迎會外學人共同聽講，不需出示身分證件。

美國洛杉磯正覺講堂 ☆**已遷移新址**☆

825 S. Lemon Ave Diamond Bar, CA 91789 U.S.A.
Tel. (909) 595-5222（請於週六 9:00~18:00 之間聯繫）
Cell. (626) 454-0607

禪淨班：每逢週末 15：30~17：30 上課。

進階班：每逢週末上午 10：00~12：00 上課。

大法鼓經詳解：平實導師講解。每週六下午 13：00~15：00 以台北所錄 DVD 放映。歡迎各界人士共享第一義諦無上法益，不需報名。

二、招生公告　本會台北講堂及全省各講堂、香港講堂，每逢四月、十月下旬開新班，每週共修一次（每次二小時。開課日起三個月內仍可插班）；但美國洛杉磯共修處之禪淨班得隨時插班共修。各班共修期間皆爲二年半，全程免費，欲參加者請向本會函索報名表（各共修處皆於共修時間方有人執事，非共修時間請勿電詢或前來洽詢、請書），或直接從本會官方網站(http://www.enlighten.org.tw/newsflash/class)或成佛之道網站下載報名表。共修期滿時，若經報名禪三審核通過者，可參加四天三夜之禪三精進共修，有機會明心、取證如來藏，發起般若實相智慧，成爲實義菩薩，脫離凡夫菩薩位。

三、新春禮佛祈福 農曆年假期間停止共修：自農曆新年前七天起停止共修與弘法，正月 8 日起回復共修、弘法事務。新春期間正月初一～初七 9.00～17.00 開放台北講堂、正月初一~初三開放桃園、新竹、台中、嘉義、台南、高雄講堂，以及大溪禪三道場（正覺祖師堂），方便會員供佛、祈福及會外人士請書。美國洛杉磯共修處之休假時間，請逕詢該共修處。

密宗四大派修雙身法，是外道性力派的邪法；又以生滅的識陰作為常住法，是常見外道，是假的藏傳佛教。

西藏覺囊巴以他空見弘揚第八識如來藏勝法，才是真藏傳佛教

佛教正覺同修會　弘法行事表

2017/12/07

1、**禪淨班**　以無相念佛及拜佛方式修習動中定力，實證一心不亂功夫。傳授解脫道正理及第一義諦佛法，以及參禪知見。共修期間：二年六個月。每逢四月、十月開新班，詳見招生公告表。

2、**進階班**　禪淨班畢業後得轉入此班，進修更深入的佛法，期能證悟明心。各地講堂各有多班，繼續深入佛法、增長定力，悟後得轉入增上班修學道種智，期能證得無生法忍。

3、**增上班　瑜伽師地論**詳解　詳解論中所言凡夫地至佛地等 17 師之修證境界與理論，從凡夫地、聲聞地……宣演到諸地所證無生法忍、一切種智之眞實正理。由平實導師開講，每逢一、三、五週之週末晚上開示，僅限已明心之會員參加。2003 年二月開講至今，預定 2019 年講畢。

4、**大法鼓經**詳解　詳解末法時代大乘佛法修行之道。佛教正法消毒妙藥塗於大鼓而以擊之，凡有眾生聞之者，一切邪見鉅毒悉皆消殞；此經即是大法鼓之正義，凡聞之者，所有邪見之毒悉皆滅除，見道不難；亦能發起菩薩無量功德，是故諸大菩薩遠從諸方佛土來此娑婆聞修此經。平實導師主講。定於 2017 年 12 月底開講，歡迎已發成佛大願的菩薩種性學人，攜眷共同參與此殊勝法會聽講。

本經破「有」而顯涅槃，以此名爲眞實的「法」；眞法即是第八識如來藏，《金剛經》《法華經》中亦名之爲「此經」。若墮在「有」中，皆名「非法」，「有」即是五陰、六入、十二處、十八界及內我所、外我所，皆非眞實法。若人如是俱說「法」與「非法」而宣揚佛法，名爲擊大法鼓；如是依「法」而捨「非法」，據以建立山門而爲眾說法，方可名爲眞正的法鼓山。此經中說，以「此經」爲菩薩道之本，以證得「此經」之正知見及法門作爲度人之「法」，方名眞實佛法，否則盡名「非法」。本經中對法與非法、有與涅槃，有深入之闡釋，歡迎教界一切善信（不論初機或久學菩薩），一同親沐 如來聖教，共沾法喜。由平實導師詳解。不限制聽講資格。

5、**精進禪三**　主三和尚：平實導師。於四天三夜中，以克勤圓悟大師及大慧宗杲之禪風，施設機鋒與小參、公案密意之開示，幫助會員剋期取證，親證不生不滅之眞實心——人人本有之如來藏。每年四月、十月各舉辦二個梯次；平實導師主持。僅限本會會員參加禪淨班共修期滿，報名審核通過者，方可參加。並選擇會中定力、慧力、福德三條件皆已具足之已明心會員，給以指引，令得眼見自己無形無相之佛性遍布山河大地，眞實而無障礙，得以肉眼現觀世界身心悉皆如幻，具足成就如幻觀，圓滿十住菩薩之證境。

6、**不退轉法輪經**詳解　本經所說妙法極為甚深難解，時至末法，已然無有知者；而其甚深絕妙之法，流傳至今依舊多人可證，顯示佛學眞是義學而非玄談，其中甚深極妙令人拍案稱絕之第一義諦妙義，平實導師將會加以解說。待《大法鼓經》宣講完畢時繼續宣講此經。

7、**阿含經**詳解　選擇重要之阿含部經典，依無餘涅槃之實際而加以詳解，令大眾得以現觀諸法緣起性空，亦復不墮斷滅見中，顯示經中所隱說之涅槃實際—如來藏—確實已於四阿含中隱說；令大眾得以聞後觀行，確實斷除我見乃至我執，證得**見到**眞現觀，乃至**身證**……等眞現觀；已得大乘或二乘見道者，亦可由此聞熏及聞後之觀行，除斷我所之貪著，成就慧解脫果。由平實導師詳解。不限制聽講資格。

8、**解深密經**詳解　重講本經之目的，在於令諸已悟之人明解大乘法道之成佛次第，以及悟後進修一切種智之內涵，確實證知三種自性性，並得據此證解七眞如、十眞如等正理。每逢週二 18.50~20.50 開示，由平實導師詳解。將於《大法鼓經》講畢後開講。不限制聽講資格。

9、**成唯識論**詳解　詳解一切種智眞實正理，詳細剖析一切種智之微細深妙廣大正理；並加以舉例說明，使已悟之會員深入體驗所證如來藏之微密行相；及證驗見分相分與所生一切法，皆由如來藏—阿賴耶識—直接或展轉而生，因此證知一切法無我，證知無餘涅槃之本際。將於增上班《瑜伽師地論》講畢後，由平實導師重講。僅限已明心之會員參加。

10、**精選如來藏系經典**詳解　精選如來藏系經典一部，詳細解說，以此完全印證會員所悟如來藏之眞實，得入不退轉住。另行擇期詳細解說之，由平實導師講解。僅限已明心之會員參加。

11、**禪門差別智**　藉禪宗公案之微細淆訛難知難解之處，加以宣說及剖析，以增進明心、見性之功德，啓發差別智，建立擇法眼。每月第一週日全天，由平實導師開示，僅限破參明心後，復又眼見佛性者參加（事冗暫停）。

12、**枯木禪**　先講智者大師的《小止觀》，後說《釋禪波羅蜜》，詳解四禪八定之修證理論與實修方法，細述一般學人修定之邪見與岔路，及對禪定證境之誤會，消除枉用功夫、浪費生命之現象。已悟般若者，可以藉此而實修初禪，進入大乘通教及聲聞教的三果心解脫境界，配合應有的大福德及後得無分別智、十無盡願，即可進入初地心中。親教師：平實導師。未來緣熟時將於正覺寺開講。不限制聽講資格。

註：本會例行年假，自 2004 年起，改爲每年農曆新年前七天開始停息弘法事務及共修課程，農曆正月 8 日回復所有共修及弘法事務。新春期間（每日 9.00~17.00）開放台北講堂，方便會員禮佛祈福及會外人士請書。大溪區的正覺祖師堂，開放參訪時間，詳見〈正覺電子報〉或成佛之道網站。本表得因時節因緣需要而隨時修改之，不另作通知。

佛教正覺同修會　贈閱書籍 目錄　　2015/09/29

1.**無相念佛**　平實導師著　回郵 10 元
2.**念佛三昧修學次第**　平實導師述著　回郵 25 元
3.**正法眼藏—護法集**　平實導師述著　回郵 35 元
4.**真假開悟簡易辨正法&佛子之省思**　平實導師著　回郵 3.5 元
5.**生命實相之辨正**　平實導師著　回郵 10 元
6.**如何契入念佛法門**（附：印順法師否定極樂世界）平實導師著　回郵 3.5 元
7.**平實書箋**—答元覽居士書　平實導師著　回郵 35 元
8.**三乘唯識**—如來藏系經律彙編　平實導師編　回郵 80 元
（精裝本　長 27 cm　寬 21 cm　高 7.5 cm　重 2.8 公斤）
9.**三時繫念全集**—修正本　回郵掛號 40 元（長 26.5 cm×寬 19 cm）
10.**明心與初地**　平實導師述　回郵 3.5 元
11.**邪見與佛法**　平實導師述著　回郵 20 元
12.**菩薩正道**—回應義雲高、釋性圓…等外道之邪見　正燦居士著　回郵 20 元
13.**甘露法雨**　平實導師述　回郵 20 元
14.**我與無我**　平實導師述　回郵 20 元
15.**學佛之心態**—修正錯誤之學佛心態始能與正法相應　孫正德老師著　回郵35元
附錄：平實導師著**《略說八、九識並存…等之過失》**
16.**大乘無我觀**—《悟前與悟後》別說　平實導師述著　回郵 20 元
17.**佛教之危機**—中國台灣地區現代佛教之真相（附錄：公案拈提六則）
平實導師著　回郵 25 元
18.**燈　影**—燈下黑（覆「求教後學」來函等）　平實導師著　回郵 35 元
19.**護法與毀法**—覆上平居士與徐恒志居士網站毀法二文
張正圜老師著　回郵 35 元
20.**淨土聖道**—兼評**選擇本願念佛**　正德老師著　**由正覺同修會購贈** 回郵 25 元
21.**辨唯識性相**—對「紫蓮心海《辯唯識性相》書中否定阿賴耶識」之回應
正覺同修會 台南共修處法義組 著　回郵 25 元
22.**假如來藏**—對法蓮法師《如來藏與阿賴耶識》書中否定阿賴耶識之回應
正覺同修會 台南共修處法義組 著　回郵 35 元
23.**入不二門**—公案拈提集錦 第一輯（於平實導師公案拈提諸書中選錄約二十則，
合輯為一冊流通之）平實導師著　回郵 20 元
24.**真假邪說**—西藏密宗索達吉喇嘛《破除邪說論》真是邪說
釋正安法師著　回郵 35 元
25.**真假開悟**—真如、如來藏、阿賴耶識間之關係　平實導師述著　回郵 35 元
26.**真假禪和**—辨正釋傳聖之謗法謬說　孫正德老師著　回郵 30 元

27.**眼見佛性**—駁慧廣法師眼見佛性的含義文中謬說
游正光老師著　回郵 25 元
28.**普門自在**—公案拈提集錦 第二輯（於平實導師公案拈提諸書中選錄約二十則，合輯爲一冊流通之）平實導師著　回郵 25 元
29.**印順法師的悲哀**—以現代禪的質疑為線索　恒毓博士著　回郵 25 元
30.**識蘊真義**—現觀識蘊內涵、取證初果、親斷三縛結之具體行門。
—依《成唯識論》及《唯識述記》正義，略顯安慧《大乘廣五蘊論》之邪謬
平實導師著　回郵 35 元
31.**正覺電子報** 各期紙版本　免附回郵　每次最多函索三期或三本。
（已無存書之較早各期，不另增印贈閱）
32.**現代人應有的宗教觀**　蔡正禮老師 著　回郵 3.5 元
33.**遠惑趣道**—正覺電子報般若信箱問答錄　第一輯　回郵 20 元
34.**遠惑趣道**—正覺電子報般若信箱問答錄　第二輯　回郵 20 元
35.**確保您的權益**—器官捐贈應注意自我保護　游正光老師 著　回郵 10 元
36.**正覺教團電視弘法三乘菩提 DVD 光碟 (一)**
由正覺教團多位親教師共同講述錄製 DVD 8 片，MP3 一片，共 9 片。有二大講題：一為「三乘菩提之意涵」，二為「學佛的正知見」。內容精闢，深入淺出，精彩絕倫，幫助大眾快速建立三乘法道的正知見，免被外道邪見所誤導。有志修學三乘佛法之學人不可不看。（製作工本費 100 元，回郵 25 元）
37.**正覺教團電視弘法 DVD 專輯 (二)**
總有二大講題：一為「三乘菩提之念佛法門」，一為「學佛正知見（第二篇）」，由正覺教團多位親教師輪番講述，內容詳細闡述如何修學念佛法門、實證念佛三昧，以及學佛應具有的正確知見，可以幫助發願往生西方極樂淨土之學人，得以把握往生，更可令學人快速建立三乘法道的正知見，免於被外道邪見所誤導。有志修學三乘佛法之學人不可不看。（一套 17 片，工本費 160 元。回郵 35 元）
38.**佛藏經** 燙金精裝本 每冊回郵 20 元。正修佛法之道場欲大量索取者，請正式發函並蓋用大印寄來索取（2008.04.30 起開始敬贈）
39.**喇嘛性世界**—揭開假藏傳佛教譚崔瑜伽的面紗　張善思 等人合著
由正覺同修會購贈　回郵 20 元
40.**假藏傳佛教的神話**—性、謊言、喇嘛教　張正玄教授編著　回郵 20 元
由正覺同修會購贈　回郵 20 元
41.**隨 緣**—理隨緣與事隨緣　平實導師述　回郵 20 元。
42.**學佛的覺醒**　正枝居士 著　回郵 25 元
43.**導師之真實義**　蔡正禮老師 著　回郵 10 元
44.**淺談達賴喇嘛之雙身法**—兼論解讀「密續」之達文西密碼
吳明芷居士 著　回郵 10 元
45.**魔界轉世**　張正玄居士 著　回郵 10 元
46.**一貫道與開悟**　蔡正禮老師 著　回郵 10 元

47.**博愛**—愛盡天下女人　正覺教育基金會 編印　回郵 10 元

48.**意識虛妄經教彙編**—實證解脫道的關鍵經文　正覺同修會編印　回郵25元

49.**邪箭囈語**—破斥藏密外道多識仁波切《破魔金剛箭雨論》之邪說
陸正元老師著　上、下冊回郵各 30 元

50.**真假沙門**—依 佛聖教闡釋佛教僧寶之定義
蔡正禮老師著　俟正覺電子報連載後結集出版

51.**真假禪宗**—藉評論釋性廣《印順導師對變質禪法之批判
及對禪宗之肯定》以顯示真假禪宗
附論一：凡夫知見 無助於佛法之信解行證
附論二：世間與出世間一切法皆從如來藏實際而生而顯
余正偉老師著　俟正覺電子報連載後結集出版　回郵未定

52.**假鋒虛焰金剛乘**—揭示顯密正理，兼破索達吉師徒《般若鋒兮金剛焰》。
釋正安 法師著　俟正覺電子報連載後結集出版

★ 上列贈書之郵資，係台灣本島地區郵資，大陸、港、澳地區及外國地區，請另計酌增（大陸、港、澳、國外地區之郵票不許通用）。尚未出版之書，請勿先寄來郵資，以免增加作業煩擾。

★ 本目錄若有變動，唯於後印之書籍及「成佛之道」網站上修正公佈之，不另行個別通知。

函索書籍請寄：佛教正覺同修會　103 台北市承德路 3 段 277 號 9 樓
台灣地區函索書籍者請附寄郵票，無時間購買郵票者可以等值現金抵用，但不接受郵政劃撥、支票、匯票。大陸地區得以人民幣計算，國外地區請以美元計算（請勿寄來當地郵票，在台灣地區不能使用）。欲以掛號寄遞者，請另附掛號郵資。

親自索閱：正覺同修會各共修處。　★請於共修時間前往取書，餘時無人在道場，請勿前往索取；共修時間與地點，詳見書末正覺同修會共修現況表（以近期之共修現況表爲準）。

註：正智出版社發售之局版書，請向各大書局購閱。若書局之書架上已經售出而無陳列者，請向書局櫃台指定洽購；若書局不便代購者，請於正覺同修會共修時間前往各共修處請購，正智出版社已派人於共修時間送書前往各共修處流通。 郵政劃撥購書及 大陸地區 購書，請詳別頁正智出版社發售書籍目錄最後頁之說明。

成佛之道 網站：http://www.a202.idv.tw　正覺同修會已出版之結緣書籍，多已登載於 成佛之道 網站，若住外國、或住處遙遠，不便取得正覺同修會贈閱書籍者，可以從本網站閱讀及下載。　書局版之《宗通與說通》亦已上網，台灣讀者可向書局洽購，售價 300 元。《狂密與眞密》第一輯~第四輯，亦於 2003.5.1.全部於本網站登載完畢；台灣地區讀者請向書局洽購，每輯約 400 頁，售價 300 元（網站下載紙張費用較貴，容易散失，難以保存，亦較不精美）。

正智出版社 籌募弘法基金發售書籍目錄　2018/05/13

1.**宗門正眼**—公案拈提 第一輯 重拈　平實導師著　500 元
因重寫內容大幅度增加故，字體必須改小，並增爲 576 頁 主文 546 頁。比初版更精彩、更有內容。初版《禪門摩尼寶聚》之讀者，可寄回本公司免費調換新版書。免附回郵，亦無截止期限。（2007 年起，每冊附贈本公司精製公案拈提〈超意境〉CD 一片。市售價格 280 元，多購多贈。）

2.**禪淨圓融**　平實導師著　200 元（第一版舊書可換新版書。）

3.**真實如來藏**　平實導師著　400 元

4.**禪—悟前與悟後**　平實導師著　上、下冊，每冊 250 元

5.**宗門法眼**—公案拈提 第二輯　平實導師著　500 元
（2007 年起，每冊附贈本公司精製公案拈提〈超意境〉CD 一片）

6.**楞伽經詳解**　平實導師著　全套共 10 輯　每輯 250 元

7.**宗門道眼**—公案拈提 第三輯　平實導師著　500 元
（2007 年起，每冊附贈本公司精製公案拈提〈超意境〉CD 一片）

8.**宗門血脈**—公案拈提 第四輯　平實導師著　500 元
（2007 年起，每冊附贈本公司精製公案拈提〈超意境〉CD 一片）

9.**宗通與說通**—成佛之道 平實導師著 主文 381 頁 全書 400 頁售價 300 元

10.**宗門正道**—公案拈提 第五輯　平實導師著　500 元
（2007 年起，每冊附贈本公司精製公案拈提〈超意境〉CD 一片）

11.**狂密與真密 一～四輯**　平實導師著　西藏密宗是人間最邪淫的宗教，本質不是佛教，只是披著佛教外衣的印度教性力派流毒的喇嘛教。此書中將西藏密宗密傳之男女雙身合修樂空雙運所有祕密與修法，毫無保留完全公開，並將全部喇嘛們所不知道的部分也一併公開。內容比大辣出版社喧騰一時的《西藏慾經》更詳細。並且函蓋藏密的所有祕密及其錯誤的中觀見、如來藏見……等，藏密的所有法義都在書中詳述、分析、辨正。每輯主文三百餘頁　每輯全書約 400 頁　售價每輯 300 元

12.**宗門正義**—公案拈提 第六輯　平實導師著　500 元
（2007 年起，每冊附贈本公司精製公案拈提〈超意境〉CD 一片）

13.**心經密意**—心經與解脫道、佛菩提道、祖師公案之關係與密意　平實導師述　300 元

14.**宗門密意**—公案拈提 第七輯　平實導師著　500 元
（2007 年起，每冊附贈本公司精製公案拈提〈超意境〉CD 一片）

15.**淨土聖道**—兼評「選擇本願念佛」　正德老師著　200 元

16.**起信論講記**　平實導師述著　共六輯　每輯三百餘頁　售價各 250 元

17.**優婆塞戒經講記**　平實導師述著 共八輯 每輯三百餘頁 售價各 250 元

18.**真假活佛**—略論附佛外道盧勝彥之邪說（對前岳靈犀網站主張「盧勝彥是證悟者」之修正）　正犀居士（岳靈犀）著　流通價 140 元

19.**阿含正義**—唯識學探源　平實導師著　共七輯　每輯 300 元

20.**超意境** CD 以平實導師公案拈提書中超越意境之頌詞，加上曲風優美的旋律，錄成令人嚮往的超意境歌曲，其中包括正覺發願文及平實導師親自譜成的黃梅調歌曲一首。詞曲雋永，殊堪翫味，可供學禪者吟詠，有助於見道。內附設計精美的彩色小冊，解說每一首詞的背景本事。每片 280 元。【每購買公案拈提書籍一冊，即贈送一片。】

21.**菩薩底憂鬱** CD 將菩薩情懷及禪宗公案寫成新詞，並製作成超越意境的優美歌曲。 1.主題曲〈菩薩底憂鬱〉，描述地後菩薩能離三界生死而迴向繼續生在人間，但因尚未斷盡習氣種子而有極深沈之憂鬱，非三賢位菩薩及二乘聖者所知，此憂鬱在七地滿心位方才斷盡；本曲之詞中所說義理極深，昔來所未曾見；此曲係以優美的情歌風格寫詞及作曲，聞者得以激發嚮往諸地菩薩境界之大心，詞、曲都非常優美，難得一見；其中勝妙義理之解說，已印在附贈之彩色小冊中。 2.以各輯公案拈提中直示禪門入處之頌文，作成各種不同曲風之超意境歌曲，值得玩味、參究；聆聽公案拈提之優美歌曲時，請同時閱讀內附之印刷精美說明小冊，可以領會超越三界的證悟境界；未悟者可以因此引發求悟之意向及疑情，眞發菩提心而邁向求悟之途，乃至因此眞實悟入般若，成眞菩薩。 3.正覺總持咒新曲，總持佛法大意；總持咒之義理，已加以解說並印在隨附之小冊中。本 CD 共有十首歌曲，長達 63 分鐘。每盒各附贈二張購書優惠券。每片 280 元。

22.**禪意無限** CD 平實導師以公案拈提書中偈頌寫成不同風格曲子，與他人所寫不同風格曲子共同錄製出版，幫助參禪人進入禪門超越意識之境界。盒中附贈彩色印製的精美解說小冊，以供聆聽時閱讀，令參禪人得以發起參禪之疑情，即有機會證悟本來面目而發起實相智慧，實證大乘菩提般若，能如實證知般若經中的眞實意。本 CD 共有十首歌曲，長達 69 分鐘，每盒各附贈二張購書優惠券。每片 280 元。

23.**我的菩提路**第一輯　釋悟圓、釋善藏等人合著　售價 300 元

24.**我的菩提路**第二輯　郭正益、張志成等人合著　售價 300 元

25.**我的菩提路**第三輯　王美伶等人合著　售價 300 元

26.**我的菩提路**第四輯　陳晏平等人合著　售價 300 元

27.**鈍鳥與靈龜**—考證後代凡夫對大慧宗杲禪師的無根誹謗。

平實導師著 共 458 頁 售價 350 元

28.**維摩詰經講記** 平實導師述 共六輯 每輯三百餘頁 售價各 250 元

29.**真假外道**—破劉東亮、杜大威、釋證嚴常見外道見　正光老師著　200 元

30.**勝鬘經講記**—兼論印順《勝鬘經講記》對於《勝鬘經》之誤解。

平實導師述　共六輯　每輯三百餘頁　售價250 元

31.**楞嚴經講記** 平實導師述 共 **15** 輯，每輯三百餘頁 售價 300 元

32.**明心與眼見佛性**—駁慧廣〈蕭氏「眼見佛性」與「明心」之非〉文中謬說

正光老師著　共448 頁　售價 300 元

33.**見性與看話頭** 黃正倖老師 著，本書是禪宗參禪的方法論。

內文 375 頁，全書 416 頁，售價 300 元。

34.**達賴真面目**—玩盡天下女人 白正偉老師 等著 中英對照彩色精裝大本 800 元

35.**喇嘛性世界**—揭開假藏傳佛教譚崔瑜伽的面紗　張善思 等人著　200 元

36.**假藏傳佛教的神話**—性、謊言、喇嘛教　正玄教授編著　200 元

37.**金剛經宗通**　平實導師述　共九輯　每輯售價 250 元。

38.**空行母**—性別、身分定位，以及藏傳佛教。

珍妮·坎貝爾著 呂艾倫 中譯 售價 250 元

39.**末代達賴**—性交教主的悲歌　張善思、呂艾倫、辛燕編著 售價 250 元

40.**霧峰無霧**—給哥哥的信　辨正釋印順對佛法的無量誤解

游宗明 老師著　售價 250 元

41.**第七意識與第八意識？**—穿越時空「超意識」

平實導師述　每冊 300 元

42.**黯淡的達賴**—失去光彩的諾貝爾和平獎

正覺教育基金會編著　每冊 250 元

43.**童女迦葉考**—論呂凱文〈佛教輪迴思想的論述分析〉之謬。

平實導師 著　定價 180 元

44.**人間佛教**—實證者必定不悖三乘菩提

平實導師 述，定價 400 元

45.**實相經宗通**　平實導師述　共八輯　每輯 250 元

46.**真心告訴您(一)**—達賴喇嘛在幹什麼？

正覺教育基金會編著　售價 250 元

47.**中觀金鑑**—詳述應成派中觀的起源與其破法本質

孫正德老師著　分為上、中、下三冊，每冊 250 元

48.**藏傳佛教要義**—《狂密與真密》之簡體字版　平實導師 著 上、下冊

僅在大陸流通　每冊 300 元

49.**法華經講義**　平實導師述　共二十五輯　每輯 300 元

已於 2015/05/31 起開始出版，每二個月出版一輯

50.**西藏「活佛轉世」制度**—附佛、造神、世俗法

許正豐、張正玄老師合著　定價 150 元

51.**廣論三部曲**　郭正益老師著　定價 150 元

52.**真心告訴您(二)**—達賴喇嘛是佛教僧侶嗎？

—補祝達賴喇嘛八十大壽

正覺教育基金會編著　售價 300 元

53.**次法**—實證佛法前應有的條件

張善思居士著　分為上、下二冊，每冊 250 元

54.**涅槃**—解說四種涅槃之實證及內涵　平實導師著 上下冊 各 350 元

預定 2018/09/30 出版上冊，11 月底出版下冊

55.**廣論之平議**—宗喀巴《菩提道次第廣論》之平議　正雄居士著

約二或三輯　俟正覺電子報連載後結集出版　書價未定

56.**末法導護**—對印順法師中心思想之綜合判攝　正慶老師著　書價未定

57.**菩薩學處**—菩薩四攝六度之要義　陸正元老師著　出版日期未定。
58.**八識規矩頌**詳解　○○居士 註解　出版日期另訂　書價未定。
59.**印度佛教史**—法義與考證。依法義史實評論印順《印度佛教思想史、佛教史地考論》之謬說　正偉老師著　出版日期未定　書價未定
60.**中國佛教史**—依中國佛教正法史實而論。○○老師 著　書價未定。
61.**中論正義**—釋龍樹菩薩《中論》頌正理。
孫正德老師著　出版日期未定　書價未定
62.**中觀正義**—註解平實導師《中論正義頌》。
○○法師（居士）著　出版日期未定　書價未定
63.**佛藏經講記**　平實導師述　出版日期未定　書價未定
64.**阿含經講記**—將選錄四阿含中數部重要經典全經講解之，講後整理出版。
平實導師述　約二輯　每輯 300 元　出版日期未定
65.**寶積經講記**　平實導師述　每輯三百餘頁 優惠價 300 元 出版日期未定
66.**解深密經講記**　平實導師述 約四輯　將於重講後整理出版
67.**成唯識論略解**　平實導師著　五～六輯　每輯300 元　出版日期未定
68.**修習止觀坐禪法要講記**　平實導師述　每輯三百餘頁
將於正覺寺建成後重講、以講記逐輯出版　出版日期未定
69.**無門關**—《無門關》公案拈提　平實導師著　出版日期未定
70.**中觀再論**—兼述印順《中觀今論》謬誤之平議。正光老師著 出版日期未定
71.**輪迴與超度**—佛教超度法會之真義。
○○法師（居士）著　出版日期未定　書價未定
72.**《釋摩訶衍論》平議**—對偽稱龍樹所造《釋摩訶衍論》之平議
○○法師（居士）著　出版日期未定　書價未定
73.**正覺發願文**註解—以真實大願為因 得證菩提
正德老師著　出版日期未定　書價未定
74.**正覺總持咒**—佛法之總持　正圜老師著　出版日期未定　書價未定
75.**三自性**—依四食、五蘊、十二因緣、十八界法，說三性三無性。
作者未定　出版日期未定
76.**道品**—從三自性說大小乘三十七道品　作者未定　出版日期未定
77.**大乘緣起觀**—依四聖諦七真如現觀十二緣起 作者未定　出版日期未定
78.**三德**—論解脫德、法身德、般若德。　作者未定　出版日期未定
79.**真假如來藏**—對印順《如來藏之研究》謬說之平議　作者未定 出版日期未定
80.**大乘道次第**　作者未定　出版日期未定　書價未定
81.**四緣**—依如來藏故有四緣。　作者未定　出版日期未定
82.**空之探究**—印順《空之探究》謬誤之平議　作者未定 出版日期未定
83.**十法義**—論阿含經中十法之正義　作者未定　出版日期未定
84.**外道見**—論述外道六十二見　作者未定　出版日期未定

正智出版社有限公司 書籍介紹

禪淨圓融：言淨土諸祖所未曾言，示諸宗祖師所未曾示；禪淨圓融，另闢成佛捷徑，兼顧自力他力，闡釋淨土門之速行易行道，亦同時揭櫫聖教門之速行易行道；令廣大淨土行者得免緩行難證之苦，亦令聖道門行者得以藉著淨土速行道而加快成佛之時劫。乃前無古人之超勝見地，非一般弘揚禪淨法門典籍也，先讀為快。平實導師著 200元。

宗門正眼—公案拈提第一輯：繼承克勤圜悟大師碧巖錄宗旨之禪門鉅作。先則舉示當代大法師之邪說，消弭當代禪門大師鄉愿之心態，摧破當今禪門「世俗禪」之妄談；次則旁通教法，表顯宗門正理；繼以道之次第，消弭古今狂禪；後藉言語及文字機鋒，直示宗門入處。悲智雙運，禪味十足，數百年來難得一睹之禪門鉅著也。平實導師著　500元（原初版書《禪門摩尼寶聚》，改版後補充為五百餘頁新書，總計多達二十四萬字，內容更精彩，並改名為《宗門正眼》，讀者原購初版《禪門摩尼寶聚》皆可寄回本公司免費換新，免附回郵，亦無截止期限）（2007年起，凡購買公案拈提第一輯至第七輯，每購一輯皆贈送本公司精製公案拈提〈超意境〉CD一片，市售價格280元，多購多贈）。

禪—悟前與悟後：本書能建立學人悟道之信心與正確知見，圓滿具足而有次第地詳述禪悟之功夫與禪悟之內容，指陳參禪中細微淆訛之處，能使學人明自真心、見自本性。若未能悟入，亦能以正確知見辨別古今中外一切大師究係真悟？或屬錯悟？便有能力揀擇，捨名師而選明師，後時必有悟道之緣。一旦悟道，遲者七次人天往返，便出三界，速者一生取辦。學人欲求開悟者，不可不讀。　平實導師著。上、下冊共500元，單冊250元。

眞實如來藏：如來藏眞實存在，乃宇宙萬有之本體，並非印順法師、達賴喇嘛等人所說之「唯有名相、無此心體」。如來藏是涅槃之本際，是一切有智之人竭盡心智、不斷探索而不能得之生命實相；是古今中外許多大師自以爲悟而當面錯過之生命實相。如來藏即是阿賴耶識，乃是一切有情本自具足、不生不滅之眞實心。當代中外大師於此書出版之前所未能言者，作者於本書中盡情流露、詳細闡釋。眞悟者讀之，必能增益悟境、智慧增上；錯悟者讀之，必能檢討自己之錯誤，免犯大妄語業；未悟者讀之，能知參禪之理路，亦能以之檢查一切名師是否眞悟。此書是一切哲學家、宗教家、學佛者及欲昇華心智之人必讀之鉅著。　平實導師著　售價400元。

宗門法眼—公案拈提第二輯：列舉實例，闡釋土城廣欽老和尚之悟處；並直示這位不識字的老和尚妙智橫生之根由，繼而剖析禪宗歷代大德之開悟公案，解析當代密宗高僧卡盧仁波切之錯悟證據，並例舉當代顯宗高僧、大居士之錯悟證據（凡健在者，爲免影響其名聞利養，皆隱其名）。藉辨正當代名師之邪見，向廣大佛子指陳禪悟之正道，彰顯宗門法眼。悲勇兼出，強捋虎鬚；慈智雙運，巧探驪龍；摩尼寶珠在手，直示宗門入處，禪味十足；若非大悟徹底，不能爲之。禪門精奇人物，允宜人手一冊，供作參究及悟後印證之圭臬。本書於2008年4月改版，增寫爲大約500頁篇幅，以利學人研讀參究時更易悟入宗門正法，以前所購初版首刷及初版二刷舊書，皆可免費換取新書。平實導師著　500元（2007年起，凡購買公案拈提第一輯至第七輯，每購一輯皆贈送本公司精製公案拈提〈超意境〉CD一片，市售價格280元，多購多贈）。

宗門道眼—公案拈提第三輯：繼宗門法眼之後，再以金剛之作略、慈悲之胸懷、犀利之筆觸，舉示寒山、拾得、布袋三大士之悟處，消弭當代錯悟者對於寒山大士……等之誤會及誹謗。　亦舉出民初以來與虛雲和尚齊名之蜀郡鹽亭袁煥仙夫子——南懷瑾老師之師，其「悟處」何在？並蒐羅許多眞悟祖師之證悟公案，顯示禪宗歷代祖師之睿智，指陳部分祖師、奧修及當代顯密大師之謬悟，作爲殷鑑，幫助禪子建立及修正參禪之方向及知見。假使讀者閱此書已，一時尚未能悟，亦可一面加功用行，一面以此宗門道眼辨別眞假善知識，避開錯誤之印證及歧路，可免大妄語業之長劫慘痛果報。欲修禪宗之禪者，務請細讀。平實導師著　售價500元（2007年起，凡購買公案拈提第一輯至第七輯，每購一輯皆贈送本公司精製公案拈提〈超意境〉CD一片，市售價格280元，多購多贈）。

楞伽經詳解：本經是禪宗見道者印證所悟眞僞之根本經典，亦是禪宗見道者悟後起修之依據經典；故達摩祖師於印證二祖慧可大師之後，將此經典連同佛缽祖衣一併交付二祖，令其依此經典佛示金言、進入修道位，修學一切種智。由此可知此經對於眞悟之人修學佛道，是非常重要之一部經典。此經能破外道邪說，亦破佛門中錯悟名師之謬說，亦破禪宗部分祖師之狂禪：不讀經典、一向主張「一悟即成究竟佛」之謬執。並開示愚夫所行禪、觀察義禪、攀緣如禪、如來禪等差別，令行者對於三乘禪法差異有所分辨；亦糾正禪宗祖師古來對於如來禪之誤解，嗣後可免以訛傳訛之弊。此經亦是法相唯識宗之根本經典，禪者悟後欲修一切種智而入初地者，必須詳讀。平實導師著，全套共十輯，已全部出版完畢，每輯主文約320頁，每冊約352頁，定價250元。

宗門血脈—公案拈提第四輯：末法怪象—許多修行人自以為悟，每將無念靈知認作眞實；崇尚二乘法諸師及其徒衆，則將外於如來藏之緣起性空—無因論之無常空、斷滅空、一切法空—錯認為　佛所說之般若空性。這兩種現象已於當今海峽兩岸及美加地區顯密大師之中普遍存在；人人自以為悟，心高氣壯，便敢寫書解釋祖師證悟之公案，大多出於意識思惟所得，言不及義，錯誤百出，因此誤導廣大佛子同陷大妄語之地獄業中而不能自知。彼等書中所說之悟處，其實處處違背第一義經典之聖言量。彼等諸人不論是否身披袈裟，都非佛法宗門血脈，或雖有禪宗法脈之傳承，亦只徒具形式；猶如螟蛉，非眞血脈，未悟得根本眞實故。禪子欲知佛、祖之眞血脈者，請讀此書，便知分曉。平實導師著，主文452頁，全書464頁，定價500元（2007年起，凡購買公案拈提第一輯至第七輯，每購一輯皆贈送本公司精製公案拈提〈超意境〉CD一片，市售價格280元，多購多贈）。

宗通與說通：古今中外，錯誤之人如麻似粟，每以常見外道所說之靈知心，認作眞心；或妄想虛空之勝性能量為眞如，或錯認物質四大元素藉冥性（靈知心本體）能成就吾人色身及知覺，或認初禪至四禪中之了知心為不生不滅之涅槃心。此等皆非通宗者之見地。復有錯悟之人一向主張「宗門與教門不相干」，此即尚未通達宗門之人也。其實宗門與教門互通不二，宗門所證者乃是眞如與佛性，故教門與宗門不二。本書作者以宗教二門互通之見地，細說「宗通與說通」，從初見道至悟後起修之道、細說分明；並將諸宗諸派在整體佛教中之地位與次第，加以明確之教判，學人讀之即可了知佛法之梗概也。欲擇明師學法之前，允宜先讀。平實導師著，主文共381頁，全書392頁，只售成本價300元。

宗門正道—公案拈提第五輯：修學大乘佛法有二果須證—解脫果及大菩提果。二乘人不證大菩提果，唯證解脫果；此果之智慧，名爲聲聞菩提、緣覺菩提。大乘佛子所證二果之菩提果爲佛菩提，故名大菩提果，其慧名爲一切種智—函蓋二乘解脫果。然此大乘二果修證，須經由禪宗之宗門證悟方能相應。而宗門證悟極難，自古已然；其所以難者，咎在古今佛教界普遍存在三種邪見：1.以修定認作佛法，2.以無因論之緣起性空—否定涅槃本際如來藏以後之一切法空作爲佛法，3.以常見外道邪見（離語言妄念之靈知性）作爲佛法。如是邪見，或因自身正見未立所致，或因邪師之邪教導所致，或因無始劫來虛妄熏習所致。若不破除此三種邪見，永劫不悟宗門眞義、不入大乘正道，唯能外門廣修菩薩行。平實導師於此書中，有極爲詳細之說明，有志佛子欲摧邪見、入於內門修菩薩行者，當閱此書。主文共496頁，全書512頁。售價500元（2007年起，凡購買公案拈提第一輯至第七輯，每購一輯皆贈送本公司精製公案拈提〈超意境〉CD一片，市售價格280元，多購多贈）。

狂密與眞密：密教之修學，皆由有相之觀行法門而入，其最終目標仍不離顯教經典所說第一義諦之修證；若離顯教第一義經典、或違背顯教第一義經典，即非佛教。西藏密教之觀行法，如灌頂、觀想、遷識法、寶瓶氣、大聖歡喜雙身修法、喜金剛、無上瑜伽、大樂光明、樂空雙運等，皆是印度教兩性生生不息思想之轉化，自始至終皆以如何能運用交合淫樂之法達到全身受樂爲其中心思想，純屬欲界五欲的貪愛，不能令人超出欲界輪迴，更不能令人斷除我見；何況大乘之明心與見性，更無論矣！故密宗之法絕非佛法也。而其明光大手印、大圓滿法教，又皆同以常見外道所說離語言妄念之無念靈知心錯認爲佛地之眞如，不能直指不生不滅之眞如。西藏密宗所有法王與徒衆，都尚未開頂門眼，不能辨別眞僞，以依人不依法、依密續不依經典故，不肯將其上師喇嘛所說對照第一義經典，純依密續之藏密祖師所說爲準，因此而誇大其證德與證量，動輒謂彼祖師上師爲究竟佛、爲地上菩薩；如今台海兩岸亦有自謂其師證量高於 釋迦文佛者，然觀其師所述，猶未見道，仍在觀行即佛階段，尚未到禪宗相似即佛、分證即佛階位，竟敢標榜爲究竟佛及地上法王，誑惑初機學人。凡此怪象皆是狂密，不同於眞密之修行者。近年狂密盛行，密宗行者被誤導者極衆，動輒自謂已證佛地眞如，自視爲究竟佛，陷於大妄語業中而不知自省，反謗顯宗眞修實證者之證量粗淺；或如義雲高與釋性圓…等人，於報紙上公然誹謗眞實證道者爲「騙子、無道人、人妖、癩蛤蟆…」等，造下誹謗大乘勝義僧之大惡業；或以外道法中有爲有作之甘露、魔術……等法，誑騙初機學人，狂言彼外道法爲眞佛法。如是怪象，在西藏密宗及附藏密之外道中，不一而足，舉之不盡，學人宜應愼思明辨，以免上當後又犯毀破菩薩戒之重罪。密宗學人若欲遠離邪知邪見者，請閱此書，即能了知密宗之邪謬，從此遠離邪見與邪修，轉入眞正之佛道。平實導師著 共四輯 每輯約400頁（主文約340頁）每輯售價300元。

宗門正義—公案拈提第六輯：佛教有六大危機，乃是藏密化、世俗化、膚淺化、學術化、宗門密意失傳、悟後進修諸地之次第混淆；其中尤以宗門密意之失傳，為當代佛教最大之危機。由宗門密意失傳故，易令 世尊本懷普被錯解，易令 世尊正法被轉易為外道法，以及加以淺化、世俗化，是故宗門密意之廣泛弘傳與具緣佛弟子，極為重要。然而欲令宗門密意之廣泛弘傳予具緣之佛弟子者，必須同時配合錯誤知見之解析、普令佛弟子知之，然後輔以公案解析之直示入處，方能令具緣之佛弟子悟入。而此二者，皆須以公案拈提之方式為之，方易成其功、竟其業，是故平實導師續作宗門正義一書，以利學人。 全書500餘頁，售價500元（2007年起，凡購買公案拈提第一輯至第七輯，每購一輯皆贈送本公司精製公案拈提〈超意境〉CD一片，市售價格280元，多購多贈）。

心經密意—心經與解脫道、佛菩提道、祖師公案之關係與密意。二乘菩提所證之解脫道，實依第八識心之斷除煩惱障現行而立解脫之名；大乘菩提所證之佛菩提道，實依親證第八識如來藏之涅槃性、清淨自性、及其中道性而立般若之名；禪宗祖師公案所證之眞心，即是此第八識如來藏；是故三乘佛法所修所證之三乘菩提，皆依此如來藏心而立名也。此第八識心，即是《心經》所說之心也。證得此如來藏已，即能漸入大乘佛菩提道，亦可因證知此心而了知二乘無學所不能知之無餘涅槃本際，是故《心經》之密意，與三乘佛菩提之關係極為密切、不可分割，三乘佛法皆依此心而立名故。今者平實導師以其所證解脫道之無生智及佛菩提之般若種智，將《心經》與解脫道、佛菩提道、祖師公案之關係與密意，以演講之方式，用淺顯之語句和盤托出，發前人所未言，呈三乘菩提之眞義，令人藉此《心經密意》一舉而窺三乘菩提之堂奧，迴異諸方言不及義之說；欲求眞實佛智者、不可不讀！主文317頁，連同跋文及序文…等共384頁，售價300元。

宗門密意—公案拈提第七輯：佛教之世俗化，將導致學人以信仰作為學佛，則將以感應及世間法之庇祐，作為學佛之主要目標，不能了知學佛之主要目標為親證三乘菩提。大乘菩提則以般若實相智慧為主要修習目標，以二乘菩提解脫道為附帶修習之標的；是故學習大乘法者，應以禪宗之證悟為要務，能親入大乘菩提之實相般若智慧中故，般若實相智慧非二乘聖人所能知故。此書則以台灣世俗化佛教之三大法師，說法似是而非之實例，配合眞悟祖師之公案解析，提示證悟般若之關節，令學人易得悟入。平實導師著，全書五百餘頁，售價500元（2007年起，凡購買公案拈提第一輯至第七輯，每購一輯皆贈送本公司精製公案拈提〈超意境〉CD一片，市售價格280元，多購多贈）。

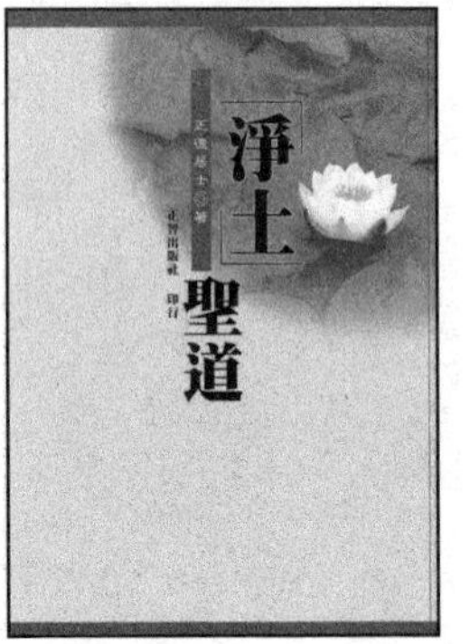

淨土聖道—兼評選擇本願念佛：佛法甚深極廣，般若玄微，非諸二乘聖僧所能知之，一切凡夫更無論矣！所謂一切證量皆歸淨土是也！是故大乘法中「聖道之淨土、淨土之聖道」，其義甚深，難可了知；乃至眞悟之人，初心亦難知也。今有正德老師眞實證悟後，復能深探淨土與聖道之緊密關係，憐憫衆生之誤會淨土實義，亦欲利益廣大淨土行人同入聖道，同獲淨土中之聖道門要義，乃振奮心神、書以成文，今得刊行天下。主文279頁，連同序文等共301頁，總有十一萬六千餘字，正德老師著，成本價200元。

起信論講記：詳解大乘起信論心生滅門與心眞如門之眞實意旨，消除以往大師與學人對起信論所說心生滅門之誤解，由是而得了知眞心如來藏之非常非斷中道正理；亦因此一講解，令此論以往隱晦而被誤解之眞實義，得以如實顯示，令大乘佛菩提道之正理得以顯揚光大；初機學者亦可藉此正論所顯示之法義，對大乘法理生起正信，從此得以眞發菩提心，眞入大乘法中修學，世世常修菩薩正行。平實導師演述，共六輯，都已出版，每輯三百餘頁，售價各250元。

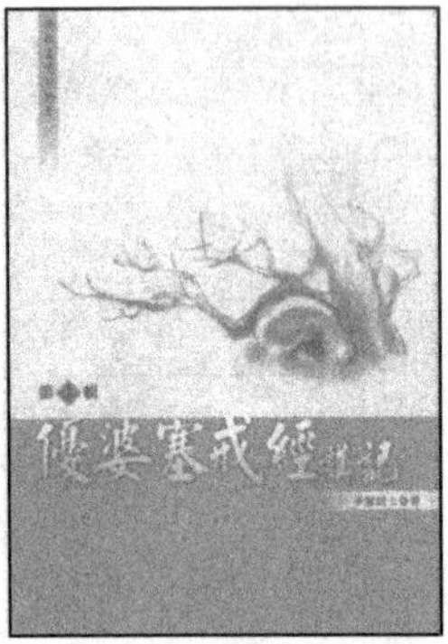

優婆塞戒經講記：本經詳述在家菩薩修學大乘佛法，應如何受持菩薩戒？對人間善行應如何看待？對三寶應如何護持？應如何正確地修集此世後世證法之福德？應如何修集後世「行菩薩道之資糧」？並詳述第一義諦之正義：五蘊非我非異我、自作自受、異作異受、不作不受……等深妙法義，乃是修學大乘佛法、行菩薩行之在家菩薩所應當了知者。出家菩薩今世或未來世登地已，捨報之後多數將如華嚴經中諸大菩薩，以在家菩薩身而修行菩薩行，故亦應以此經所述正理而修之，配合《楞伽經、解深密經、楞嚴經、華嚴經》等道次第正理，方得漸次成就佛道；故此經是一切大乘行者皆應證知之正法。平實導師講述，每輯三百餘頁，售價各250元；共八輯，已全部出版。

真假活佛—略論附佛外道盧勝彥之邪說：人人身中都有眞活佛，永生不滅而有大神用，但衆生都不了知，所以常被身外的西藏密宗假活佛籠罩欺瞞。本來就眞實存在的眞活佛，才是眞正的密宗無上密！諾那活佛因此而說禪宗是大密宗，但藏密的所有活佛都不知道、也不曾實證自身中的眞活佛。本書詳實宣示眞活佛的道理，舉證盧勝彥的「佛法」不是眞佛法，也顯示盧勝彥是假活佛，直接的闡釋第一義佛法見道的眞實正理。眞佛宗的所有上師與學人們，都應該詳細閱讀，包括盧勝彥個人在內。正犀居士著，優惠價140元。

阿含正義—唯識學探源：廣說四大部《阿含經》諸經中隱說之眞正義理，一一舉示佛陀本懷，令阿含時期初轉法輪根本經典之眞義，如實顯現於佛子眼前。並提示末法大師對於阿含眞義誤解之實例，一一比對之，證實唯識增上慧學確於原始佛法之阿含諸經中已隱覆密意而略說之，證實 世尊確於原始佛法中已曾密意而說第八識如來藏之總相；亦證實 世尊在四阿含中已說此藏識是名色十八界之因、之本—證明如來藏是能生萬法之根本心。佛子可據此修正以往受諸大師（譬如西藏密宗應成派中觀師：印順、昭慧、性廣、大願、達賴、宗喀巴、寂天、月稱、……等人）誤導之邪見，建立正見，轉入正道乃至親證初果而無困難；書中並詳說三果所證的心解脫，以及四果慧解脫的親證，都是如實可行的具體知見與行門。全書共七輯，已出版完畢。平實導師著，每輯三百餘頁，售價300元。

超意境CD：以平實導師公案拈提書中超越意境之頌詞，加上曲風優美的旋律，錄成令人嚮往的超意境歌曲，其中包括正覺發願文及平實導師親自譜成的黃梅調歌曲一首。詞曲雋永，殊堪翫味，可供學禪者吟詠，有助於見道。內附設計精美的彩色小冊，解說每一首詞的背景本事。每片280元。【每購買公案拈提書籍一冊，即贈送一片。】

我的菩提路第一輯：凡夫及二乘聖人不能實證的佛菩提證悟，末法時代的今天仍然有人能得實證，由正覺同修會釋悟圓、釋善藏法師等二十餘位實證如來藏者所寫的見道報告，已爲當代學人見證宗門正法之絲縷不絕，證明大乘義學的法脈仍然存在，爲末法時代求悟般若之學人照耀出光明的坦途。由二十餘位大乘見道者所繕，敘述各種不同的學法、見道因緣與過程，參禪求悟者必讀。全書三百餘頁，售價300元。

我的菩提路第二輯：由郭正益老師等人合著，書中詳述彼等諸人歷經各處道場學法，一一修學而加以檢擇之不同過程以後，因閱讀正覺同修會、正智出版社書籍而發起抉擇分，轉入正覺同修會中修學；乃至學法及見道之過程，都一一詳述之。其中張志成等人係由前現代禪轉進正覺同修會，張志成原爲現代禪副宗長，以前未閱本會書籍時，曾被人藉其名義著文評論 平實導師（詳見《宗通與說通》辨正及《眼見佛性》書末附錄…等）；後因偶然接觸正覺同修會書籍，深覺以前聽人評論平實導師之語不實，於是投入極多時間閱讀本會書籍、深入思辨，詳細探索中觀與唯識之關聯與異同，認爲正覺之法義方是正法，深覺相應；亦解開多年來對佛法的迷雲，確定應依八識論正理修學方是正法。乃不顧面子，毅然前往正覺同修會面見平實導師懺悔，並正式學法求悟。今已與其同修王美伶（亦爲前現代禪傳法老師），同樣證悟如來藏而證得法界實相，生起實相般若眞智。此書中尚有七年來本會第一位眼見佛性者之見性報告一篇，一同供養大乘佛弟子。全書四百頁，售價300元。

我的菩提路第三輯：由王美伶老師等人合著。自從正覺同修會成立以來，每年夏初、冬初都舉辦精進禪三共修，藉以助益會中同修們得以證悟明心發起般若實相智慧；凡已實證而被平實導師印證者，皆書具見道報告用以證明佛法之眞實可證而非玄學，證明佛法並非純屬思想、理論而無實質，是故每年都能有人證明正覺同修會的「實證佛教」主張並非虛語。特別是眼見佛性一法，自古以來中國禪宗祖師實證者極寡，較之明心開悟的證境更難令人信受；至2017年初，正覺同修會中的證悟明心者已近五百人，然而其中眼見佛性者至今唯十餘人爾，可謂難能可貴，是故明心後欲冀眼見佛性者實屬不易。黃正倖老師是懸絕七年無人見性後的第一人，她於2009年的見性報告刊於本書的第二輯中，爲大衆證明佛性確實可以眼見；其後七年之中求見性者都屬解悟佛性而無人眼見，幸而又經七年後的2016冬初，以及2017夏初的禪三，復有三人眼見佛性，希冀鼓舞四衆佛子求見佛性之大心，今則具載一則於書末，顯示求見佛性之事實經歷，供養現代佛教界欲得見性之四衆弟子。全書四百頁，售價300元，預定2017年6月30日發行。

我的菩提路第四輯：由陳晏平等人著。中國禪宗祖師往往有所謂「見性」之言，所言多屬看見如來藏具有能令人發起成佛之自性，並非《大般涅槃經》中 如來所說之眼見佛性。眼見佛性者，於親見佛性之時，即能於山河大地眼見自己佛性，亦能於他人身上眼見自己佛性及對方之佛性，如是境界無法爲尚未實證者解釋；勉強說之，縱使眞實明心證悟之人聞之，亦只能以自身明心之境界想像之，但不論如何想像多屬非量，能有正確之比量者亦是稀有，故說眼見佛性極爲困難。眼見佛性之人若所見極分明時，在所見佛性之境界下所眼見之山河大地、自己五蘊身心皆是虛幻，自有異於明心者之解脫功德受用，此後永不思證二乘涅槃，必定邁向成佛之道而進入第十住位中，已超第一阿僧祇劫三分有一，可謂之爲超劫精進也。今又有明心之後眼見佛性之人出於人間，將其明心及後來見性之報告，連同其餘證悟明心者之精彩報告一同收錄於此書中，供養眞求佛法實證之四眾佛子。全書380頁，售價300元，預定2018年6月30日發行。

鈍鳥與靈龜：鈍鳥及靈龜二物，被宗門證悟者說爲二種人：前者是精修禪定而無智慧者，也是以定爲禪的愚癡禪人；後者是或有禪定、或無禪定的宗門證悟者，凡已證悟者皆是靈龜。但後來被人虛造事實，用以嘲笑大慧宗杲禪師，說他雖是靈龜，卻不免被天童禪師預記「患背」痛苦而亡：「鈍鳥離巢易，靈龜脫殼難。」藉以貶低大慧宗杲的證量。同時將天童禪師實證如來藏的證量，曲解爲意識境界的離念靈知。自從大慧禪師入滅以後，錯悟凡夫對他的不實毀謗就一直存在著，不曾止息，並且捏造的假事實也隨著年月的增加而越來越多，終至編成「鈍鳥與靈龜」的假公案、假故事。本書是考證大慧與天童之間的不朽情誼，顯現這件假公案的虛妄不實；更見大慧宗杲面對惡勢力時的正直不阿，亦顯示大慧對天童禪師的至情深義，將使後人對大慧宗杲的誣謗至此而止，不再有人誤犯毀謗賢聖的惡業。書中亦舉證宗門的所悟確以第八識如來藏爲標的，詳讀之後必可改正以前被錯悟大師誤導的參禪知見，日後必定有助於實證禪宗的開悟境界，得階大乘眞見道位中，即是實證般若之賢聖。全書459頁，售價350元。

維摩詰經講記：本經係 世尊在世時，由等覺菩薩維摩詰居士藉疾病而演說之大乘菩提無上妙義，所說函蓋甚廣，然極簡略，是故今時諸方大師與學人讀之悉皆錯解，何況能知其中隱含之深妙正義，是故普遍無法爲人解說；若強爲人說，則成依文解義而有諸多過失。今由平實導師公開宣講之後，詳實解釋其中密意，令維摩詰菩薩所說大乘不可思議解脫之深妙正法得以正確宣流於人間，利益當代學人及與諸方大師。書中詳實演述大乘佛法深妙不共二乘之智慧境界，顯示諸法之中絕待之實相境界，建立大乘菩薩妙道於永遠不敗不壞之地，以此成就護法偉功，欲冀永利娑婆人天。已經宣講圓滿整理成書流通，以利諸方大師及諸學人。全書共六輯，每輯三百餘頁，售價各250元。

真假外道：本書具體舉證佛門中的常見外道知見實例，並加以教證及理證上的辨正，幫助讀者輕鬆而快速的了知常見外道的錯誤知見，進而遠離佛門內外的常見外道知見，因此即能改正修學方向而快速實證佛法。游正光老師著　。成本價200元。

勝鬘經講記：如來藏爲三乘菩提之所依，若離如來藏心體及其含藏之一切種子，即無三界有情及一切世間法，亦無二乘菩提緣起性空之出世間法；本經詳說無始無明、一念無明皆依如來藏而有之正理，藉著詳解煩惱障與所知障間之關係，令學人深入了知二乘菩提與佛菩提相異之妙理；聞後即可了知佛菩提之特勝處及三乘修道之方向與原理，邁向攝受正法而速成佛道的境界中。平實導師講述，共六輯，每輯三百餘頁，售價各250元。

楞嚴經講記：楞嚴經係密教部之重要經典，亦是顯教中普受重視之經典；經中宣說明心與見性之內涵極爲詳細，將一切法都會歸如來藏及佛性—妙眞如性；亦闡釋佛菩提道修學過程中之種種魔境，以及外道誤會涅槃之狀況，旁及三界世間之起源。然因言句深澀難解，法義亦復深妙寬廣，學人讀之普難通達，是故讀者大多誤會，不能如實理解佛所說之明心與見性內涵，亦因是故多有悟錯之人引爲開悟之證言，成就大妄語罪。今由平實導師詳細講解之後，整理成文，以易讀易懂之語體文刊行天下，以利學人。全書十五輯，全部出版完畢。每輯三百餘頁，售價每輯300元。

明心與眼見佛性：本書細述明心與眼見佛性之異同，同時顯示了中國禪宗破初參明心與重關眼見佛性二關之間的關聯；書中又藉法義辨正而旁述其他許多勝妙法義，讀後必能遠離佛門長久以來積非成是的錯誤知見，令讀者在佛法的實證上有極大助益。也藉慧廣法師的謬論來教導佛門學人回歸正知正見，遠離古今禪門錯悟者所墮的意識境界，非唯有助於斷我見，也對未來的開悟明心實證第八識如來藏有所助益，是故學禪者都應細讀之。 游正光老師著 共448頁 售價300元。

菩薩底憂鬱CD：將菩薩情懷及禪宗公案寫成新詞，並製作成超越意境的優美歌曲。 1.主題曲〈菩薩底憂鬱〉，描述地後菩薩能離三界生死而迴向繼續生在人間，但因尚未斷盡習氣種子而有極深沈之憂鬱，非三賢位菩薩及二乘聖者所知，此憂鬱在七地滿心位方才斷盡；本曲之詞中所說義理極深，昔來所未曾見；此曲係以優美的情歌風格寫詞及作曲，聞者得以激發嚮往諸地菩薩境界之大心，詞、曲都非常優美，難得一見；其中勝妙義理之解說，已印在附贈之彩色小冊中。 2.以各輯公案拈提中直示禪門入處之頌文，作成各種不同曲風之超意境歌曲，值得玩味、參究；聆聽公案拈提之優美歌曲時，請同時閱讀內附之印刷精美說明小冊，可以領會超越三界的證悟境界；未悟者可以因此引發求悟之意向及疑情，真發菩提心而邁向求悟之途，乃至因此真實悟入般若，成真菩薩。 3.正覺總持咒新曲，總持佛法大意；總持咒之義理，已加以解說並印在隨附之小冊中。本CD共有十首歌曲，長達63分鐘，附贈二張購書優惠券。每片280元。

禪意無限CD：平實導師以公案拈提書中偈頌寫成不同風格曲子，與他人所寫不同風格曲子共同錄製出版，幫助參禪人進入禪門超越意識之境界。盒中附贈彩色印製的精美解說小冊，以供聆聽時閱讀，令參禪人得以發起參禪之疑情，即有機會證悟本來面目，實證大乘菩提般若。本CD共有十首歌曲，長達69分鐘，每盒各附贈二張購書優惠券。每片280元。

金剛經宗通：三界唯心，萬法唯識，是成佛之修證內容，是諸地菩薩之所修；般若則是成佛之道（實證三界唯心、萬法唯識）的入門，若未證悟實相般若，即無成佛之可能，必將永在外門廣行菩薩六度，永在凡夫位中。然而實相般若的發起，全賴實證萬法的實相；若欲證知萬法的眞相，則必須探究萬法之所從來，則須實證自心如來—金剛心如來藏，然後現觀這個金剛心的金剛性、眞實性、如如性、清淨性、涅槃性、能生萬法的自性性、本住性，名爲證眞如；進而現觀三界六道唯是此金剛心所成，人間萬法須藉八識心王和合運作方能現起。如是實證《華嚴經》的「三界唯心、萬法唯識」以後，由此等現觀而發起實相般若智慧，繼續進修第十住位的如幻觀、第十行位的陽焰觀、第十迴向位的如夢觀，再生起增上意樂而勇發十無盡願，方能滿足三賢位的實證，轉入初地；自知成佛之道而無偏倚，從此按部就班、次第進修乃至成佛。第八識自心如來是般若智慧之所依，般若智慧的修證則要從實證金剛心自心如來開始；《金剛經》則是解說自心如來之經典，是一切三賢位菩薩所應進修之實相般若經典。這一套書，是將平實導師宣講的《金剛經宗通》內容，整理成文字而流通之；書中所說義理，迥異古今諸家依文解義之說，指出大乘見道方向與理路，有益於禪宗學人求開悟見道，及轉入內門廣修六度萬行。講述完畢後結集出版，總共9輯，每輯約三百餘頁，售價各250元。

空行母—性別、身分定位，以及藏傳佛教：本書作者爲蘇格蘭哲學家，因爲嚮往佛教深妙的哲學內涵，於是進入當年盛行於歐美的假藏傳佛教密宗，擔任卡盧仁波切的翻譯工作多年以後，被邀請成爲卡盧的空行母（又名佛母、明妃），開始了她在密宗裡的實修過程；後來發覺在密宗雙身法中的修行，其實無法使自己成佛，也發覺密宗對女性岐視而處處貶抑，並剝奪女性在雙身法中擔任一半角色時應有的身分定位。當她發覺自己只是雙身法中被喇嘛利用的工具，沒有獲得絲毫應有的尊重與基本定位時，發現了密宗的父權社會控制女性的本質；於是作者傷心地離開了卡盧仁波切與密宗，但是卻被恐嚇不許講出她在密宗裡的經歷，也不許她說出自己對密宗的教義與教制下對女性剝削的本質，否則將被咒殺死亡。後來她去加拿大定居，十餘年後方才擺脫這個恐嚇陰影，下定決心將親身經歷的實情及觀察到的事實寫下來並且出版，公諸於世。出版之後，她被流亡的達賴集團人士大力攻訐，誣指她爲精神狀態失常、說謊……等。但有智之士並未被達賴集團的政治操作及各國政府政治運作吹捧達賴的表相所欺，使她的書銷售無阻而又再版。正智出版社鑑於作者此書是親身經歷的事實，所說具有針對「藏傳佛教」而作學術研究的價值，也有使人認清假藏傳佛教剝削佛母、明妃的男性本位實質，因此洽請作者同意中譯而出版於華人地區。珍妮·坎貝爾女士著，呂艾倫 中譯，每冊250元。

霧峰無霧—給哥哥的信　本書作者藉兄弟之間信件往來論義，略述佛法大義；並以多篇短文辨義，舉出釋印順對佛法的無量誤解證據，並一一給予簡單而清晰的辨正，令人一讀即知。久讀、多讀之後即能認清楚釋印順的六識論見解，與眞實佛法之牴觸是多麼嚴重；於是在久讀、多讀之後，於不知不覺之間提升了對佛法的極深入理解，正知正見就在不知不覺間建立起來了。當三乘佛法的正知見建立起來之後，對於三乘菩提的見道條件便將隨之具足，於是聲聞解脫道的見道也就水到渠成；接著大乘見道的因緣也將次第成熟，未來自然也會有親見大乘菩提之道的因緣，悟入大乘實相般若也將自然成功，自能通達般若系列諸經而成實義菩薩。作者居住於南投縣霧峰鄉，自喻見道之後不復再見霧峰之霧，故鄉原野美景一一明見，於是立此書名爲《霧峰無霧》；讀者若欲撥霧見月，可以此書爲緣。游宗明 老師著　售價250元。

假藏傳佛教的神話—性、謊言、喇嘛教：本書編著者是由一首名叫「阿姊鼓」的歌曲爲緣起，展開了序幕，揭開假藏傳佛教—喇嘛教—的神秘面紗。其重點是蒐集、摘錄網路上質疑「喇嘛教」的帖子，以揭穿「假藏傳佛教的神話」爲主題，串聯成書，並附加彩色插圖以及說明，讓讀者們瞭解西藏密宗及相關人事如何被操作爲「神話」的過程，以及神話背後的眞相。作者：張正玄教授。售價200元。

達賴真面目—玩盡天下女人：假使您不想戴綠帽子，請記得詳細閱讀此書；假使您不想讓好朋友戴綠帽子，請您將此書介紹給您的好朋友。假使您想保護家中的女性，也想要保護好朋友的女眷，請記得將此書送給家中的女性和好友的女眷都來閱讀。本書爲印刷精美的大本彩色中英對照精裝本，爲您揭開達賴喇嘛的眞面目，內容精彩不容錯過，爲利益社會大眾，特別以優惠價格嘉惠所有讀者。編著者：白志偉等。大開版雪銅紙彩色精裝本。售價800元。

童女迦葉考—論呂凱文〈佛教輪迴思想的論述分析〉之謬：童女迦葉是佛世率領五百大比丘遊行於人間的歷史事實，是以童貞行而依止菩薩戒弘化於人間的大菩薩，不依別解脫戒（聲聞戒）來弘化於人間。這是大乘佛教與聲聞佛教同時存在於佛世的歷史明證，證明大乘佛教不是從聲聞法中分裂出來的部派佛教的產物，卻是聲聞佛教分裂出來的部派佛教聲聞凡夫僧所不樂見的史實；於是古今聲聞法中的凡夫都欲加以扭曲而作詭說，更是末法時代高聲大呼「大乘非佛說」的六識論聲聞凡夫極力想要扭曲的佛教史實之一，於是想方設法扭曲迦葉菩薩爲聲聞僧，以及扭曲迦葉童女爲比丘僧等荒謬不實之論著便陸續出現，古時聲聞僧寫作的《分別功德論》是最具體之事例，現代之代表作則是呂凱文先生的〈佛教輪迴思想的論述分析〉論文。鑑於如是假藉學術考證以籠罩大眾之不實謬論，未來仍將繼續造作及流竄於佛教界，繼續扼殺大乘佛教學人法身慧命，必須舉證辨正之，遂成此書。平實導師 著，每冊180元。

末代達賴—性交教主的悲歌：簡介從藏傳僞佛教（喇嘛教）的修行核心—性力派男女雙修，探討達賴喇嘛及藏傳僞佛教的修行內涵。書中引用外國知名學者著作、世界各地新聞報導，包含：歷代達賴喇嘛的祕史、達賴六世修雙身法的事蹟，以及《時輪續》中的性交灌頂儀式……等；達賴喇嘛書中開示的雙修法、達賴喇嘛的黑暗政治手段；達賴喇嘛所領導的寺院爆發喇嘛性侵兒童；新聞報導《西藏生死書》作者索甲仁波切性侵女信徒、澳洲喇嘛秋達公開道歉、美國最大假藏傳佛教組織領導人邱陽創巴仁波切的性氾濫，等等事件背後眞相的揭露。作者：張善思、呂艾倫、辛燕。售價250元。

黯淡的達賴—失去光彩的諾貝爾和平獎：本書舉出很多證據與論述，詳述達賴喇嘛不為世人所知的一面，顯示達賴喇嘛並不是真正的和平使者，而是假借諾貝爾和平獎的光環來欺騙世人；透過本書的說明與舉證，讀者可以更清楚的瞭解，達賴喇嘛是結合暴力、黑暗、淫欲於喇嘛教裡的集團首領，其政治行為與宗教主張，早已讓諾貝爾和平獎的光環染污了。　本書由財團法人正覺教育基金會寫作、編輯，由正覺出版社印行，每冊250元。

第七意識與第八意識？—穿越時空「超意識」：「三界唯心，萬法唯識」是佛教中應該實證的聖教，也是《華嚴經》中明載而可以實證的法界實相。唯心者，三界一切境界、一切諸法唯是一心所成就，即是每一個有情的第八識如來藏，不是意識心。唯識者，即是人類各各都具足的八識心王——眼識、耳鼻舌身意識、意根、阿賴耶識，第八阿賴耶識又名如來藏，人類五陰相應的萬法，莫不由八識心王共同運作而成就，故說萬法唯識。依聖教量及現量、比量，都可以證明意識是二法因緣生，是由第八識藉意根與法塵二法為因緣而出生，又是夜夜斷滅不存之生滅心，即無可能反過來出生第七識意根、第八識如來藏，當知不可能從生滅性的意識心中，細分出恆審思量的第七識意根，更無可能細分出恆而不審的第八識如來藏。本書是將演講內容整理成文字，細說如是內容，並已在《正覺電子報》連載完畢，今彙集成書以廣流通，欲幫助佛門有緣人斷除意識我見，跳脫於識陰之外而取證聲聞初果；嗣後修學禪宗時即得不墮外道神我之中，得以求證第八識金剛心而發起般若實智。平實導師 述，每冊300元。

中觀金鑑—詳述應成派中觀的起源與其破法本質：學佛人往往迷於中觀學派之不同學說，被應成派與自續派所迷惑；修學般若中觀二十年後自以為實證般若中觀了，卻仍不曾入門，甫聞實證般若中觀者之所說，則茫無所知，迷惑不解；隨後信心盡失，不知如何實證佛法；凡此，皆因惑於這二派中觀學說所致。自續派中觀所說同於常見，以意識境界立為第八識如來藏之境界，應成派所說則同於斷見，但又同立意識為常住法，故亦具足斷常二見。今者孫正德老師有鑑於此，乃將起源於密宗的應成派中觀學說，追本溯源，詳考其來源之外，亦一一舉證其立論內容，詳加辨正，令密宗雙身法祖師以識陰境界而造之應成派中觀學說本質，詳細呈現於學人眼前，令其維護雙身法之目的無所遁形。若欲遠離密宗此二大派中觀謬說，欲於三乘菩提有所進道者，允宜具足閱讀並細加思惟，反覆讀之以後將可捨棄邪道返歸正道，則於般若之實證即有可能，證後自能現觀如來藏之中道境界而成就中觀。本書分上、中、下三冊，每冊250元，全部出版完畢。

人間佛教—實證者必定不悖三乘菩提：「大乘非佛說」的講法似乎流傳已久，卻只是日本人企圖擺脫中國正統佛教的影響，而在明治維新時期才開始提出來的說法；台灣佛教、大陸佛教的淺學無智之人，由於未曾實證佛法而迷信日本人錯誤的學術考證，錯認為這些別有用心的日本佛學考證的講法為天竺佛教的眞實歷史；甚至還有更激進的反對佛教者提出「釋迦牟尼佛並非眞實存在，只是後人捏造的假歷史人物」，竟然也有少數人願意跟著「學術」的假光環而信受不疑，於是開始有一些佛教界人士造作了反對中國佛教而推崇南洋小乘佛教的行為，使佛教的信仰者難以檢擇，導致一般大陸人士開始轉入基督教的盲目迷信中。在這些佛教及外教人士之中，也就有一分人根據此邪說而大聲主張「大乘非佛說」的謬論，這些人以「人間佛教」的名義來抵制中國正統佛教，公然宣稱中國的大乘佛教是由聲聞部派佛教的凡夫僧所創造出來的。這樣的說法流傳於台灣及大陸佛教界凡夫僧之中已久，卻非眞正的佛教歷史中曾經發生過的事，只是繼承六識論的聲聞法中凡夫僧依自己的意識境界立場，純憑臆想而編造出來的妄想說法，卻已經影響許多無智之凡夫僧俗信受不移。本書則是從佛教的經藏法義實質及實證的現量內涵本質立論，證明大乘佛法本是佛說，是從《阿含正義》尚未說過的不同面向來討論「人間佛教」的議題，證明「大乘眞佛說」。閱讀本書可以斷除六識論邪見，迴入三乘菩提正道發起實證的因緣；也能斷除禪宗學人學禪時普遍存在之錯誤知見，對於建立參禪時的正知見有很深的著墨。 平實導師 述，內文488頁，全書528頁，定價400元。

喇嘛性世界—揭開假藏傳佛教譚崔瑜伽的面紗：這個世界中的喇嘛，號稱來自世外桃源的香格里拉，穿著或紅或黃的喇嘛長袍，散布於我們的身邊傳教灌頂，吸引了無數的人嚮往學習；這些喇嘛虔誠地為大眾祈福，手中拿著寶杵（金剛）與寶鈴（蓮花），口中唸著咒語：「唵．嘛呢．叭咪．吽……」，咒語的意思是說：「我至誠歸命金剛杵上的寶珠伸向蓮花寶穴之中」！ 「喇嘛性世界」是什麼樣的「世界」呢？ 本書將為您呈現喇嘛世界的面貌。 當您發現眞相以後，您將會唸：「噢！喇嘛．性．世界，譚崔性交嘛！」 作者：張善思、呂艾倫。售價200元。

見性與看話頭：黃正倖老師的《見性與看話頭》於《正覺電子報》連載完畢，今結集出版。書中詳說禪宗看話頭的詳細方法，並細說看話頭與眼見佛性的關係，以及眼見佛性者求見佛性前必須具備的條件。本書是禪宗實修者追求明心開悟時參禪的方法書，也是求見佛性者作功夫時必讀的方法書，內容兼顧眼見佛性的理論與實修之方法，是依實修之體驗配合理論而詳述，條理分明而且極爲詳實、周全、深入。本書內文375頁，全書416頁，售價300元。

實相經宗通：學佛之目的在於實證一切法界背後之實相，禪宗稱之爲本來面目或本地風光，佛菩提道中稱之爲實相法界；此實相法界即是金剛藏，又名佛法之祕密藏，即是能生有情五陰、十八界及宇宙萬有（山河大地、諸天、三惡道世間）的第八識如來藏，又名阿賴耶識心，即是禪宗祖師所說的眞如心，此心即是三界萬有背後的實相。證得此第八識心時，自能瞭解般若諸經中隱說的種種密意，即得發起實相般若——實相智慧。每見學佛人修學佛法二十年後仍對實相般若茫然無知，亦不知如何入門，茫無所趣；更因不知三乘菩提的互異互同，是故越是久學者對佛法越覺茫然，都肇因於尚未瞭解佛法的全貌，亦未瞭解佛法的修證內容即是第八識心所致。本書對於修學佛法者所應實證的實相境界提出明確解析，並提示趣入佛菩提道的入手處，有心親證實相般若的佛法實修者，宜詳讀之，於佛菩提道之實證即有下手處。平實導師述著，共八輯，已全部出版完畢，每輯成本價250元。

真心告訴您(一)**——達賴喇嘛在幹什麼？**這是一本報導篇章的選集，更是「破邪顯正」的暮鼓晨鐘。「破邪」是戳破假象，說明達賴喇嘛及其所率領的密宗四大派法王、喇嘛們，弘傳的佛法是仿冒的佛法；他們是假藏傳佛教，是坦特羅(譚崔性交)外道法和藏地崇奉鬼神的苯教混合成的「喇嘛教」，推廣的是以所謂「無上瑜伽」的男女雙身法冒充佛法的假佛教，詐財騙色誤導眾生，常常造成信徒家庭破碎、家中兒少失怙的嚴重後果。「顯正」是揭櫫眞相，指出眞正的藏傳佛教只有一個，就是覺囊巴，傳的是 釋迦牟尼佛演繹的第八識如來藏妙法，稱爲他空見大中觀。正覺教育基金會即以此古今輝映的如來藏正法正知見，在眞心新聞網中逐次報導出來，將箇中原委「眞心告訴您」，如今結集成書，與想要知道密宗眞相的您分享。售價250元。

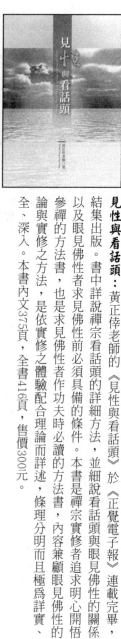

法華經講義：此書爲平實導師始從2009/7/21演述至2014/1/14之講經錄音整理所成。世尊一代時教，總分五時三教，即是華嚴時、聲聞緣覺教、般若教、種智唯識教、法華時；依此五時三教區分爲藏、通、別、圓四教。本經是最後一時的圓教經典，圓滿收攝一切法教於本經中，是故最後的圓教聖訓中，特地指出無有三乘菩提，其實唯有一佛乘；皆因眾生愚迷故，方便區分爲三乘菩提以助眾生證道。世尊於此經中特地說明如來示現於人間的唯一大事因緣，便是爲有緣眾生「開、示、悟、入」諸佛的所知所見——第八識如來藏妙眞如心，並於諸品中隱說「妙法蓮花」如來藏心的密意。然因此經所說甚深難解，眞義隱晦，古來難得有人能窺堂奧；平實導師以知如是密意故，特爲末法佛門四眾演述《妙法蓮華經》中各品蘊含之密意，使古來未曾被古德註解出來的「此經」密意，如實顯示於當代學人眼前。乃至〈藥王菩薩本事品〉、〈妙音菩薩品〉、〈觀世音菩薩普門品〉、〈普賢菩薩勸發品〉中的微細密意，亦皆一併詳述之，開前人所未曾言之密意，示前人所未見之妙法。最後乃至以〈法華大意〉而總其成，全經妙旨貫通始終，而依佛旨圓攝於一心如來藏妙心，厥爲曠古未有之大說也。平實導師述　已於2015/5/31起開始出版，每二個月出版一輯，共25輯。每輯300元。

西藏「活佛轉世」制度—附佛、造神、世俗法：歷來關於喇嘛教活佛轉世的研究，多針對歷史及文化兩部分，於其所以成立的理論基礎，較少系統化的探討。尤其是此制度是否依據「佛法」而施設？是否合乎佛法眞實義？現有的文獻大多含糊其詞，或人云亦云，不曾有明確的闡釋與如實的見解。因此本文先從活佛轉世的由來，探索此制度的起源、背景與功能，並進而從活佛的尋訪與認證之過程，發掘活佛轉世的特徵，以確認「活佛轉世」在佛法中應具足何種果德。定價150元。

眞心告訴您（二）——達賴喇嘛是佛教僧侶嗎？補祝達賴喇嘛八十大壽：這是一本針對當今達賴喇嘛所領導的喇嘛教，冒用佛教名相、於師徒間或師兄姊間，實修男女邪淫，而從佛法三乘菩提的現量與聖教量，揭發其謊言與邪術，證明達賴及其喇嘛教是仿冒佛教的外道，是「假藏傳佛教」。藏密四大派教義雖有「八識論」與「六識論」的表面差異，然其實修之內容，皆共許「無上瑜伽」四部灌頂爲究竟「成佛」之法門，也就是共以男女雙修之邪淫法爲「即身成佛」之密要，雖美其名曰「欲貪爲道」之「金剛乘」，並誇稱其成就超越於（應身佛）釋迦牟尼佛所傳之顯教般若乘之上；然詳考其理論，則或以意識離念時之粗細心爲第八識如來藏，或以中脈裡的明點爲第八識如來藏，或如宗喀巴與達賴堅決主張第六意識爲常恆不變之眞心者，分別墮於外道之常見與斷見中；全然違背 佛說能生五蘊之如來藏的實質。售價300元。

涅槃：眞正學佛之人，首要即是見道，由見道故方有涅槃之實證，證涅槃者方能出生死，但涅槃有四種：二乘聖者的有餘涅槃、無餘涅槃，以及大乘聖者的本來自性清淨涅槃、佛地的無住處涅槃。大乘聖者實證本來自性清淨涅槃，入地前再取證二乘涅槃，然後起惑潤生捨離二乘涅槃，繼續進修而在七地心前斷盡三界愛之習氣種子，依七地無生法忍之具足而證得念念入滅盡定；八地後進斷異熟生死，直至妙覺地下生人間成佛，具足四種涅槃，方是眞正成佛。此理古來少人言，以致誤會涅槃正理者比比皆是，今於此書中廣說四種涅槃、如何實證之理、實證前應有之條件，實屬本世紀佛教界極重要之著作，令人對涅槃有正確無訛之認識，然後可以依之實行而得實證。本書共有上下二冊，每冊各四百餘頁，對涅槃詳加解說，每冊各350元。預定2018/9出版上冊，2018/11出版下冊。

修習止觀坐禪法要講記：修學四禪八定之人，往往錯會禪定之修學知見，欲以無止盡之坐禪而證禪定境界，卻不知修除性障之行門才是修證四禪八定不可或缺之要素，故智者大師云「性障初禪」；性障不除，初禪永不現前，云何修證二禪等？又：行者學定，若唯知數息，而不解六妙門之方便善巧者，欲求一心入定，未到地定極難可得，智者大師名之爲「事障未來」：障礙未到地定之修證。又禪定之修證，不可違背二乘菩提及第一義法，否則縱使具足四禪八定，亦不能實證涅槃而出三界。此諸知見，智者大師於《修習止觀坐禪法要》中皆有闡釋。作者平實導師以其第一義之見地及禪定之實證證量，曾加以詳細解析。將俟正覺寺竣工啓用後重講，不限制聽講者資格；講後將以語體文整理出版。欲修習世間定及增上定之學者，宜細讀之。平實導師述著。

解深密經講記：本經係 世尊晚年第三轉法輪，宣說地上菩薩所應熏修之唯識正義經典，經中所說義理乃是大乘一切種智增上慧學，以阿陀那識—如來藏—阿賴耶識爲主體。禪宗之證悟者，若欲修證初地無生法忍乃至八地無生法忍者，必須修學《楞伽經、解深密經》所說之八識心王一切種智；此二經所說正法，方是眞正成佛之道；印順法師否定第八識如來藏之後所說萬法緣起性空之法，是以誤會後之二乘解脫道取代大乘眞正成佛之道，尚且不符二乘解脫道正理，亦已墮於斷滅見中，不可謂爲成佛之道也。平實導師曾於本會郭故理事長往生時，於喪宅中從首七開始宣講，於每一七各宣講三小時，至第十七而快速略講圓滿，作爲郭老之往生佛事功德，迴向郭老早證八地、速返娑婆住持正法。茲爲今時後世學人故，將擇期重講《解深密經》，以淺顯之語句講畢後，將會整理成文，用供證悟者進道；亦令諸方未悟者，據此經中佛語正義，修正邪見，依之速能入道。平實導師述著，全書輯數未定，每輯三百餘頁，將於未來重講完畢後逐輯出版。

阿含經講記—小乘解脫道之修證：數百年來，南傳佛法所說證果之不實，所說解脫道之虛妄，所弘解脫道法義之世俗化，皆已少人知之；從南洋傳入台灣與大陸之後，所說法義虛謬之事，亦復少人知之；今時台灣全島印順系統之法師居士，多不知南傳佛法數百年來所說解脫道之義理已然偏斜、已然世俗化、已非眞正之二乘解脫正道，猶極力推崇與弘揚。彼等南傳佛法近代所謂之證果者多非眞實證果者，譬如阿迦曼、葛印卡、帕奧禪師、一行禪師……等人，悉皆未斷我見故。近年更有台灣南部大願法師，高抬南傳佛法之二乘修證行門為「捷徑究竟解脫之道」者，然而南傳佛法縱使眞修實證，得成阿羅漢，至高唯是二乘菩提解脫之道，絕非究竟解脫，無餘涅槃中之實際尚未得證故，法界之實相尚未了知故，習氣種子待除故，一切種智未實證故，焉得謂為「究竟解脫」？即使南傳佛法近代眞有實證之阿羅漢，尚且不及三賢位中之七住明心菩薩本來自性清淨涅槃智慧境界，則不能知此賢位菩薩所證之無餘涅槃實際，仍非大乘佛法中之見道者，何況普未實證聲聞果乃至未斷我見之人？謬充證果已屬逾越，更何況是誤會二乘菩提之後，以未斷我見之凡夫知見所說之二乘菩提解脫偏斜法道，焉可高抬為「究竟解脫」？而且自稱「捷徑之道」？又妄言解脫之道即是成佛之道，完全否定般若實智、否定三乘菩提所依之如來藏心體，此理大大不通也！平實導師為令修學二乘菩提欲證解脫果者，普得迴入二乘菩提正見、正道中，是故選錄四阿含諸經中，對於二乘解脫道法義有具足圓滿說明之經典，預定未來十年內將會加以詳細講解，令學佛人得以了知二乘解脫道之修證理路與行門，庶免被人誤導之後，未證言證，干犯道禁，成大妄語，欲升反墮。本書首重斷除我見，以助行者斷除我見而實證初果為著眼之目標，若能根據此書內容，配合平實導師所著《識蘊眞義》《阿含正義》內涵而作實地觀行，實證初果非為難事，行者可以藉此三書自行確認聲聞初果為實際可得現觀成就之事。此書中除依二乘經典所說加以宣示外，亦依斷除我見等之證量，及大乘法中道種智之證量，對於意識心之體性加以細述，令諸二乘學人必定得斷我見、常見，免除三縛結之繫縛。次則宣示斷除我執之理，欲令升進而得薄貪瞋痴，乃至斷五下分結…等。平實導師述，共二冊，每冊三百餘頁。每輯300元。

喇嘛教修外道雙身法，墮識陰境界，非佛教

弘揚如來藏他空見的覺囊派才是真正藏傳佛教

總經銷： 飛鴻 國際行銷股份有限公司
231 新北市新店市中正路 501 之 9 號 2 樓
Tel.02－82186688（五線代表號） Fax.02-82186458、82186459

零售：1.**全台連鎖經銷書局：**
三民書局、誠品書局、何嘉仁書店
敦煌書店、紀伊國屋、金石堂書局、建宏書局
諾貝爾圖書城、墊腳石圖書文化廣場

2.**台北市：**佛化人生 **大安區**羅斯福路 3 段 325 號 6 樓之 4　台電大樓對面
3.**新北市：**春大地書店 **蘆洲區**中正路 117 號
4.**桃園市：**御書堂 **龍潭區**中正路 123 號
5.**新竹市：**大學書局 **東區**建功路 10 號
6.**台中市：**瑞成書局 **東區**雙十路 1 段 4 之 33 號
佛教詠春書局 **南屯區**永春東路 884 號
文春書店 **霧峰區**中正路 1087 號
7.**彰化市：**心泉佛教文化中心 南瑤路 286 號
8.**高雄市：**政大書城 **苓雅區**光華路 148-83 號
明儀書局 **三民區**明福街 2 號\
青年書局 **苓雅區**青年一路 141 號
9.**宜蘭市：**金隆書局　中山路 3 段 43 號
10.**台東市：**東普佛教文物流通處 博愛路 282 號
11.**其餘鄉鎮市經銷書局：**請電詢總經銷**飛鴻**公司。
12.**大陸地區請洽：**

香港：樂文書店
旺角店 :香港九龍旺角西洋菜街 62 號 3 樓
電話 : (852) 2390 3723　email: luckwinbooks@gmail.com
銅鑼灣店 :香港銅鑼灣駱克道 506 號 2 樓
電話 : (852) 2881 1150　email: luckwinbs@gmail.com

廈門：廈門外圖臺灣書店有限公司
地址：廈門市思明區湖濱南路809 號 廈門外圖書城3 樓 郵編：361004
電話：0592-5061658（臺灣地區請撥打 86-592-5061658）
E-mail：JKB118＠188.COM

13.**美國：世界日報圖書部：**紐約圖書部　電話 7187468889#6262
洛杉磯圖書部　電話 3232616972#202

14.**國內外地區網路購書：**
正智出版社 書香園地　http://books.enlighten.org.tw/
（書籍簡介、經銷書局可直接聯結下列網路書局購書）
三民 網路書局　http://www.sanmin.com.tw
誠品 網路書局　http://www.eslitebooks.com

博客來 網路書局　http://www.books.com.tw
金石堂 網路書局　http://www.kingstone.com.tw
飛鴻 網路書局　http://fh6688.com.tw

附註：1.請儘量向各經銷書局購買：郵政劃撥需要八天才能寄到（本公司在您劃撥後第四天才能接到劃撥單，次日寄出後第二天您才能收到書籍，此六天中可能會遇到週休二日，是故共需八天才能收到書籍）若想要早日收到書籍者，請劃撥完畢後，將劃撥收據貼在紙上，旁邊寫上您的姓名、住址、郵區、電話、買書詳細內容，直接傳眞到本公司 02-28344822，並來電 02-28316727、28327495 確認是否已收到您的傳眞，即可提前收到書籍。 2.因台灣每月皆有五十餘種宗教類書籍上架，書局書架空間有限，故唯有新書方有機會上架，通常每次只能有一本新書上架；本公司出版新書，大多上架不久便已售出，若書局未再叫貨補充者，書架上即無新書陳列，則請直接向書局櫃台訂購。 3.若書局不便代購時，可於晚上共修時間向正覺同修會各共修處請購（共修時間及地點，詳閱**共修現況表**。每年例行年假期間請勿前往請書，年假期間請見共修現況表）。 4.郵購：郵政劃撥帳號 19068241。 5.正覺同修會會員購書都以八折計價（戶籍台北市者爲一般會員，外縣市爲護持會員）都可獲得優待，欲一次購買全部書籍者，可以考慮入會，節省書費。入會費一千元（第一年初加入時才需要繳），年費二千元。**6.尚未出版之書籍，請勿預先郵寄書款與本公司，謝謝您！** 7.若欲一次購齊本公司書籍，或同時取得正覺同修會贈閱之全部書籍者，請於正覺同修會共修時間，親到各共修處請購及索取；**台北市讀者**請洽：103 台北市承德路三段 267 號 10 樓（捷運淡水線 圓山站旁）請書時間：週一至週五爲 18.00~21.00，第一、三、五週週六爲 10.00~21.00，雙週之週六爲 10.00~18.00 請購處專線電話：25957295-分機 14（於請書時間方有人接聽）。

敬告大陸讀者：

大陸讀者購書、索書捷徑（尚未在大陸出版的書籍，以下二個途徑都可以購得，電子書另包括結緣書籍）：

1.廈門外國圖書公司：廈門市思明區湖濱南路 809 號 廈門外圖書城 3F
郵編：361004　電話：0592-5061658　網址：http://www.xibc.com.cn/

2.電子書：正智出版社有限公司及正覺同修會在台灣印行的各種局版書、結緣書，已有『**正覺電子書**』陸續上線中，提供讀者於手機、平板電腦上購書、下載、閱讀正智出版社、正覺同修會及正覺教育基金會所出版之電子書，詳細訊息敬請參閱『正覺電子書』專頁：http://books.enlighten.org.tw/ebook

關於平實導師的書訊，請上網查閱：

成佛之道　http://www.a202.idv.tw

正智出版社 書香園地　http://books.enlighten.org.tw/

中國網採訪佛教正覺同修會、正覺教育基金會訊息：

http://big5.china.com.cn/gate/big5/fangtan.china.com.cn/2014-06/19/content_32714638.htm

http://pinpai.china.com.cn/

★ 正智出版社有限公司售書之稅後盈餘，全部捐助財團法人正覺寺籌備處、佛教正覺同修會、正覺教育基金會，供作弘法及購建道場之用；懇請諸方大德支持，功德無量。

★ 聲　明 ★

本社於 2015/01/01 開始調整本目錄中部分書籍之售價，以因應各項成本的持續增加。

＊ 喇嘛教修外道雙身法、墮識陰境界，非佛教 ＊

＊ 弘揚如來藏他空見的覺囊派才是真正藏傳佛教 ＊

售後服務—換書啓事（免附回郵）　2017/12/05

《楞伽經詳解》第三輯初版免費調換新書啓事：茲因 平實導師弘法早期尚未回復往世全部證量，有些法義接受他人的說法，寫書當時並未察覺而有二處（同一種法義）跟著誤說，如今發現已將之修正。茲爲顧及讀者權益，已開始免費調換新書；敬請所有讀者將以前所購第三輯（不論第幾刷），攜回或寄回本公司免費換新；郵寄者之回郵由本公司負擔，不需寄來郵票。因此而造成讀者閱讀、以及換書的不便，在此向所有讀者致上萬分的歉意，祈請讀者大眾見諒！

《楞嚴經講記》第 14 輯初版首刷本免費調換新書啓事：本講記第 14 輯出版前因 平實導師諸事繁忙，未將之重新閱讀而只改正校對時發現的錯別字，故未能發覺十年前所說法義有部分錯誤，於第 15 輯付印前重閱時才發覺第 14 輯中有部分錯誤尚未改正。今已重新審閱修改並已重印完成，煩請所有讀者將以前所購第 14 輯初版首刷本，寄回本公司免費換新（初版二刷本無錯誤），本公司將於寄回新書時同時附上您寄書來換新時的郵資，並在此向所有讀者致上最誠懇的歉意。

《心經密意》初版書免費調換二版新書啓事：本書係演講錄音整理成書，講時因時間所限，省略部分段落未講。後於再版時補寫增加 13 頁，維持原價流通之。茲爲顧及初版讀者權益，自 2003/9/30 開始免費調換新書，原有初版一刷、二刷書籍，皆可寄來本公司換書。

《宗門法眼》已經增寫改版爲 464 頁新書，2008 年 6 月中旬出版。讀者原有初版之第一刷、第二刷書本，都可以寄回本公司免費調換改版新書。改版後之公案及錯悟事例維持不變，但將內容加以增說，較改版前更具有廣度與深度，將更能助益讀者參究實相。

換書者**免附回郵**，亦無截止期限；舊書請寄：111 台北郵政 73-151 號信箱 或 103 台北市承德路三段 267 號 10 樓 正智出版社有限公司。舊書若有塗鴨、殘缺、破損者，仍可換取新書；但缺頁之舊書至少應仍有五分之三頁數，方可換書。所有讀者不必顧念本公司是否有盈餘之問題，都請踴躍寄來換書；本公司成立之目的不是營利，只要能眞實利益學人，即已達到成立及運作之目的。若以郵寄方式換書者，免附回郵；並於寄回新書時，由本公司附上您寄來書籍時耗用的郵資。造成您不便之處，再次致上萬分的歉意。

正智出版社有限公司 啓

國家圖書館出版品預行編目(CIP)資料

法華經講義 / 平實導師述. -- 初版. -
- 臺北市 : 正智, 2015.05 面 ; 公分

ISBN 978-986-56553-0-3 (第一輯：平裝)
ISBN 978-986-56554-6-4 (第二輯：平裝)
ISBN 978-986-56555-6-3 (第三輯：平裝)
ISBN 978-986-56556-1-7 (第四輯：平裝)
ISBN 978-986-56556-9-3 (第五輯：平裝)
ISBN 978-986-56557-9-2 (第六輯：平裝)
ISBN 978-986-56558-2-2 (第七輯：平裝)
ISBN 978-986-56558-9-1 (第八輯：平裝)
ISBN 978-986-56559-8-3 (第九輯：平裝)
ISBN 978-986-93725-2-7 (第十輯：平裝)
ISBN 978-986-93725-4-1 (第十一輯：平裝)
ISBN 978-986-93725-6-5 (第十二輯：平裝)
ISBN 978-986-93725-7-2 (第十三輯：平裝)
ISBN 978-986-94970-3-9 (第十四輯：平裝)
ISBN 978-986-94970-7-7 (第十五輯：平裝)
ISBN 978-986-94970-9-1 (第十六輯：平裝)
ISBN 978-986-95830-1-5 (第十七輯：平裝)
ISBN 978-986-95830-4-6 (第十八輯：平裝)
ISBN 978-986-95830-9-1 (第十九輯：平裝)

1. 法華部

221.5 104004638

法華經講義——第八輯

著述者：平實導師
音文轉換：章乃鈞 高惠齡 劉惠莉 蔡正利 黃昇
校對：章乃鈞 陳介源 孫淑貞 傅素嫻 王美伶
出版者：正智出版社有限公司
電話：○二 28327495 28316727（白天）
傳真：○二 28344822
111 台北郵政 73-151 號信箱
郵政劃撥帳號：一九○六八二四一
正覺講堂：總機○二 25957295（夜間）
總經銷：飛鴻國際行銷股份有限公司
231 新北市新店區中正路 501-9 號 2 樓
電話：○二 82186688（五線代表號）
傳真：○二 82186458 82186459
初版首刷：二○一六年七月三十一日 二千冊
初版四刷：二○一八年六月 二千冊
定價：三○○元